金砖国家
联合统计手册
2017

Brazil　Russia　India　China　South Africa

图书在版编目（CIP）数据

金砖国家联合统计手册 = BRICS Joint Statistical Publication. 2017 / 中华人民共和国国家统计局等编. -- 北京 : 中国统计出版社, 2017.8
ISBN 978-7-5037-8239-8

Ⅰ. ①金… Ⅱ. ①中… Ⅲ. ①世界经济—经济统计—2017—手册②社会发展—统计资料—世界—2017—手册
Ⅳ. ①F11-62

中国版本图书馆CIP数据核字（2017）第178856号

金砖国家联合统计手册 2017

作　者 / 中华人民共和国国家统计局等 编
责任编辑 / 郭 栋　佘竞雄
E－mail / yearbook@gj.stats.cn
装帧设计 / 黄 晨
编辑部电话 /（010）63376877　63376866
出版发行 / 中国统计出版社
通信地址 / 北京市西城区月坛南街57号　邮编 / 100826
办公地址 / 北京市丰台区西三环南路甲6号
电　话 / 邮购 (010)63376907　书店（010）68783172
印　刷 / 北京画中画印刷有限公司
经　销 / 新华书店
开　本 / 880×1230毫米　1/16
字　数 / 198千字
印　张 / 16.25
版　别 / 2017年8月第1版
版　次 / 2017年8月第1次印刷
定　价 / 150.00元

前　言

2009 年 9 月，在纽约举办第 64 届联合国大会期间，“金砖四国”（包括巴西、俄罗斯、印度和中国）举行外交部长会议。会议认为，基于四国的共同利益，很有必要建立四个国家一体化的平台，用来发布各国重要数据。2010 年英文版《金砖国家联合统计手册》（以下简称《手册》），即第 1 卷就此诞生。同时，中国国家统计局根据中国外交部的要求，依托英文版手册，编辑出版了内容完全与英文版一致的中文版手册。此后每年金砖国家都发布该出版物。2010 年底，南非加入了这一组织，并正式更名为“金砖国家”，成员包括巴西、俄罗斯、印度、中国和南非。2016 年版本《手册》，即第 7 卷由印度主持出版发行，今年中国负责 2017 年版本《手册》，即第 8 卷。在 2017 年《手册》中，由中国国家统计局提议并经各国一致同意，增加了一些可持续发展指标，这些指标是 2030 年可持续发展议程监测指标体系的重要内容，从多方位展示了金砖国家近年来经济社会发展取得的伟大成就。

2017 年《手册》共分 15 章：第 1 章是其它 14 章的概述，展示了五国间可比的统计资料；其余 14 章则从不同角度分别反映了各国以往的发展状况。这 14 章均由两部分组成：综合表（图）和国别表。综合表（图）列示了五国间最为可比的统计信息，国别表则展示了从各国获取的更详尽信息。我们希望该《手册》能给所有使用者提供有益的信息。

巴西国家地理与统计局局长：Roberto Luis Olinto Ramos

俄罗斯联邦统计局局长：Alexander Surinov

印度统计和计划执行部总统计长：T C A Anant

中国国家统计局局长：宁吉喆

南非统计局局长：Pali Lehohla

目　录

5 价格指数

6 居民生活水平

7 资源和环境

8 工业

9 能源

10 农业、林业、牧业和渔业

11 交通运输

12 信息社会

13 财政和金融

14 对外经济关系

15 旅游

附录

1

金砖国家概况及经济社会指标比较

表 1.1 金砖国家概况(2016年)

	国土面积(万平方公里)	首都	年中人口(万人)	人口密度(人/平方公里)	货币名称
巴西	852(1)	巴西利亚	20610(2)	24.2	雷亚尔(R$)
俄罗斯	1713	莫斯科	14670	8.6	卢布(Rub)
印度	329	新德里	126896 (3)	386.0(3)	卢比(Rs)
中国	960	北京	137867	143.6	人民币(RMB)
南非	122	比勒陀利亚	5591(4)	46.0(5)	兰特(ZAR)

资料来源:

巴西

巴西国家地理与统计局。

俄罗斯

1. 俄罗斯联邦统计局。
2. 俄罗斯联邦地理登记、地籍勘察和制图局。

印度

印度信息和广播部，《印度 2017 年》。

中国

1. 中华人民共和国国家旅游局。
2. 中华人民共和国国家统计局，《中国统计摘要》，2017 年。

脚注:

巴西

(1) 根据 2016 年 6 月 21 日第 02 号决议，巴西的国土面积仍然为发布在 2016 年 6 月 22 日第 118 号巴西官方公报上的 8515767 平方公里。

(2) 2000-2060 年的年中人口和其他人口统计指标来自分年龄和性别组的成分分析预测方法。

印度

(3) 根据 2001 年人口普查数据估计的 2016 年 3 月 1 日数据。用于计算人口密度的面积数据来源于印度全国普查局 (即总登记局) 为 3166414 平方公里 (不是 3287264 平方公里)。

南非

(4) 数据为 2016 年年中人口估计。

(5) 数据基于 2011 年人口普查数据和 2016 年年中人口估计。

表 1.2 金砖国家经济社会指标比较

	年份	数值
人口		
年中人口(万人)		
巴西 (1)	2016	20610
俄罗斯	2016	14670
印度 (3)	2016	126896
中国	2016	137867
南非	2016	5591
男性人口所占比重（%）		
巴西 (1)	2016	49.3
俄罗斯	2016	46.3
印度 (3)	2016	51.8
中国 (4)	2016	51.2
南非	2016	49.0
女性人口所占比重（%）		
巴西 (1)	2016	50.7
俄罗斯	2016	53.7
印度 (3)	2016	48.2
中国 (4)	2016	48.8
南非	2016	51.0
人口密度(人/平方公里)		
巴西 (1)	2016	24.2
俄罗斯	2016	8.6
印度 (3)(5)	2016	386.0
中国	2016	143.6
南非	2016	46.0
粗出生率(‰)		
巴西 (1)	2016	13.9
俄罗斯	2016	12.9
印度	2015	20.8
中国	2016	13.0
南非	2016	21.6
粗死亡率(‰)		
巴西 (1)	2016	6.1
俄罗斯	2016	12.9
印度	2015	6.5
中国	2016	7.1
南非	2016	9.7
婴儿死亡率(‰)		
巴西 (1)	2016	13.3
俄罗斯	2016	6.0
印度	2015	37.0
中国	2015	8.1
南非	2016	33.7
孕产妇死亡率(每10万例活产婴儿)		
巴西	2015	6.1
俄罗斯	2016	10.0
印度	2013	167.0
中国	2015	20.1
南非	…	…

表 1.2 金砖国家经济社会指标比较

（续表1）

	年份	数值
妇女在国会任职的比例(%)		
巴西	2014	11.3
俄罗斯	2016	14.4
印度	2016	11.8
中国（全国人民代表大会）	2013	23.4
（全国人民政治协商会议）	2013	17.8
南非	2016	41.7
劳动力人口		
劳动力人口占总人口的比重（%）		
巴西 (6) (7)	2015	64.8
俄罗斯	2016	52.4
印度 (8)	2012	39.5
中国 (9)	2016	56.1
南非	2016	38.5
失业率（%）		
巴西 (7)	2015	9.6
俄罗斯	2016	5.5
印度 (8)	2012	2.2
中国 (10)	2016	4.0
南非	2016	26.7
国民经济核算		
国内生产总值(现价)（亿美元）		
巴西 (11)	2016	17958
俄罗斯	2016	12862
印度 (12)	2016	22730
中国 (13) (14)	2016	112029(p)
南非	2016	2950
人均国内生产总值(现价)(美元)		
巴西 (11)	2016	8713
俄罗斯	2016	8768
印度 (12)(15)	2016	1750
中国 (13)	2016	8127
南非	2016	5276
科技		
R&D支出占GDP比重(%)		
巴西	2014	0.8
俄罗斯(29)	2015	1.1
印度	2014-2015	0.7
中国	2016	2.1
南非	2014	0.8
R&D人员全时当量(万人/年)		
巴西	…	…
俄罗斯	2015	83
印度	2015	53 (2)
中国	2016	388
南非	2014	4

表 1.2 金砖国家经济社会指标比较

（续表2）

	年份	数值
居民生活水平		
公共教育支出占GDP的比重（%）		
巴西	2014	5.7
俄罗斯	2016	3.6
印度 (12)	2016	2.9(BE)
中国 (16)	2015	4.3
南非	2014	6.9
公共医疗支出占GDP的比重（%）		
巴西	2013	4.9
俄罗斯	2016	3.6
印度 (12)	2016	1.2(BE)
中国 (17)	2015	6.0
南非	2014	4.1
基尼系数		
巴西 (18)	2015	0.493
俄罗斯 (19)	2016	0.414(p)
印度 (20)		
城市	2011-12	0.367
农村	2011-12	0.280
中国 (21)	2016	0.465
南非 (22)	2015	0.639
工　业		
工业生产指数（上年=100）		
巴西	2016	93.5
俄罗斯	2016	101.3(p)
印度 (12)	2016	100.6
中国	2016	106.0(p)
南非	2016	100.8
铁矿石产量（万吨）		
巴西	2015	48780
俄罗斯(精铁矿)	2016	10100(p)
印度 (12)	2015	15590(p)
中国	2016	128089(p)
南非	…	…
钢产量（万吨）		
巴西	2013	4500
俄罗斯	2016	6964(p)
印度 (12)	2016	7240(p)
中国	2016	80837(p)
南非(万兰特)	2010	9218000
乘用车产量（万辆）		
巴西	2015	214
俄罗斯	2016	112 (p)
印度 (12)	2015	270
中国 (30)	2016	1211(p)
南非(万兰特)	2016	14493800

表 1.2　金砖国家经济社会指标比较

（续表3）

	年份	数值
电视机生产量（万台）		
巴西	2015	1087
俄罗斯	2016	826(p)
印度	…	…
中国 (23)	2016	15770(p)
南非	…	…
能　源		
石油产量（万吨）		
巴西	2016	12740
俄罗斯	2016	54900(p)
印度 (12)	2016	3710(p)
中国	2016	19970(p)
南非	2007	2600
原煤（万吨）		
巴西	2015	950
俄罗斯	2016	38500(p)
印度 (12)	2016	65900(p)
中国	2016	341000(p)
南非	2014	145600
天然气（亿立方米）		
巴西	2015	351
俄罗斯	2016	6390(p)
印度 (12)	2016	341(p)
中国	2016	1369(p)
南非	2014	3766
发电量（亿千瓦时）		
巴西	2016	5675
俄罗斯	2016	10871(p)
印度 (12)	2016	14189(p)
中国	2016	61425(p)
南非	2016	2527
一次能源生产量（万吨标准油当量）		
巴西	2015	28600
俄罗斯	2015	190896
印度 (12)	2015	32900(p)
中国 (24)	2016	242200(p)
南非	2014	13838
能源消费量（万吨标准油当量）		
巴西	2015	29900
俄罗斯	2015	131666
印度 (12)	2015	67500(p)
中国 (24)	2016	301000(p)
南非	2014	5477
农　业		
耕地面积（万公顷）		
巴西	2015	7800
俄罗斯	2015	12280
印度 (25)	2013	15600
中国	2016	13496
南非	2011	1200

表 1.2 金砖国家经济社会指标比较

(续表4)

	年份	数值
谷物产量(万吨)		
巴西 [11]	2016	8100
俄罗斯	2016	12070
印度 [25] [26]	2015	23500
中国	2016	56538
南非	2016	1011
水果和蔬菜产量(万吨)		
巴西	2015	4110
俄罗斯	2016	2015
印度 [25]	2014	25712
中国	2016	108131
南非	2011	956
肉类产量(万吨)		
巴西	2016	2431[p]
俄罗斯	2016	990
印度 [12]	2015	669
中国	2016	8538
南非	2016	336
鱼类捕获量(万吨)		
巴西	2011	80
俄罗斯	2009	373
印度 [12]	2015	1007[p]
中国	2016	1293
南非	2013	256
交通运输		
铁路营业里程(万公里)		
巴西	2016	3.0
俄罗斯	2016	8.6
印度 [28]	2016	6.7
中国	2016	12.4
南非	2010	2.1
公路里程(万公里)		
巴西	2016	157
俄罗斯[27]	2016	105
印度 [28]	2015	27[p]
中国	2016	470
南非	…	…
航空旅客周转量(亿人公里)		
巴西	2016	1221
俄罗斯	2016	2156
印度 [12]	2015	1458
中国	2016	8378
南非	…	…

资料来源：

巴西

1. 巴西国家地理与统计局调查司。
2. 巴西国家石油局 (ANP)。
3. 巴西能源研究公司 (EPE)。
4. 巴西渔业和水产养殖部 (MPA)。
5. 巴西环境和可再生资源协会 (IBAMA)。

俄罗斯

1. 俄罗斯联邦统计局。
2. 俄罗斯联邦地理登记、地籍勘察和制图局。
3. 俄罗斯联邦交通运输局。
4. 俄罗斯联邦公路局。

印度

数据来源请参考各章节表格中的来源。

中国

1. 中华人民共和国国家统计局。
2. 中华人民共和国民政部，年度统计报告，2016 年。
3. 中华人民共和国卫生和计划生育委员会，年度统计报告，2016 年。
4. 中华人民共和国交通运输部，年度统计资料，2016 年。
5. 中华人民共和国新闻出版广电总局，年度统计资料，2016 年。
6. 中华人民共和国国家统计局，《工业生产调查月报》，2016 年。
7. 中华人民共和国国家统计局，《中国统计摘要》，2016 年。
8. 中华人民共和国国家统计局，《中国统计年鉴》，2016 年。
9. 中华人民共和国国土资源部。
10. 中华人民共和国人力资源和社会保障部。
11. 中华人民共和国环境保护部，年度统计资料，2016 年。
12. 中华人民共和国水利部，年度统计资料，2016 年。
13. 中华人民共和国教育部，年度统计资料，2011-2016 年。
14. 中国铁路总公司，年度统计资料，2016 年。

南非

1. 本表的其他数据来自于本出版物的其他章节。
2. 《南非研究和试验发展概况调查统计报告，2014-2015 年》。
3. 南非能源局。

脚注：

更详尽的脚注和资料来源参见各具体章节。标 (P) 的数据为临时数据，标 (BE) 的数据为财政预算数据。

巴西

(1) 2006-2060 年中人口和其他人口统计学指标是由按性别和年龄分组的成分分析预测方法得到的。

(6) 根据最近人口估计修订后数据。

(7) 15 岁及 15 岁以上人口。

(11) 根据季度 GDP 结果推算的初步数据。

(18) 基尼系数根据住户收入计算。

俄罗斯

(19) 基尼系数是在居民人均收入数据以及住户预算抽样调查数据的基础上计算得出。

(27) 铺有路面的公共道路。

(29) 内部研发支出占国内生产总值的比重。

印度

(2) 2015 年 4 月 1 日数据。

(3) 2016 年 3 月 1 日数据，基于 2001 年人口普查。

(5) 用于计算人口密度的面积数据来源于印度全国普查局（即总登记局）为 3166414 平方公里（不是 3287264 平方公里）。

(8) 数据来源于全国抽样调查办公室，数据的年份指的是上年 7 月至当年 6 月的数据。如 2000 年的数据是 1999 年 7 月至 2000 年 6 月的数据。

(12) 所有数据均指财政年度数据，即当年 4 月至下年 3 月。

(15) 人均 GDP 数据是根据 2015 年 10 月 1 日人口数计算得到的，该数据是根据 2011 年人口普查推算的。

(20) 数据是全国抽样调查得到的。

(25) 信息涉及全国抽样调查的农业年度（基尼系数），时间是当年 7 月至下一年 6 月。

(26) 最终估计值。

(28) 表中为 3 月 31 日数据。

中国

(4) 年末人口数。

(9) 就业人口数占总人口的比重。

(10) 城镇登记失业率。

(13) 按美元计算的 GDP 和人均 GDP 利用年平均汇率进行折算。

(14) GDP 按生产者价格计算。

(16) 国家财政性教育经费占 GDP 比重。

(17) 为卫生总费用占 GDP 比重。

(21) 基尼系数指标是按居民年人均可支配收入计算的。

(23) 仅指彩色电视机。

(24) 一次能源生产总量和能源消费总量中的电力、热力按等价热值折算。

(30) 基本型乘用车。

南非

(22) 基尼系数基于剔除税收后的人均支出计算得到。

图 1.1　2016 年金砖国家人口占世界人口比重

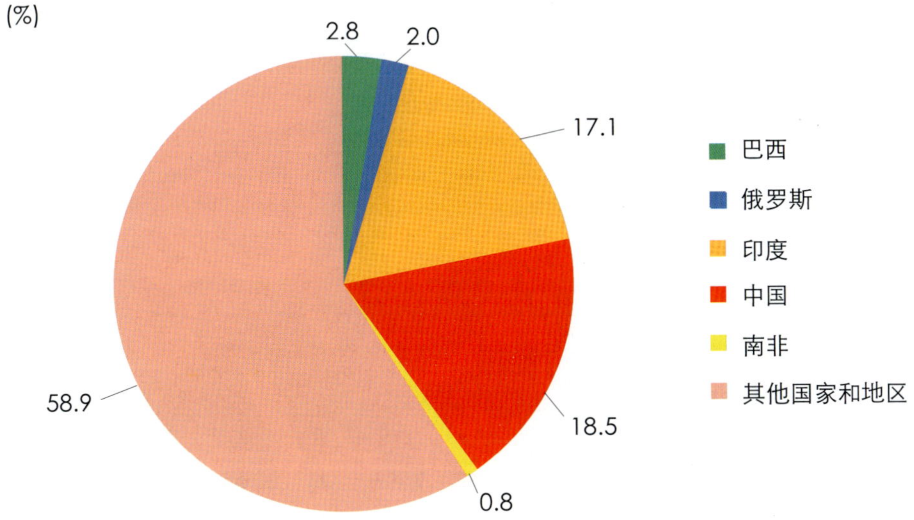

图 1.2　2016 年金砖国家国土面积占世界的比重

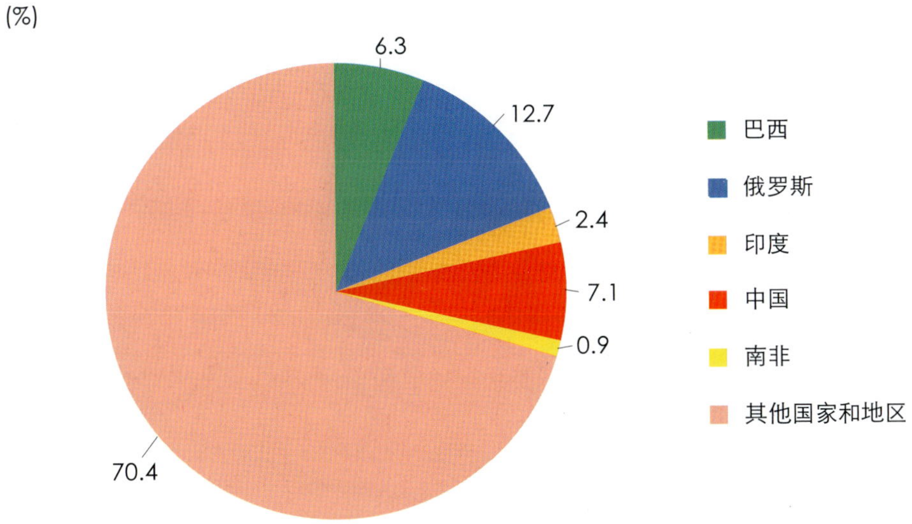

2

人 口

表 2.1　人口概况

单位：万人

	2000	2007	2008	2009	2010	2011	2012	2013	2014	2015	2016
年中人口数											
巴西(1)	17340	18950	19150	19350	19550	19740	19920	20100	20280	20450	20610
俄罗斯	14660	14281	14274	14279	14285	14296	14320	14351	14609	14641	14670
印度(2)	99694	112852	114473	116081	117674	119251	120812	122358	123889	125402	126896
中国(3)	126265	131789	132466	133126	133771	134413	135070	135738	136427	137122	137867
南非	4440	4860	4934	5000	5079	5155	5240	5316	5410	5500	5591
男性											
巴西(1)	8620	9380	9480	9580	9670	9760	9850	9930	10020	10100	10170
俄罗斯	6852	6602	6597	6599	6603	6611	6626	6645	6768	6784	6797
印度(2)	51598	58400	59245	60082	60911	61732	62545	63351	64148	64937	65717
中国(3)(4)	65437	68048	68357	68647	68748	69068	69395	69728	70079	70414	70815
南非	2100	2356	2392	2429	2467	2507	2549	2592	2637	2690	2738
女性											
巴西(1)	8730	9560	9670	9780	9880	9980	10080	10170	10260	10350	10440
俄罗斯	7808	7679	7677	7680	7682	7685	7694	7706	7841	7857	7870
印度(2)	48096	54450	55228	56000	56763	57519	58267	59008	59740	60464	61179
中国(3)(4)	61306	64081	64445	64803	65343	65667	66009	66344	66703	67048	67456
南非	2300	2510	2543	2577	2612	2648	2685	2730	2770	2810	2853
城市人口											
巴西(5)	14090	15800	16040	16270	16490	16710	16920	17130	17340	17540	17730
俄罗斯	10725	10480	10489	10499	10524	10558	10593	10633	10806	10847	10880
印度(2)	28371	32862	33589	34321	35057	35795	36536	37280	38028	38776	39525
中国(3)(4)	45906	60633	62403	64512	66978	69079	71182	73111	74916	77116	79298
南非(6)	…	…	…	…	…	…	…	…	…	…	…
农村人口											
巴西(5)	3520	3140	3110	3090	3060	3030	3000	2970	2940	2910	2880
俄罗斯	3935	3801	3785	3780	3761	3738	3727	3718	3803	3794	3780
印度(2)	71323	79991	80884	81760	82617	83456	84270	85078	85861	86626	87371
中国(3)(4)	80837	71496	70399	68938	67113	65656	64222	62961	61866	60346	58973
南非(6)	…	…	…	…	…	…	…	…	…	…	…

资料来源：

巴西

巴西国家地理与统计局。

俄罗斯

俄罗斯联邦统计局。

印度

印度内政部，印度注册总署，《技术委员会 1996-2006 年人口预测报告》及《技术委员会 2001-2026 年人口预测报告》。

中国

1. 中华人民共和国国家统计局，《中国统计年鉴》，2001-2016 年。
2. 中华人民共和国国家统计局，《中华人民共和国 2016 年国民经济和社会发展统计公报》。

南非

南非统计局。

脚注：

巴西

(1) 数据来自 2000-2060 年按性别和年龄划分的调整后的巴西人口预测。

(5) 2000 年至 2010 年两次人口普查间城市人口比重采用的是线性插值的方法，该方法是由联合国 2010 年提出的。

印度

(2) 3 月 1 日数据，并且是基于人口预测的结果。更详细解释参见关于 2011 年人口普查的注释。

中国

(3) 2000 年和 2010 年数据分别为第五次和第六次全国人口普查数据推算数。2005 年数据根据全国 1% 人口抽样调查数据推算。其余年份数据为年度全国人口变动情况抽样调查推算数据。

(4) 年末人口数。

南非

(6) 2000 年没有进行人口估计，数据无法得到验证。南非没有分城市和农村的人口数据。

表 2.2.1 人口——巴西

	2000	2007	2008	2009	2010	2011	2012	2013	2014	2015	2016
年中人口数(万人)(1)	**17340**	**18950**	**19150**	**19350**	**19550**	**19740**	**19920**	**20100**	**20280**	**20445**	**20610**
15岁以下	5210	5100	5070	5030	4990	4950	4904	4850	4800	4741	4680
15-24岁	3440	3510	3490	3470	3450	3440	3430	3420	3420	3420	3420
25-59岁	7270	8580	8780	8970	9150	9310	9470	9620	9760	9890	10020
60岁及以上	1420	1750	1820	1890	1960	2040	2120	2210	2300	2394	2490
性别比(女性=100)(1)	**98.7**	**98.1**	**98.0**	**97.9**	**97.8**	**97.8**	**97.7**	**97.7**	**97.6**	**97.5**	**97.4**
15岁以下	103.6	103.9	104.0	104.1	104.1	104.2	104.2	104.3	104.4	104.4	104.5
15-24岁	102.4	102.5	102.5	102.6	102.6	102.6	102.6	102.7	102.7	102.8	102.8
25-59岁	97.4	97.3	97.3	97.3	97.3	97.4	97.4	97.4	97.4	97.5	97.5
60岁及以上	81.1	79.1	79.0	79.0	79.0	79.1	79.1	79.2	79.2	79.3	79.4
粗出生率(‰)(1)	**20.9**	**17.2**	**16.7**	**16.3**	**15.9**	**15.5**	**15.1**	**14.8**	**14.5**	**14.2**	**13.9**
粗死亡率(‰)(1)	**6.7**	**6.1**	**6.1**	**6.0**	**6.0**	**6.0**	**6.0**	**6.0**	**6.1**	**6.1**	**6.1**
人口自然增长率(‰)	**14.2**	**11.1**	**10.7**	**10.2**	**9.9**	**9.5**	**9.1**	**8.8**	**8.4**	**8.1**	**7.8**
人口预期寿命(岁)(1)	**69.8**	**72.8**	**73.1**	**73.5**	**73.9**	**74.2**	**74.5**	**74.8**	**75.1**	**75.4**	**75.7**
总和生育率(1)	**2.4**	**2.0**	**1.9**	**1.9**	**1.9**	**1.8**	**1.8**	**1.8**	**1.7**	**1.7**	**1.7**
婴儿死亡率(‰)(1)	**29.0**	**20.0**	**19.0**	**18.1**	**17.2**	**16.4**	**15.7**	**15.0**	**14.4**	**13.8**	**13.3**
五岁以下儿童死亡率(‰)(1)	**35.5**	**23.8**	**22.4**	**21.1**	**19.8**	**18.9**	**18.1**	**17.4**	**16.7**	**16.1**	**15.5**
粗结婚率(‰)(2)	**6.0**	**6.6**	**6.8**	**6.5**	**6.7**	**6.9**	**6.9**	**6.9**	**7.2**	**7.2**	**…**
粗离婚率(‰)(3)	**1.2**	**1.4**	**1.5**	**1.4**	**1.8**	**2.6**	**2.5**	**2.3**	**2.3**	**2.3**	**…**

资料来源：

巴西国家地理与统计局。

脚注：

(1) 人口和性别比的数据来源于 2000-2060 年按性别和年龄划分的巴西人口预测数。

(2) 2000-2016 年数据来自民事登记统计。

(3) 2000-2016 年数据来自民事登记统计。离婚率数据指的是初审后的离婚，2007 年以后该数据还包括按公证契约签署的协议离婚。

表 2.2.2　人口——俄罗斯

	2000	2007	2008	2009	2010	2011	2012	2013	2014	2015	2016
年中人口数(万人)	**14660**	**14280**	**14270**	**14280**	**14280**	**14300**	**14320**	**14350**	**14609**	**14640**	**14670**
15岁以下	2650	2120	2120	2150	2170	2200	2251	2310	2410	2470	2530
15-24岁	2320	2320	2250	2160	2080	1980	1862	1746	1660	1570	1490
25-59岁	6990	7370	7410	7440	7450	7480	7512	7542	7670	7660	7640
60岁及以上	2700	2470	2490	2530	2580	2640	2695	2752	2870	2940	3010
性别比(女性=100)	**87.8**	**86.0**	**85.9**	**85.9**	**86.0**	**86.0**	**86.1**	**86.2**	**86.3**	**86.3**	**86.4**
15岁以下	104.5	104.9	105.0	105.0	105.0	105.0	105.1	105.2	105.2	105.3	105.3
15-24岁	102.7	102.0	102.1	102.4	103.0	103.6	103.9	104.1	104.5	104.5	104.3
25-59岁	93.8	90.9	90.9	90.9	91.0	91.2	91.6	92.0	92.3	92.6	92.8
60岁及以上	53.2	51.0	51.3	51.7	52.2	52.6	52.9	53.3	53.7	54.1	54.5
粗出生率(‰)	**8.7**	**11.3**	**12.0**	**12.3**	**12.5**	**12.6**	**13.3**	**13.2**	**13.3**	**13.3**	**12.9**
粗死亡率(‰)	**15.3**	**14.6**	**14.5**	**14.1**	**14.2**	**13.5**	**13.3**	**13.0**	**13.1**	**13.0**	**12.9**
人口自然增长率(‰)	**-6.60**	**-3.30**	**-2.50**	**-1.80**	**-1.70**	**-0.90**	**-0.03**	**0.20**	**0.20**	**0.30**	**-0.01**
人口预期寿命(岁)	**65.3**	**67.6**	**68.0**	**68.8**	**68.9**	**69.8**	**70.2**	**70.8**	**70.9**	**71.4**	**71.4**
总和生育率	**1.2**	**1.4**	**1.5**	**1.5**	**1.6**	**1.6**	**1.7**	**1.7**	**1.8**	**1.8**	**1.8**
婴儿死亡率(‰)	**15.3**	**9.4**	**8.5**	**8.1**	**7.5**	**7.4**	**8.6**	**8.2**	**7.4**	**6.5**	**6.0**
五岁以下儿童死亡率(‰)	**19.3**	**11.8**	**10.8**	**10.3**	**9.9**	**9.4**	**10.6**	**9.9**	**9.1**	**8.0**	**…**
孕产妇死亡率(每10万例活产婴儿)	**39.7**	**22.0**	**20.7**	**22.0**	**16.5**	**16.2**	**11.5**	**11.3**	**10.8**	**10.1**	**10.0**
粗结婚率(‰)	**6.2**	**8.8**	**8.3**	**8.4**	**8.5**	**9.2**	**8.5**	**8.5**	**8.4**	**7.9**	**6.7**
粗离婚率(‰)	**4.3**	**4.8**	**4.9**	**4.9**	**4.5**	**4.7**	**4.5**	**4.7**	**4.7**	**4.2**	**4.1**
净迁移率(%)	**0.3**	**0.3**	**0.3**	**0.2**	**0.2**	**0.2**	**0.2**	**0.2**	**0.2**	**0.2**	**0.2**
抚养系数(%)	**57.4**	**47.3**	**47.8**	**48.7**	**49.9**	**51.1**	**52.8**	**54.5**	**56.5**	**58.6**	**60.7**

资料来源：

俄罗斯联邦统计局。

表 2.2.3 人口——印度

	2000	2007	2008	2009	2010	2011	2012	2013	2014	2015
人口数(万人)[(1)]	**99690**	**112852**	**114473**	**116081**	**117674**	**119251**	**120812**	**122358**	**123890**	**125400**
15岁以下	34200	36200	36800	35700	36370	34694	35150	34873	34194	34234
15-24岁	19400	22500	23000	22700	23700	23977	24300	24594	25274	25832
25-59岁	38900	46000	46500	46400	48700	50732	51300	52615	54264	54925
60岁及以上	7200	8200	8100	8500	8830	9847	10030	10156	10407	10659
性别比(女性=100)[(1)]	**107.3**	**107.2**	**107.2**	**107.3**	**107.2**	**107.3**	**107.2**	**107.4**	**107.4**	**107.4**
15岁以下	110.4	110.5	109.1	111.6	111.6	111.0	112.6	112.4	111.7	112.2
15-24岁	109.7	108.3	109.1	109.5	108.8	110.0	107.9	107.9	107.4	107.4
25-59岁	105.8	104.9	106.7	105.7	105.5	106.0	105.6	106.1	106.2	105.9
60岁及以上	94.6	93.0	101.2	98.4	97.7	96.0	97.5	95.2	98.6	99.8
粗出生率(‰)	**25.8**	**23.1**	**22.8**	**22.5**	**22.1**	**21.8**	**21.6**	**21.4**	**21.0**	**20.8**
粗死亡率(‰)	**8.5**	**7.4**	**7.4**	**7.3**	**7.2**	**7.1**	**7.0**	**7.0**	**6.7**	**6.5**
人口自然增长率(‰)	**17.3**	**15.7**	**15.4**	**15.2**	**14.9**	**14.7**	**14.5**	**14.4**	**14.3**	**14.3**
人口预期寿命(岁)[(2)]	**62.9**	**65.7**	**66.1**	**66.5**	**67.0**	**67.5**	**67.9**	**68.3**	**...**	**...**
总和生育率	**3.2**	**2.7**	**2.6**	**2.6**	**2.5**	**2.4**	**2.4**	**2.3**	**2.3**	**2.3**
婴儿死亡率(‰)	**68.0**	**55.0**	**53.0**	**50.0**	**47.0**	**44.0**	**42.0**	**40.0**	**39.0**	**37.0**
五岁以下儿童死亡率(‰)	**99.1**	**...**	**69.0**	**64.0**	**59.0**	**55.0**	**52.0**	**49.0**	**45.0**	**43.0**
孕产妇死亡率(每10万例活产婴儿)[(3)]	**327.0**	**212.0**	**212.0**	**212.0**	**178.0**	**167.0**	**167.0**	**167.0**	**...**	**...**

资料来源：

印度内政部，印度注册总署，《技术委员会 2001-2026 年人口预测》；《抽样登记体系统计报告》。

脚注：

(1) 3 月 1 日数据。数据基于印度注册总署发布的印度及各邦 2001-2026 年人口预测报告，这可能与 2011 年实际普查数据有出入。2011 年普查的数据也已经被印度内政部、印度注册总署发布。

(2) 2009 年至 2013 年年中出生时寿命期望的修正数据。

(3) 孕产妇死亡率分别是 1997-2001 年，2004-2006 年，2007-2009 年，2010 年和 2011-2013 年时间段的数据。

表 2.2.4 人口——中国

	2000	2007	2008	2009	2010	2011	2012	2013	2014	2015	2016
年中人口数(万人)[(1)]	**126265**	**131789**	**132466**	**133126**	**133771**	**134413**	**135070**	**135738**	**136427**	**137122**	**137867**
年末人口数(万人)[(1)]	**126743**	**132129**	**132802**	**133450**	**134091**	**134735**	**135404**	**136072**	**136782**	**137462**	**138271**
15岁以下[(2)]	29012	25660	25166	24659	22259	22164	22287	22329	22558	22715	23008
15-59岁[(2)]	84639	91129	91647	92077	94051	94072	93727	93500	92982	92547	92177
60岁及以上[(2)]	13092	15340	15989	16714	17781	18499	19390	20243	21242	22200	23086
15-64岁[(2)]	88910	95833	96680	97484	99938	100283	100403	100582	100469	100361	100260
65岁及以上[(2)]	8821	10636	10956	11307	11894	12288	12714	13161	13755	14386	15003
性别比(女性=100)	**106.7**	**106.2**	**106.1**	**105.9**	**105.2**	**105.2**	**105.1**	**105.1**	**105.1**	**105.0**	**105.0**
粗出生率(‰)	**14.0**	**12.1**	**12.1**	**12.0**	**11.9**	**11.9**	**12.1**	**12.1**	**12.4**	**12.1**	**13.0**
粗死亡率(‰)	**6.5**	**6.9**	**7.1**	**7.1**	**7.1**	**7.1**	**7.2**	**7.2**	**7.2**	**7.1**	**7.1**
人口自然增长率(‰)	**7.6**	**5.2**	**5.1**	**4.9**	**4.8**	**4.8**	**5.0**	**4.9**	**5.2**	**5.0**	**5.9**
人口预期寿命(岁)	**71.4**	**…**	**…**	**…**	**74.8**	**…**	**…**	**…**	**…**	**76.3**	**…**
婴儿死亡率(‰)[(3)]	**32.2**	**15.3**	**14.9**	**13.8**	**13.1**	**12.1**	**10.3**	**9.5**	**8.9**	**8.1**	**…**
五岁以下儿童死亡率(‰)[(3)]	**39.7**	**18.1**	**18.5**	**17.2**	**16.4**	**15.6**	**13.2**	**12.0**	**11.7**	**10.7**	**…**
孕产妇死亡率(每10万例活产婴儿)[(3)]	**53.0**	**36.6**	**34.2**	**31.9**	**30.0**	**26.1**	**24.5**	**23.2**	**21.7**	**20.1**	**…**
粗结婚率(‰)	**6.7**	**7.5**	**8.3**	**9.1**	**9.3**	**9.7**	**9.8**	**9.9**	**9.6**	**9.0**	**…**
粗离婚率(‰)	**1.0**	**1.6**	**1.7**	**1.9**	**2.0**	**2.1**	**2.3**	**2.6**	**2.7**	**2.8**	**…**

资料来源：

1. 中华人民共和国国家统计局，《中国统计年鉴》，2001-2016 年，《中华人民共和国 2016 年国民经济和社会发展统计公报》。
2. 中华人民共和国民政部，《中国民政统计年鉴》，2000-2016 年。
3. 中华人民共和国国家卫生和计划生育委员会，《统计年报》，2000-2016 年。

脚注：

(1) 2000 年和 2010 年数据分别为第五次和第六次全国人口普查数据推算数。2005 年和 2015 年数据根据全国 1% 人口抽样调查数据推算。其余年份数据为年度全国人口变动情况抽样调查推算数据。

(2) 由于数据单位不同，四舍五入的原因，个别年份数据合计不相等。

(3) 被监测地区的数据。

表 2.2.5 人口——南非

	2000 (1)	2007	2008	2009	2010	2011	2012	2013	2014	2015	2016
年中人口数(万人)	**4440**	**4860**	**4934**	**5000**	**5079**	**5155**	**5240**	**5316**	**5410**	**5500**	**5591**
15岁以下	1560	1573	1575	1577	1581	1587	1610	1620	1640	1660	1681
15-24岁	900	990	1000	1020	1040	1037	1050	1046	1048	1040	1019
25-59岁	1700	1964	1998	2040	2080	2130	2180	2240	2290	2350	2444
60岁及以上	270	350	360	370	380	390	400	420	430	440	448
性别比(女性=100)	**92.4**	**93.7**	**93.9**	**94.2**	**94.4**	**94.7**	**94.9**	**95.2**	**95.5**	**95.7**	**96.0**
15岁以下	101.4	101.0	101.0	101.0	101.0	101.0	101.0	101.1	101.2	101.3	102.1
15-24岁	92.1	97.6	98.5	99.4	100.3	100.3	100.3	100.3	100.4	100.4	100.7
25-59岁	88.6	91.8	92.1	92.4	92.7	93.5	94.2	94.9	95.6	96.2	95.9
60岁及以上	71.4	66.1	66.2	66.3	66.4	66.5	66.6	66.7	66.8	66.9	68.2
粗出生率(‰)	**…**	**23.9**	**23.8**	**23.7**	**23.6**	**23.4**	**23.2**	**23.1**	**22.9**	**22.7**	**21.6**
粗死亡率(‰)	**…**	**11.6**	**11.0**	**10.5**	**10.5**	**10.7**	**10.6**	**10.1**	**9.5**	**9.6**	**9.7**
人口自然增长率(‰)	**…**	**12.3**	**12.8**	**13.2**	**13.1**	**12.7**	**12.7**	**13.0**	**13.3**	**13.0**	**11.9**
人口预期寿命(岁)	**…**	**57.5**	**58.7**	**59.7**	**60.0**	**59.7**	**60.2**	**61.3**	**62.5**	**62.5**	**65.1**
总和生育率	**…**	**2.7**	**2.7**	**2.7**	**2.6**	**2.6**	**2.6**	**2.6**	**2.6**	**2.6**	**2.4**
婴儿死亡率(‰)	**…**	**50.0**	**48.4**	**43.6**	**41.0**	**39.7**	**39.0**	**36.4**	**35.3**	**34.4**	**33.7**
五岁以下儿童死亡率(‰)	**…**	**75.4**	**71.6**	**66.4**	**59.5**	**56.4**	**54.0**	**48.8**	**46.5**	**45.1**	**44.4**
粗结婚率(‰) (2)(3)	**…**	**4.2**	**4.1**	**3.7**	**3.6**	**3.3**	**3.2**	**3.1**	**2.9**	**2.6**	**…**
粗离婚率(‰) (3)	**…**	**0.6**	**0.6**	**0.6**	**0.4**	**0.4**	**0.4**	**0.4**	**0.5**	**0.5**	**…**

资料来源：

南非统计局，年中人口估计，2016 年；结婚离婚人口统计，2001-2014 年。

脚注：

(1) 未开展对于 2000 年人口数据的估算，所以当年数据无法校验。

(2) 只包括用于研究的登记结婚和离婚 (2012 年前)。

(3) 民事结合数据始于 2007 年。

图 2.1　人口自然增长率

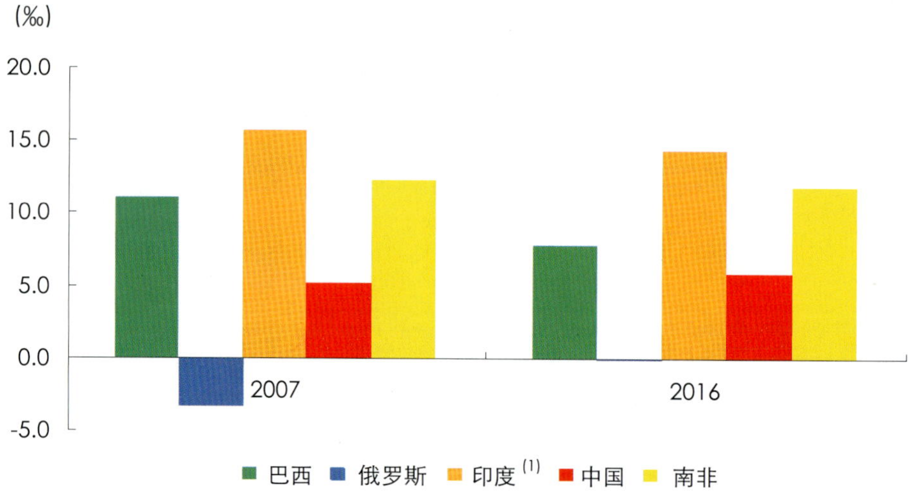

注：（1）印度 2016 年为 2015 年数据。

图 2.2　婴儿死亡率

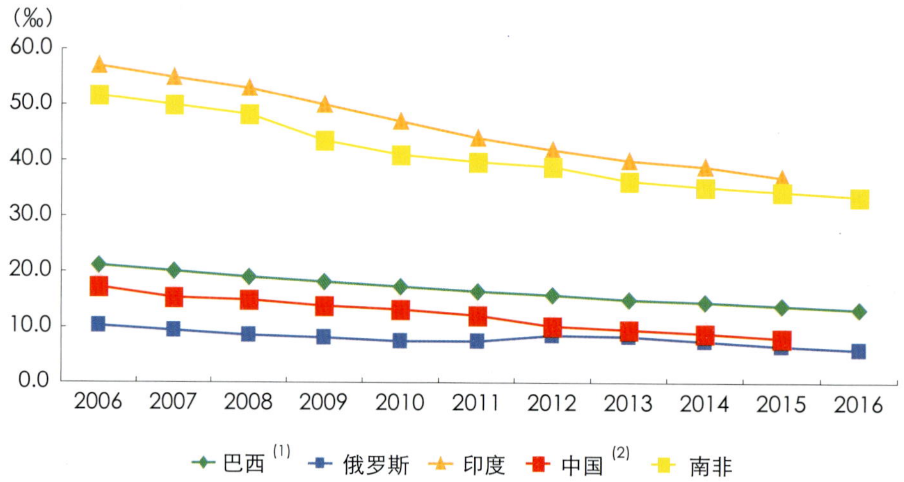

注：（1）人口和性别比的数据来源于 2000-2060 年按性别和年龄划分的巴西人口预测数。
（2）被监测地区的数据。

图 2.3 人口预期寿命

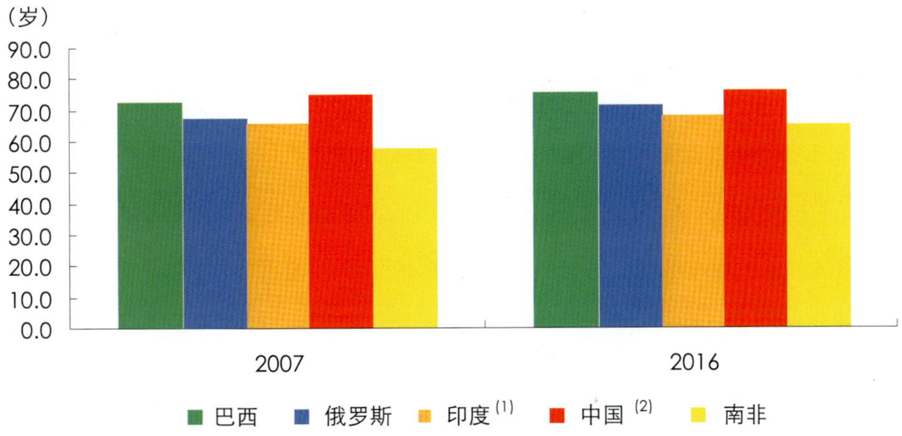

注：（1）2009 年至 2013 年年中出生时寿命期望的修正数据。

2016 年为 2013 年数据。

（2）2007 年为 2010 年数据。2016 年为 2015 年数据。

图 2.4 2016 年人口年龄结构

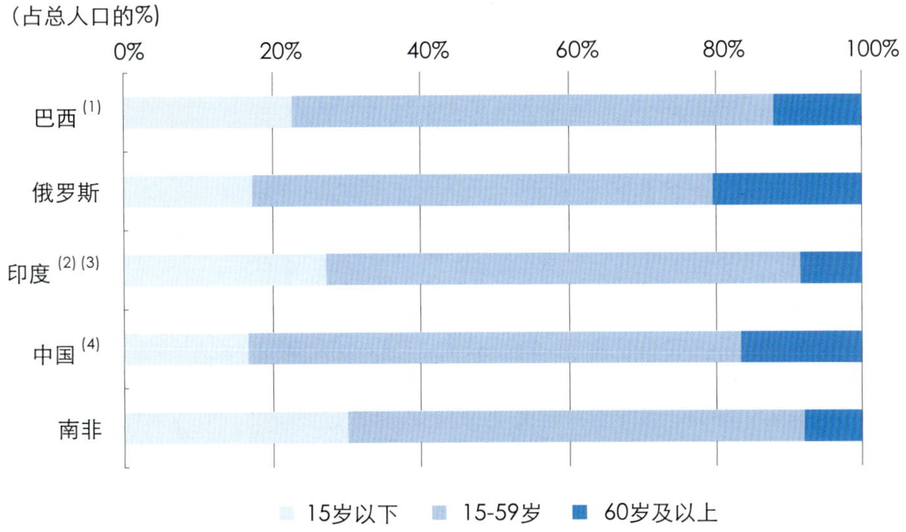

注：（1）人口和性别比的数据来源于 2000-2060 年按性别和年龄划分的巴西人口预测数。

（2）3 月 1 日数据。数据基于印度注册总署发布的印度及各邦 2001-2026 年人口预测报告，这可能与 2011 年实际普查数据有出入。2011 年普查的数据也已经被印度内政部、印度注册总署发布。

（3）2015 年数据。

（4）年度全国人口变动情况抽样调查推算数据。

通用解释

总人口（年中） 关于年中人口的信息，该数据是由分性别、分年龄组的成分分析法得到的数据。这种方法在计算人口生育、死亡和迁移时都是独立的。

性别比 每 100 女性中男性的人数。该数据是从分年龄组的男性和女性比中得到的。

总和生育率 是指该国家或地区的妇女在育龄期间（15-49 岁），按该年龄段生育率计算的每个妇女平均子女生育数，从出生到育龄结束之前的死亡率不计算在内。

粗出生率 是指某一给定人口出现的新生频数，为给定年份内活产婴儿数与中期总人口数之比，以千人为单位。

粗死亡率 是指某一人口出现的死亡频数，为给定年份内死亡人数与年中人口数之比，以千人为单位。

人口自然增长率 即粗出生率减去粗死亡率。

人口预期寿命 是指按当前人口死亡率水平计算，一个新生儿平均预期可能存活的岁数。

婴儿死亡率 是指在给定的一个地理区域和给定的时间段内（每 1000 名活产婴儿中）在一周岁内死亡的数量，一般解释为新生婴儿在生命的第一年中估计的死亡风险。

五岁以下儿童死亡率（根据 WHO 计算方法） 规定年份出生的儿童在年满 5 岁前死亡的概率，以每 1000 名活产的比率表示。

粗结婚率 该数据的计算方法是用 15 岁及以上结婚的人口数除以同年龄段的人口数，再乘 1000 得到的。

粗离婚率 指当年离婚对数占年平均人口的比重，计算公式为：

$$\text{粗离婚率} = \frac{\text{当年离婚对数}}{\text{年平均人口数}} \times 1000\ ‰$$

抚养系数 为 0-15 岁、60 及 60 岁以上人口之和与 15-59 岁人口的比率。

人口普查 是在特定时点、对特定地区进行的旨在获取全部人口数据以及获取其他人口、社会和经济信息的全面调查。

国家解释

俄罗斯

出生、死亡、结婚和离婚数据依据民事登记处的行政记录的年度整理结果。

印度

孕产妇死亡率 是指在给定年份每 10 万活产儿中由于怀孕或者生育而造成妇女死亡人数。这有别于育龄妇女死亡率，即每 10 万名 15-49 岁妇女中孕产妇死亡人数。

印度人口普查 每 10 年开展一次，最近的一次普查是在 2011 年。普查年份之间和未来的推测数采用分量法，此方法基于人口普查和抽样登记系统的数据，后者提供了生育率和死亡率的时间序列数据。相应地，分别依据 2006 年和 1996 年的《技术委员会报告》，本章表格所列 2005-2013 年数据是基于 2001 年普查数据的推测结果，2000 年数据是基于 1991 年普查数据的推测结果。

2011 年普查数据已经发布，2011 年印度人口普查数据为 12.11 亿。依据该 2011 年人口普查，总人口包括 3.78 亿城市人口和 8.33 亿农村人口，6.25 亿为男性和 5.86 亿为女性。

3

劳动力人口

表 3.1　劳动力人口概况

		2000	2007	2008	2009	2010	2011	2012	2013	2014	2015	2016
劳动力人口数占总人口的比重(%)												
巴西(1)(2)	总体	...	68.6	68.6	68.6	...	66.2	65.9	65.5	66.5	64.8	...
	男性	...	80.4	80.5	80.2	...	78.3	77.9	77.3	77.9	76.2	...
	女性	...	57.7	57.6	57.9	...	55.0	54.9	54.6	56.1	54.4	...
俄罗斯	总体	49.3	52.6	53.0	53.0	52.9	53.1	53.0	52.8	52.6	53.3	52.4
	男性	54.5	57.5	58.4	58.4	58.5	58.6	58.6	58.5	58.4	59.3	58.2
	女性	44.8	48.3	48.3	48.4	48.0	48.2	48.1	47.9	47.7	48.2	47.3
印度(3)	总体	40.6	…	41.3	…	40.0	…	39.5	...	...	...	...
	男性	54.0	…	56.3	…	55.7	…	55.6	...	...	...	...
	女性	26.3	…	25.4	…	23.3	…	22.5	...	...	...	...
中国(4)(5)	总体	56.9	57.0	56.9	56.8	56.8	56.7	56.6	56.6	56.5	56.3	56.1
	男性	...	...	...	...	...	...	...	...	...	...	...
	女性	...	...	...	...	...	...	...	...	...	...	...
南非	总体	36.8	35.7	38.2	37.2	36.1	36.3	36.6	37.2	37.4	38.3	38.5
	男性	...	39.3	43.3	42.3	41.3	41.1	41.6	41.8	42.1	43.0	43.2
	女性	...	32.2	33.3	32.3	31.3	31.7	32.0	32.7	32.9	33.9	34.0
第二产业就业人口数占全部就业人口的比重(%)												
巴西(1)(2)(6)	总体	...	15.3	15.3	14.8	...	13.5	14.0	13.5	13.1	12.6	...
	男性	...	17.2	17.0	16.3	...	15.1	15.6	15.0	14.7	13.9	...
	女性	...	12.7	13.0	12.7	...	11.3	11.9	11.3	11.1	10.8	...
俄罗斯(7)	总体	29.2	29.2	29.0	27.5	27.7	27.5	27.8	27.7	27.5	27.2	26.9
	男性	35.8	38.0	38.5	36.9	37.3	37.3	37.9	38.0	37.9	37.6	37.2
	女性	22.3	20.2	19.2	18.0	17.8	17.2	17.2	17.0	16.6	16.2	16.1
印度(8)	总体	15.8	…	18.7	…	21.5	…	24.3	...	...	...	...
	男性	17.7	…	21.1	…	23.5	…	25.9	...	...	...	...
	女性	11.7	…	13.0	…	16.3	…	20.0	...	...	...	...
中国(5)	总体	22.5	26.8	27.2	27.8	28.7	29.5	30.3	30.1	29.9	29.3	28.8
	男性	...	...	...	...	...	...	...	...	...	...	...
	女性	...	...	...	...	...	...	...	...	...	...	...
南非	总体	20.6	22.6	23.4	22.9	22.1	21.8	20.9	20.7	20.6	21.0	20.5
	男性	...	29.9	31.5	30.9	29.4	29.0	28.0	27.9	28.2	28.8	27.9
	女性	...	12.8	12.6	12.5	12.4	12.4	11.5	11.6	10.9	10.8	11.0

资料来源：

巴西

巴西国家地理与统计局，全国住户抽样调查，2006-2015 年。

俄罗斯

俄罗斯联邦统计局，劳动力抽样调查。

印度

印度统计和计划执行部，《全国抽样调查报告：印度就业和失业状况》（各期）。

中国

1. 中华人民共和国国家统计局，《中国统计年鉴》，2001-2016 年。
2. 中华人民共和国国家统计局，《中华人民共和国 2016 年国民经济和社会发展统计公报》。

南非

南非统计局，年中人口估计 (P0302);《劳动力调查》(P0210)；《季度劳动力调查》(P0211)。

脚注：

巴西

(1) 15 岁及 15 岁以上人口。

(2) 15 岁及 15 岁以上劳动力人口占全国人口比重。

(6) 包括的行业：制造业，采矿和采掘业，电、气、水的供应业。

俄罗斯

(7) 采矿和采掘业，制造业和电、气、水的供应业，建筑业。

印度

(3) 该数据基于全国抽样调查办公室的抽样调查，该调查的调查期为前一年 7 月至当年 6 月。比如 2000 年数据是 1999 年 7 月到 2000 年 6 月的数据。

(8) 该数据是基于通常经济活动状态，即同时考虑了主要和次要产业活动后得出的结论。第二产业包括采矿和采掘业，制造业，建筑业，电、气、水的供应业。

中国

(4) 就业人口数占总人口的比重。

(5) 2001 年及以后年份的总就业人口数据根据第六次全国人口普查结果进行了修订。

表 3.2.1 劳动力人口——巴西

		2001 [1]	2007	2008	2009	2011	2012	2013	2014	2015
劳动力人口数(万人)	**总计**	**8270**	**9707**	**9909**	**10083**	**10044**	**10154**	**10252**	**10587**	**10483**
	男性	4790	5460	5579	5643	5684	5748	5787	5918	5895
	女性	3480	4247	4330	4440	4360	4406	4465	4669	4588
就业人口数(万人)	**总计**	**7496**	**8923**	**9208**	**9250**	**9372**	**9529**	**9588**	**9862**	**9482**
	男性	4431	5134	5292	5299	5408	5484	5501	5604	5431
	女性	3066	3789	3916	3952	3964	4045	4087	4258	4051
按年龄划分的就业人口数(%)										
15-24岁	总计	23.0	20.3	19.7	18.8	17.9	17.7	16.9	16.5	15.2
	男性	23.5	21.2	20.7	19.7	18.5	18.3	17.4	17.2	16.1
	女性	22.1	19.0	18.3	17.7	17.1	16.8	16.1	15.6	14.0
25-59岁	总计	70.7	73.0	73.3	74.2	75.2	75.1	75.6	75.3	76.7
	男性	69.5	71.4	71.6	72.5	73.6	73.5	74.0	73.6	74.9
	女性	72.5	75.2	75.5	76.5	77.4	77.3	77.8	77.5	79.1
60岁及以上	总计	6.3	6.7	7.1	7.0	6.9	7.2	7.5	8.2	8.1
	男性	7.0	7.4	7.7	7.8	7.9	8.1	8.6	9.2	9.1
	女性	5.4	5.7	6.2	5.9	5.6	5.9	6.1	6.9	6.9
按行业划分的就业人口数(万人)										
农业、林业和渔业	总计	1499	1594	1569	1539	1432	1357	1357	1403	1317
	男性	1020	1075	1063	1061	997	959	950	955	930
	女性	478	519	506	478	436	398	407	448	387
工业 [2]	总计	1098	1367	1407	1368	1262	1337	1291	1296	1193
	男性	715	885	899	866	814	855	828	822	757
	女性	382	482	508	502	447	482	463	474	436
建筑业	总计	526	607	693	693	789	833	885	907	853
	男性	512	588	669	674	768	810	857	878	823
	女性	14	19	24	19	21	24	28	29	30
贸易	总计	1274	1599	1599	1638	1671	1693	1705	1791	1722
	男性	814	974	965	976	973	987	992	1044	1013
	女性	460	625	634	662	698	706	713	747	709
服务业	总计	3079	3735	3919	3992	4205	4302	4344	4459	4390
	男性	1351	1594	1678	1703	1846	1868	1869	1900	1901
	女性	1728	2141	2241	2289	2359	2434	2475	2559	2488
其他	总计	21	21	20	20	13	7	6	6	7
	男性	18	17	17	18	10	6	5	5	6
	女性	3	4	3	1	3	1	1	1	
失业人口数(万人)	**总计**	**774**	**784**	**701**	**833**	**672**	**624**	**664**	**725**	**1001**
	男性	359	326	287	344	276	264	286	314	464
	女性	415	457	414	488	396	361	378	411	537
城市失业人口数(万人)	总计	738	734	659	779	634	581	616	678	939
	男性	343	307	271	322	260	244	264	292	433
	女性	394	427	389	457	374	338	352	385	506

表 3.2.1 劳动力人口——巴西

（续表）

		2001 (1)	2007	2008	2009	2011	2012	2013	2014	2015
失业率(%)	**总计**	**9.4**	**8.1**	**7.1**	**8.3**	**6.7**	**6.1**	**6.5**	**6.9**	**9.6**
	男性	7.5	6.0	5.1	6.1	4.9	4.6	4.9	5.3	7.9
	女性	11.9	10.8	9.6	11.0	9.1	8.2	8.5	8.8	11.7
城市失业率(%)	总计	10.7	9.1	8.0	9.2	7.4	6.7	7.1	7.5	10.5
	男性	8.8	6.9	5.9	7.0	5.5	5.1	5.5	5.9	8.8
	女性	13.4	11.9	10.5	12.0	9.8	8.8	9.0	9.5	12.6
25岁以下人口失业率(%)	总计	17.9	16.8	15.5	17.8	15.3	14.6	15.0	17.0	23.1
	男性	14.7	12.9	11.8	13.8	12.1	11.4	12.3	13.8	19.1
	女性	22.5	21.9	20.5	23.1	19.8	18.9	18.7	21.2	28.5

资料来源：

巴西国家地理与统计局，全国住户抽样调查，2001 年，2006-2015 年。

脚注：

15 岁及 15 岁以上的人口。

(1) 2001 年不包括朗多尼亚、阿克里、亚马逊、罗赖马、帕拉和阿马帕州的农村人口。

(2) 工业活动：制造业、采矿和采掘业，电、气、水的供应业。

表 3.2.2　　劳动力人口——俄罗斯

	2000	2007	2008	2009	2010	2011	2012	2013	2014	2015	2016
劳动力人口数(万人)	**7277**	**7529**	**7570**	**7569**	**7548**	**7578**	**7568**	**7553**	**7543**	**7659**	**7664**
男性	3763	3812	3859	3850	3860	3872	3872	3872	3873	3943	3947
女性	3514	3717	3711	3719	3688	3706	3696	3681	3670	3716	3717
就业人口数(万人)	**6507**	**7077**	**7100**	**6941**	**6993**	**7086**	**7155**	**7139**	**7154**	**7232**	**7239**
男性	3357	3570	3610	3507	3557	3603	3647	3648	3661	3714	3720
女性	3150	3507	3490	3434	3437	3482	3508	3491	3493	3519	3519
按年龄划分的就业人口数(%)											
15-24岁	12.1	11.2	11.6	10.9	10.4	10.1	9.1	9.2	8.4	7.6	7.0
25-59岁	82.8	85.0	84.5	85.0	85.4	85.4	86.4	86.1	86.8	87.3	87.7
60岁及以上	5.0	3.8	3.9	4.1	4.2	4.5	4.6	4.7	4.8	5.1	5.3
按行业划分的就业人口数(万人)											
农业、林业和渔业	943	627	584	574	542	545	524	499	481	485	486
工业 (1)	1570	1570	1518	1420	1435	1435	1455	1440	1427	1418	1431
建筑业	333	493	542	491	505	511	532	539	542	548	520
贸易	802	1106	1079	1058	1089	1125	1150	1150	1147	1151	1154
服务业 (2)	2857	3279	3362	3395	3420	3468	3490	3508	3555	3627	3645
其他 (3)	3	2	5	3	2	3	3	3	2	3	3
失业人口数(万人)	**770**	**452**	**470**	**628**	**554**	**492**	**413**	**414**	**389**	**426**	**424**
男性	406	242	249	343	303	268	225	224	212	230	227
女性	364	210	221	285	251	224	188	190	177	197	198
城市失业人口数(万人)	**580**	**266**	**296**	**423**	**360**	**317**	**259**	**264**	**248**	**283**	**281**
失业率 (%)	**10.6**	**6.0**	**6.2**	**8.3**	**7.3**	**6.5**	**5.5**	**5.5**	**5.2**	**5.6**	**5.5**
城市失业率 (%)	10.7	4.7	5.2	7.4	6.3	5.5	4.5	4.6	4.3	4.8	4.8
25岁以下人口失业率 (%)	20.7	14.4	14.0	18.5	16.9	15.2	14.8	13.8	13.7	16.0	16.3

资料来源：

俄罗斯联邦统计局，劳动力抽样调查。

脚注：

(1) 包括能源。

(2) 包括：住宿和餐饮、交通运输和通信、金融活动、房地产、租赁和商业活动、公共行政和防务、社会保障、教育卫生和社会工作，以及其他社区、社会及个人服务活动。

(3) 包括家庭活动和境外组织机构的活动。

表 3.2.3　　劳动力人口——印度

		2000	2006	2007	2008	2009	2010	2011	2012
劳动力人口数(万人)	**总计**	**37360**	**41273**	**...**	**41679**	**...**	**40839**	**...**	**42986**
	男性	25560	28223	...	29198	...	29344	...	31090
	女性	11800	13046	...	12481	...	11496	...	11896
就业人口数(万人)	**总计**	**36537**	**40292**	**...**	**40754**	**...**	**40002**	**...**	**42045**
	男性	24936	27491	...	28490	...	28768	...	30432
	女性	11601	12801	...	12264	...	11234	...	11613
按年龄划分的就业人口数(万人)[1]									
15-24岁	总计	7580	8154	...	7696	...	6884	...	6781
	男性	5206	5801	...	5560	...	5036	...	4990
	女性	2376	2359	...	2142	...	1849	...	1793
25-59岁	总计	25523	28629	...	29569	...	29682	...	31639
	男性	17352	19254	...	20383	...	21197	...	22740
	女性	8166	9374	...	9192	...	8476	...	8906
60岁及以上	总计	2463	2801	...	2976	...	3007	...	3292
	男性	1862	2049	...	2253	...	2264	...	2513
	女性	602	748	...	724	...	738	...	780
按行业划分的就业人口数(万人)									
农业、林业和渔业	总计	22557	23370	...	23352	...	21281	...	20560
	男性	13704	14021	...	14302	...	13550	...	13271
	女性	8854	9332	...	9039	...	7718	...	7290
采矿和采掘业	总计	206	242	...	204	...	240	...	227
	男性	169	220	...	171	...	230	...	192
	女性	36	38	...	37	...	34	...	34
制造业	总计	3910	4875	...	4687	...	4400	...	5298
	男性	2776	3271	...	3419	...	3193	...	3743
	女性	1137	1587	...	1263	...	1213	...	1555
电、气、水的供应业	总计	92	110	...	110	...	120	...	219
	男性	88	110	...	114	...	86	...	189
	女性	3		...		...	11	...	29
建筑业	总计	1576	2337	...	2608	...	3840	...	4457
	男性	1388	2089	...	2336	...	3251	...	3749
	女性	185	230	...	282	...	573	...	707
贸易、住宿和餐饮业	总计	3582	4029	...	4198	...	4320	...	4608
	男性	3126	3546	...	3704	...	3855	...	4044
	女性	464	474	...	466	...	483	...	561
交通、仓储和通信业	总计	1288	1652	...	1712	...	1720	...	2031
	男性	1254	1622	...	1681	...	1697	...	1957
	女性	38	38	...	49	...	45	...	75
其他服务业	总计	3350	3626	...	3872	...	4120	...	4654
	男性	2464	2584	...	2735	...	2934	...	3287
	女性	904	1063	...	1128	...	1146	...	1361
失业率(%)	**总计**	**2.2**	**2.4**	**...**	**2.2**	**...**	**2.0**	**...**	**2.2**
	男性	2.4	2.6	...	2.4	...	2.0	...	2.1
	女性	1.7	1.9	...	1.7	...	2.3	...	2.4
城市失业率(%)	总计	4.7	4.8	...	4.1	...	3.4	...	3.4
	男性	4.5	4.5	...	3.8	...	2.8	...	3.0
	女性	5.7	6.3	...	5.2	...	5.7	...	5.2

资料来源：

印度统计和计划执行部，《全国抽样调查报告：印度就业和失业状况》（各期）。

脚注：

数据基于全国抽样调查队的抽样调查报告，调查期为上年 7 月至当年 6 月（本表中所标识的年份）。比如 2000 年数据是 1999 年 7 月到 2000 年 6 月的数据。

该数据是基于通常经济活动状态，即同时考虑了主要和次要经济活动后得出的结论。

(1) 0-14 岁人口特别是 10-14 岁人口中也有被雇佣工作的。

表 3.2.4　　劳动力人口——中国

	2000	2007	2008	2009	2010	2011	2012	2013	2014	2015	2016
就业人口数(万人)[1]	**72085**	**75321**	**75564**	**75828**	**76105**	**76420**	**76704**	**76977**	**77253**	**77451**	**77603**
按年龄划分的就业人口数(%)[1]											
16-24岁	15.9	11.9	12.1	12.4	14.3	13.4	12.0	11.4	10.4	9.7	8.9
25-59岁	77.8	79.5	79.1	78.7	78.2	78.7	79.1	79.3	79.7	81.2	81.3
60岁及以上	6.4	8.7	8.9	8.9	7.5	7.9	8.9	9.3	9.9	9.2	9.8
按行业划分的就业人口数(万人)[1]											
农业、林业和渔业	36043	30731	29923	28890	27931	26594	25770	24170	22790	21919	21500
工业[2]	16219	20186	20553	21080	21842	22544	23240	23170	23100	22693	22350
服务业	19823	24404	25087	25857	26332	27282	27690	29640	31360	32839	33760
城镇登记失业人数(万人)	**595**	**830**	**886**	**921**	**908**	**923**	**917**	**926**	**952**	**966**	**980**
城镇登记失业率(%)	**3.1**	**4.0**	**4.2**	**4.3**	**4.1**	**4.1**	**4.1**	**4.1**	**4.1**	**4.1**	**4.0**

资料来源：

1. 中华人民共和国国家统计局，《中国统计年鉴》，2000-2016 年。
2. 中华人民共和国国家统计局，《中华人民共和国 2016 年国民经济和社会发展统计公报》。
3. 中华人民共和国人力资源和社会保障部。

脚注：

(1) 2001 年及以后就业人口数据根据第六次全国人口普查数据进行修订。

(2) 包括能源和建筑业。

表 3.2.5　　劳动力人口——南非

	2000[1]	2007	2008	2009	2010	2011	2012	2013	2014	2015[2]	2016
劳动力人口数(万人)	**1610**	**1785**	**1883**	**1860**	**1835**	**1871**	**1920**	**1975**	**2022**	**2108**	**2153**
就业人口数(万人)	**1230**	**1343**	**1458**	**1419**	**1379**	**1407**	**1442**	**1487**	**1515**	**1574**	**1578**
按年龄划分的就业人口数(%)											
15-24岁	12.9	10.6	11.1	10.1	9.2	9.0	8.6	8.6	8.3	8.7	8.1
25-59岁	84.4	86.9	86.5	87.5	88.4	88.6	89.1	88.9	89.0	88.7	89.4
60-64岁	2.8	2.5	2.4	2.4	2.4	2.4	2.3	2.5	2.6	2.6	2.5
按行业划分的就业人口数(万人)											
农业	136	105	82	71	67	64	70	74	70	88	87
采矿业	43	46	35	34	33	33	38	41	43	45	44
制造业	175	189	209	195	184	187	182	181	176	176	169
公共事业	8	11	10	10	9	9	10	13	12	13	12
建筑业	71	104	121	119	111	111	109	115	125	141	143
贸易业	290	313	332	312	307	315	315	313	320	316	318
运输业	68	64	82	80	82	81	86	91	93	90	91
金融业	102	142	178	186	175	182	190	200	203	220	227
社区和社会服务	210	250	278	281	288	303	320	335	349	355	357
私人住户部门	130	119	130	129	124	121	123	124	123	129	128
其他服务业	0.0	0.0	0.3	0.5	0.4	0.5	0.4	0.3	0.4	0.4	0.4
失业人口数(万人)	**370**	**442**	**425**	**440**	**456**	**464**	**478**	**489**	**507**	**534**	**575**
失业率(%)	**23.3**	**24.7**	**22.5**	**23.7**	**24.9**	**24.8**	**24.9**	**24.7**	**25.1**	**25.3**	**26.7**
25岁以下人口失业率(15-24岁)(%)	45.0	50.0	45.6	48.3	51.2	50.3	51.7	51.4	51.3	50.1	53.3

资料来源：

南非统计局，《劳动力调查》(P0210)；《季度劳动力调查》(P0211)。

脚注：

(1) 2000 年为 9 月份数据，不是全年数据，原因是 3 月份举行的是试点调查。

(2) 2015 年数据来自 2013 年的《主要抽样调查》。

图 3.1　劳动力人口占总人口比重

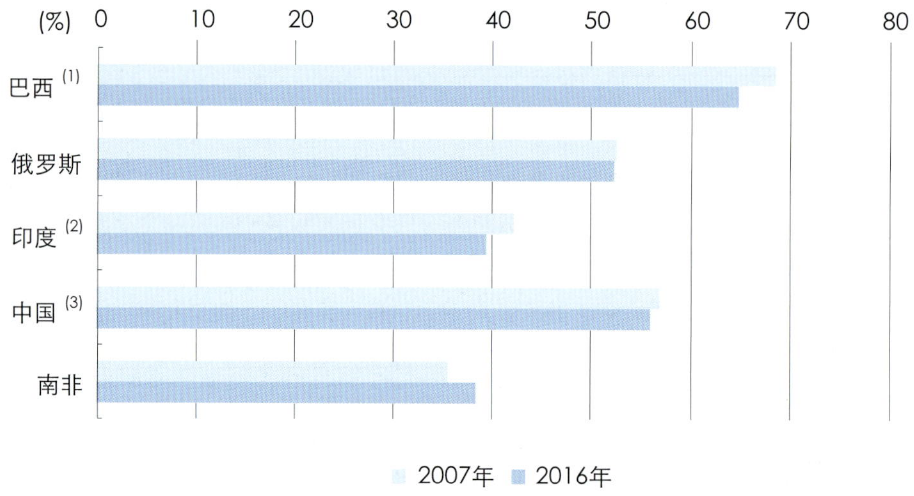

注：(1) 2016 年数据为 2015 年数据。
(2) 2007 年数据为 2006 年数据，2016 年数据为 2012 年数据。
(3) 就业人口占总人口比重。

主要统计指标解释

通用解释

劳动力人口 指在一定时期内那些正在从事某项工作（就业人员）、正在寻找工作或随时准备工作（失业人员）的人员。

失业率（UR） 为每 100 个劳动力中的失业人数，劳动力包括就业人员和失业人员。

就业人员（或工人） 指从事经济活动的人员，或不管从事何种经济活动但因为生病、受伤或其他身体伤残、恶劣天气、节日、社会或宗教活动以及其他原因造成暂时离岗的人员都称之为就业人员。那些在经济活动中，例如在家庭农场和非农场帮助从事无偿劳动者也被称为就业人员。

经济活动状况、劳动力、就业和失业 指的是一个人在一段特定的时期内参与经济活动和非经济活动的状况。根据这个定义，一个人在一段时期内可以处于以下三种广义活动状态中的一种或者处于混合状态中：一是从事某种经济活动（工作状态）；二是目前没有从事经济活动，但正积极寻找工作，或者一旦有工作可以立即工作；三是没有从事经济活动，并且不准备投身到某项工作中。以上提及的前两种广义状态属于“劳动力”的范畴，即分别属于劳动力概念中的“就业人员”和“失业人员”，而最后一种状态则属于“非劳动力”的范畴。

国家解释

巴西

参照周 是指每年 9 月份最后一个完整周。

工作 以下几种经济活动状态被认为处于工作状态：

（1）以现金、产品、货物或福利（包括住房、食品、服装等）支付报酬的从事货物和服务生产的职业。

（2）以现金或福利（包括住房、食品和服装等）支付报酬的从事国内服务的职业。

(3) 每周至少工作 1 个小时、无报酬的、从事货物和服务生产的职业，包括：

—对从事初级产品（包括农、林、畜、植物萃取、采矿、狩猎、捕鱼和渔业养殖）有工作者、独自核算或者从事其他任何经济活动雇主的家庭成员进行帮助。

—在宗教、慈善或合作机构帮忙。

—学徒或实习生。

(4) 每周至少工作 1 小时的职业，包括：

—为自己消费或至少 1 个家庭成员消费而从事的农、林、畜、植物萃取、捕鱼和渔业养殖业的货物生产。

—为自己使用或至少 1 个家庭成员使用的建筑物，私人道路，并和其他设施改良（不包括单单从事的修理工作）的建筑工作。

就业人员 是指在整个参考周或参考周部分时间从事了工作的人员，包括在参考周由于休假、事假或者罢工等原因而没有从事有偿工作的人员。

失业人员 是指在参考周已经设法寻找工作（包括与雇主联系、登记参加政府职位的官方考试、在就业机构或工会或类似机构进行了登记、发布或应征了求职广告、向亲属或朋友或同事寻求了帮助、采取了行动开设企业等等）但还是没有工作的人员。

俄罗斯

劳动力人口 与国际劳工组织的标准一致。劳动力人口指的是基于就业人口调查的就业和失业人口。经济活动人口监测的是 15 至 72 岁的人口。

印度

印度全国抽样调查队（NSSO）在全国和各邦开展就业、失业和劳动力特征的调查。

调查期一般是上年 7 月至当年 6 月。然而，也有一些调查六个月进行一次。报告包括经常活动（参考期 365 天），当前周活动（参考期 7 天）和每日活动（参考期 1 天）。

通常主要经济活动状态 通常主要经济活动状态指的是一个人在调查期前 365 天的活动状态。在过去 365 天里从事时间相对较长的活动就是此人的通常主要经济活动状态。

通常次要经济活动状态 按照主要时间标准确定了通常主要活动状态的人，在调查日之前的 365 天或较短的时间里从事了相对来说花费时间更少一些的活动（不少于 30 天），这种经济活动就被称为这个人的次要经济活动状态。

包含主要活动状态和次要活动状态的通常活动状态 通常活动状态包含了通常主要活动状态和通常次要活动状态。通常活动状态 =（ps+ss）。按照通常活动状态（ps+ss）的定义，工人是指从事主要经济活动或次要经济活动的人，也就是说，一个不从事主要经济活动的人在调查日之前的 365 天里从事了 30 天及以上次要活动仍被视为工人。

PS：主要经济活动状态　　　　　　SS: 次要经济活动状态

失业人员 是指在参考周已经设法寻找工作（包括与雇主联系、登记参加政府职位的官方考试、在就业机构或工会或类似机构进行了登记、发布或应征了求职广告、向亲属或朋友或同事寻求了帮助、采取了行动开设企业等等）但还是没有工作的人员，被称作“寻找且可以工作的人”或失业人口。

劳动部劳动局自从 2010-11 年起开始进行就业和失业的年度调查。

中国

就业人员 指在 16 周岁及以上，从事一定社会劳动并取得劳动报酬或经营收入的人员。这一指标反映了一定时期内全部劳动力资源的实际利用情况，是研究中国基本国情国力的重要指标。

城镇登记失业人员 指有非农业户口，在一定的劳动年龄内 (16 周岁至退休年龄），有劳动能力，无业而要求就业，并在当地就业服务机构进行求职登记的人员。

城镇登记失业率 指城镇登记失业人员与城镇单位就业人员（扣除使用的农村劳动力、聘用的离退休人员、港澳台及外方人员）、城镇单位中的不在岗职工、城镇私营业主、个体户主、城镇私营企业和个体就业人员、城镇登记失业人员之和的比。

4

国民经济核算

表 4.1　国民经济核算概况

	2000	2008	2009	2010	2011	2012	2013	2014	2015	2016
GDP(现价，亿美元)										
巴西(1)(2)	6553	16955	16689	22082	26118	24592	24644	24168	18013	17958
俄罗斯	2600	16608	12227	15249	20339	21543	22317	20860	13721	12862
印度	4766	11051	14352	17436	18240	18280	18570	20340	20890	22730
中国(3)(4)(8)	12113	46006	51103	61013	75757	85603	96113	104834	110631	112029(5)
南非	1365	2870	2970	3750	4170	3960	3670	3510	3180	2950
人均GDP(现价，美元)										
巴西(1)(2)	3778	8852	8623	11295	13231	12343	12258	11919	8810	8713
俄罗斯	1772	11635	8563	10675	14227	15044	15551	14279	9372	8768
印度	468	958	1227	1470	1495	1480	1485	1605	1628	1750
中国(3)(8)	959	3473	3839	4561	5636	6338	7081	7684	8068	8127(5)
南非	3073	5818	5944	7389	8086	7564	6900	6490	5775	5276
GDP增长率(比上年增长，%)										
巴西(1)(2)	4.4	5.1	-0.1	7.5	3.9	1.9	3.0	0.1	-3.8	-3.6
俄罗斯(6)	10.0	5.2	-7.8	4.5	4.3	3.5	1.3	0.7	-2.8	-0.2
印度	7.6	3.9	8.5	10.3	…	5.5	6.5	7.2	7.9	7.1
中国(8)	8.5	9.7	9.4	10.6	9.5	7.9	7.8	7.3	6.9	6.7(5)
南非	4.2	3.2	-1.5	3.0	3.3	2.2	2.5	1.7	1.3	0.3
第一产业占GDP的比重(%)										
巴西(1)(2)	5.5	5.4	5.2	4.8	5.1	4.9	5.3	5.2	5.0	5.5
俄罗斯	...	4.4	4.6	3.8	4.0	3.7	3.8	4.1	4.6	4.7
印度(7)	25.3	20.4	20.3	21.0	21.7	21.4	21.5	20.8	19.8	19.6
中国(8)	14.7	10.3	9.8	9.5	9.4	9.4	9.3	9.1	8.8	8.6(5)
南非	10.7	12.4	11.8	11.9	12.1	11.5	11.4	10.8	10.2	10.3
第二产业占GDP比重(%)										
巴西(1)(2)	26.7	27.3	25.6	27.4	27.2	26.1	24.9	24.0	22.3	21.2
俄罗斯	...	35.9	33.7	34.8	33.8	33.5	32.9	32.1	32.8	32.4
印度(7)	23.7	25.7	25.2	24.3	29.3	28.6	27.9	27.4	27.2	26.8
中国(8)	45.5	46.9	45.9	46.4	46.4	45.3	44.0	43.1	40.9	39.8(5)
南非	24.5	22.1	21.6	20.9	20.3	20.5	20.6	21.2	21.3	21.1
第三产业占GDP比重(%)										
巴西(1)(2)	67.7	67.3	69.2	67.8	67.7	69.0	69.8	70.8	72.7	73.3
俄罗斯	...	59.7	61.7	61.4	62.2	62.9	63.3	63.8	62.7	62.9
印度(7)	51.0	53.9	54.5	54.6	49.0	50.0	50.6	51.8	53.0	53.7
中国(8)	39.8	42.8	44.3	44.1	44.2	45.3	46.7	47.8	50.2	51.6(5)
南非	64.8	65.5	66.6	67.2	67.6	68.0	68.0	68.0	68.5	68.6

资料来源：

巴西

巴西国家地理与统计局，国民账户体系，2000-2016 年。

俄罗斯

俄罗斯联邦统计局。

印度

印度统计和计划执行部中央统计局。

中国

中华人民共和国国家统计局。

南非

南非统计局和南非储备银行。

脚注：

巴西

(1) 2015 和 2016 年数据由季度 GDP 数据加工得到。

(2) 2015 和 2016 年数据为初步数据。

俄罗斯

(6) 可比价数据。

印度

2000-2010 年数据采用的是 2004/2005 年旧的基期价格，2011 年及以后采用的是 2011/12 基期价格。

(7) 2010/11 年前，各产业增加值比重是按照生产要素成本计算的；2011/12 年以后，是按照基本价格计算的。

中国

(3) 按美元计算的 GDP 和人均 GDP 利用年平均汇率进行折算。

(4) GDP 按生产者价格计算。

(5) 初步数据。

(8) 2016 年，中国不再将 R&D 计入中间消费，而是计入资本形成。这一变动对 GDP 的计算有影响，因此历史数据也做了相应的修订。

表 4.2.1 国民经济核算——巴西

	2006	2008	2009	2010	2011	2012	2013	2014	2015(1)(2)	2016(1)(2)
GDP(现价，亿雷亚尔)	**24094**	**31098**	**33330**	**38858**	**43737**	**48059**	**53165**	**57790**	**60006**	**62669**
GDP物量指数(上年=100)	**104.0**	**105.1**	**99.9**	**107.5**	**104.0**	**101.9**	**103.0**	**100.5**	**96.2**	**96.4**
GDP缩减指数(上年=100)	**106.8**	**108.8**	**107.3**	**108.4**	**108.3**	**107.9**	**107.5**	**107.8**	**107.9**	**108.3**
人均GDP增长率（%）	**2.7**	**4.0**	**-1.2**	**6.5**	**3.0**	**1.0**	**2.1**	**-0.4**	**-4.6**	**-4.4**
固定资本形成总额指数(上年=100)	**106.7**	**112.3**	**97.9**	**117.9**	**106.7**	**100.8**	**105.8**	**95.8**	**86.1**	**89.8**
生产法GDP及其构成项(现价，亿雷亚尔)	**24094**	**31098**	**33330**	**38858**	**43737**	**48059**	**53165**	**57790**	**60006**	**62669**
第一产业	1053	1421	1492	1599	1900	2007	2403	2500	2563	2952
第二产业	5673	7179	7292	9042	10109	10648	11318	11831	11517	11502
第三产业	13767	17665	19713	22388	25168	28199	31665	35397	37463	39692
生产税净额(亿雷亚尔)	3602	4833	4833	5830	6559	7205	7779	8062	8462	8523
支出法GDP及其构成项(现价，亿雷亚尔)	**24094**	**31098**	**33330**	**38858**	**43737**	**48059**	**53165**	**57790**	**60006**	**62669**
最终消费支出	19149	24434	27200	30791	34533	38423	42838	47453	50144	52762
固定资本形成总额	4147	6028	6367	7979	9008	9956	11138	11485	10853	10268
存货增加	146	695	-102	492	533	334	416	390	-285	-588
货物和服务净出口	652	-59	-134	-405	-337	-654	-1227	-1538	-707	227
最终消费率(%)	**79.5**	**78.6**	**81.6**	**79.2**	**79.0**	**79.9**	**80.6**	**82.1**	**83.6**	**84.2**
资本形成率(%)	**17.2**	**19.4**	**19.1**	**20.5**	**20.6**	**20.7**	**20.9**	**19.9**	**18.1**	**16.4**

资料来源：

巴西国家地理与统计局，国民账户体系，2000-2016 年。

脚注：

(1) 由季度 GDP 数据加工而得。

(2) 初步数据。

表 4.2.2 国民经济核算——俄罗斯 (1)

	2000	2008	2009	2010	2011	2012	2013	2014	2015	2016
GDP(现价，亿卢布)	**73056**	**412768**	**388072**	**463085**	**596981**	**669269**	**710167**	**791997**	**832326**	**860436**
GDP物量指数(上年=100)	**110.0**	**105.2**	**92.2**	**104.5**	**104.3**	**103.5**	**101.3**	**100.7**	**97.2**	**99.8**
GDP缩减指数(上年=100)	**137.6**	**118.0**	**102.0**	**114.2**	**115.9**	**108.3**	**104.8**	**...**	**108.2**	**103.6**
人均GDP指数(上年=100)	**110.5**	**105.3**	**92.2**	**104.5**	**104.2**	**103.3**	**101.1**	**98.9**	**97.0**	**99.6**
固定资本形成总额指数(上年=100)	**118.1**	**110.6**	**85.6**	**105.9**	**109.1**	**106.0**	**100.9**	**99.6**	**90.1**	**98.2**
生产法GDP及其构成项(亿卢布)										
总计 (2)	**...**	**351827**	**338313**	**400401**	**514997**	**577592**	**617523**	**689075**	**747641**	**775084**
第一产业	...	15493	15851	15485	20405	21193	23615	28017	34077	36741
第二产业	...	127079	113810	138924	174236	193325	202960	221512	245155	251295
第三产业	...	209255	208653	245992	320356	363073	390947	439546	468409	487048
支出法GDP及其构成项(亿卢布)										
最终消费支出	44768	275435	292696	325146	410616	470844	523238	565107	580950	598227
固定资本形成总额	12320	92008	85357	100144	119360	135219	143566	168281	172662	181124
存货增加	1337	13253	-11909	4583	18461	18319	6499	7865	13559	20197
货物和服务净出口	14631	38126	28877	37397	48544	45379	39884	50744	67114	44385
最终消费率（%）	**61.3**	**65.9**	**74.1**	**69.6**	**68.7**	**70.3**	**73.3**	**71.3**	**69.7**	**70.8**
资本形成率（%）	**16.9**	**25.1**	**18.6**	**22.5**	**23.1**	**22.9**	**21.1**	**22.2**	**22.3**	**24.0**

资料来源：

俄罗斯联邦统计局。

脚注：

(1) 自 2014 年起根据 2008 SNA 标准进行核算，因此数据与 2014 年前的不完全可比。

(2) 以基本价格计算的按经济活动划分的增加值总额。

表 4.2.3　国民经济核算——印度

	2000	2006	2007	2008	2009	2010
GDP(现价，亿卢比)	217741	429471	498709	563006	647783	778412
按要素成本计算的增加值(现价，亿卢比)	200074	395328	458209	530357	610890	724886
国民总收入(现价，亿卢比)	215468	426147	496658	559714	643983	770231
按要素成本计算的增加值(可比价，亿卢比)(1)	234848	356436	389664	415868	451607	491853
按要素成本计算的人均增加值(现价，卢比)	19634	35234	40264	45958	52213	61120
按市场价格计算的人均GDP(现价，卢比)	21368	38277	43823	48787	55366	65633
可比价GDP指数(上年=100)	103.8	109.3	109.8	103.9	108.5	110.3
GDP增长速度 (2)	...	9.3	9.8	3.9	8.5	10.3
人均增加值增长率(要素成本，可比价，%)	2.3	8.0	7.8	5.2	7.1	7.4
生产法GDP及其构成(现价，要素成本，亿卢比)						
第一产业	50648	82977	96133	108303	124282	152455
第二产业	47432	103341	120546	136043	153649	176358
第三产业	101994	209009	241530	286011	332959	396072
支出法GDP及其构成(现价，亿卢比)						
最终消费支出 (3)	168006	292014	335375	386462	447872	525046
资本形成总额(4)	52830	153143	190076	193138	236313	284146
固定资本形成总额	49520	134377	164167	182110	205577	240707
存货增加 (5)	1516	14710	20153	10679	17917	27351
货物和服务净出口	-1940	-13566	-20020	-28528	-34836	-33999
国内储蓄总额(现价)(亿卢比)	51555	148591	183633	180262	218234	262174
人口(亿人) (6)	10.2	11.2	11.4	11.5	11.7	11.9
汇率(美元/卢比，年平均)(7)	45.7	43.6	40.0	50.9	45.1	44.6
最终消费率 (%)	77.2	68.0	67.2	68.6	69.1	67.5
资本形成率 (%)	24.3	35.7	38.1	34.3	36.5	36.5

表 4.2.3 国民经济核算——印度

（续表）

	2011	2012	2013	2014	2015	2016
GDP（现价，亿卢比）	**873604**	**994664**	**1123663**	**1243375**	**1367533**	**1525103**
按基本价格计算的增加值（现价，亿卢比）	**810666**	**920532**	**1036627**	**1147042**	**1245194**	**1375079**
国民总收入（现价，亿卢比）	**865922**	**982987**	**1109675**	**1228632**	**1351555**	**1508342**
按基本价格计算的增加值（可比价，亿卢比）(1)	**810666**	**854823**	**907925**	**970935**	**1046972**	**1116831**
按基本价格计算的人均增加值（现价，卢比）	**66448**	**74537**	**82864**	**90532**	**97053**	**105857**
按市场价格计算的人均GDP（现价，卢比）	**71607**	**80540**	**89821**	**98135**	**106589**	**117406**
可比价GDP指数（上年=100）	**-**	**105.5**	**106.5**	**107.2**	**107.9**	**107.1**
人均增加值增长率（要素成本，可比价，%）	**-**	**4.2**	**4.9**	**5.6**	**6.5**	**5.4**
GDP增长速度 (2)	**-**	**5.5**	**6.5**	**7.2**	**7.9**	**7.1**
生产法GDP及其构成（现价，要素成本，亿卢比）						
第一产业	176285	196657	222841	238178	246895	269147
第二产业	237402	263549	289255	314138	338732	368061
第三产业	396979	460325	524530	594726	659567	737871
支出法GDP及其构成（现价，亿卢比）						
最终消费支出 (3)	587882	672847	769474	857083	931158	1056291
资本形成总额 (4)	340289	384269	378955	425827	454549	…
固定资产形成总额	299762	332065	351110	376248	398922	409664
存货增加(5)	20685	21234	16993	27841	29175	31977
货物和服务净出口	-57162	-66872	-33503	-37242	-31627	-19483
国内储蓄总额（现价）（亿卢比）	**302672**	**336477**	**360361**	**409845**	**440509**	**…**
人口（亿人）(6)	**12.2**	**12.4**	**12.5**	**12.7**	**12.8**	**13.0**
汇率（美元/卢比，年平均）(7)	**47.9**	**54.4**	**60.5**	**61.1**	**65.5**	**67.1**
最终消费率（%）	**67.3**	**67.6**	**68.5**	**68.9**	**68.1**	**69.3**
资本形成率（%）	**39.0**	**38.6**	**33.7**	**34.2**	**33.2**	**…**

资料来源：

国民账户统计，2011 年序列。新闻稿 (2015-16 年第一次修正估值)，于 2017 年 1 月 31 日发布，2016-17 年第二次快报估值于 2017 年 2 月 28 日发布。

脚注：

所有数据均指财政年度数据，即当年 4 月至下年 3 月。

2000-2010 年数据采用的是 2004/2005 年旧的基期价格，2011 年及以后采用的是 2011/2012 年新的基期价格。

2014 年数据为修订数据，2015 年数据为初步数据。

(1) 2000-2010 年数据采用的是 2004/2005 年旧的基期价格，2011 年及以后采用的是 2011/2012 基期价。

(2) 2006-2010 年数据采用的是 2004/2005 年旧的基期价格，2012 年及以后采用的是 2011/2012 基期价。

(3) 包括私人和政府部门的最终消费支出。

(4) 包括贵重物品。

(5) 不包括贵重物品。

(6) 指 10 月 1 日的人口。

(7) 汇率从印度储备银行的网站获得。

表 4.2.4　国民经济核算——中国 [5]

	2000	2008	2009	2010	2011	2012	2013	2014	2015	2016[1]
GDP(现价，亿人民币)	**100280**	**319516**	**349081**	**413030**	**489301**	**540367**	**595244**	**643974**	**689052**	**744127**
国民总收入(现价，亿美元)[2]	**11967**	**46292**	**51017**	**60753**	**75053**	**85405**	**95334**	**104967**	**110213**	**111579**
GDP物量指数(可比价，上年=100)	**108.5**	**109.7**	**109.4**	**110.6**	**109.5**	**107.9**	**107.8**	**107.3**	**106.9**	**106.7**
人均GDP增长率（%）	**7.6**	**9.1**	**8.9**	**10.1**	**9.0**	**7.3**	**7.2**	**6.8**	**6.4**	**6.1**
生产法GDP及其构成项(现价，亿人民币)[3]	**100280**	**319516**	**349081**	**413030**	**489301**	**540367**	**595244**	**643974**	**689052**	**744127**
按产业分[4]										
第一产业	14717	32753	34162	39363	46163	50902	55329	58344	60862	63671
第二产业	45665	149957	160172	191630	227039	244643	261956	277572	282040	296236
第三产业	39898	136806	154748	182038	216099	244822	277959	308059	346150	384221
按行业分[4]										
农林牧渔业	14944	33699	35223	40530	47483	52369	56974	60166	62912	65964
工业	40260	131728	138095	165126	195143	208906	222338	233856	236506	247860
建筑业	5534	18808	22681	27259	32927	36896	40897	44880	46627	49522
批发和零售业	8159	26182	29002	35904	43731	49831	56284	62423	66187	71113
交通运输、仓储和邮政业	6162	16368	16522	18784	21842	23763	26043	28501	30488	33355
住宿和餐饮业	2146	6616	6957	7712	8565	9537	10228	11158	12154	13281
金融业	4836	18313	21798	25680	30679	35188	41191	46665	57873	62132
房地产业	4149	14739	18967	23570	28168	31248	35988	38001	41701	48133
其他	14091	53063	59835	68464	80764	92629	105303	118323	134605	152766
支出法GDP及其构成项(现价，亿人民币)	**100577**	**319936**	**349883**	**410708**	**486038**	**540989**	**596963**	**647182**	**699109**	**746315**
最终消费支出	63668	157466	172728	198998	241022	271113	300338	328313	362267	400176
固定资本形成总额	33528	128002	156735	185827	219671	244601	270924	290053	301503	318912
存货增加	998	10241	5383	10826	13656	10639	11149	12664	11333	10816
货物和服务净出口	2383	24227	15037	15057	11688	14636	14552	16152	24007	16412
最终消费率(%)	**63.3**	**49.2**	**49.4**	**48.5**	**49.6**	**50.1**	**50.3**	**50.7**	**51.8**	**53.6**
资本形成率(%)	**34.3**	**43.2**	**46.3**	**47.9**	**48.0**	**47.2**	**47.3**	**46.8**	**44.7**	**44.2**

资料来源：

中华人民共和国国家统计局。

脚注：

(1) 初步核算数。

(2) 按美元计算的国民总收入利用年平均汇率进行折算。

(3) 生产法 GDP 各构成项按生产者价格计算。

(4) 2014 年后，三次产业分类开始采用国家统计局 2012 年制定的《三次产业划分规定》，并且对历史数据进行了相应修订。

中国的三次产业划分标准：第一产业是指农、林、牧、渔业（不含农、林、牧、渔服务业）；第二产业是指采矿业（不含开采辅助活动），制造业（不含金属制品、机械和设备修理业），电力、热力、燃气及水生产和供应业，建筑业；第三产业是指除第一产业、第二产业以外的其他行业。

(5) 2016 年，中国不再将 R&D 计入中间消费，而是计入资本形成。这一变动对 GDP 的计算有影响，因此历史数据也做了相应的修订。

表 4.2.5　国民经济核算——南非

	2000	2008	2009	2010	2011	2012	2013	2014	2015	2016
GDP(现价)(亿兰特)	**9463**	**23691**	**25077**	**27480**	**30237**	**32539**	**35398**	**38077**	**40498**	**43390**[1]
GDP物量指数(2010年=100)[2]	**34.4**	**86.2**	**91.3**	**100.0**	**110.0**	**118.4**	**128.8**	**138.6**	**147.4**	**157.9**
GDP缩减指数(2010年=100)[2]	**72.7**	**87.5**	**94.0**	**100.0**	**106.5**	**112.2**	**119.1**	**125.9**	**132.2**	**141.3**
人均GDP增长率(%)	**2.1**	**10.6**	**4.5**	**7.9**	**8.4**	**5.9**	**7.2**	**5.7**	**4.6**	**5.4**
固定资本形成总额指数(2005年=100)	**52.3**	**197.0**	**190.8**	**187.3**	**204.5**	**221.3**	**255.1**	**277.5**	**292.6**	**300.4**
固定资本形成总额指数(2010年=100)	**27.9**	**105.2**	**101.9**	**100.0**	**109.2**	**118.2**	**136.2**	**148.2**	**156.3**	**160.4**
生产法GDP及其构成项(亿兰特)	**9463**	**23691**	**25077**	**27480**	**30237**	**32539**	**35398**	**38077**	**40498**	**43390**[1]
第一产业[3]	920	2654	2689	2960	3307	3379	3626	3697	3683	4006
第二产业[4]	2114	4724	4909	5221	5531	6008	6557	7236	7729	8158
第三产业[5]	5590	13994	15174	16768	18406	19941	21651	23248	24843	26549
支出法GDP及其构成项(亿兰特)	**9533**	**23739**	**25198**	**27481**	**30224**	**32453**	**35401**	**37972**	**40336**	**43142**
最终消费支出	7712	18638	19904	21777	24017	26428	28723	30701	32391	34658
固定资本形成总额	1478	5570	5394	5294	5780	6256	7212	7844	8273	8493
存货增加	71	-86	-202	68	183	240	312	90	112	-72
货物和服务净出口	273	-384	102	341	245	-472	-847	-663	-440	63
最终消费率 (%)	**80.9**	**78.5**	**79.0**	**79.2**	**79.5**	**81.4**	**81.1**	**80.9**	**80.3**	**80.3**
资本形成率 (%)	**16.2**	**23.1**	**20.6**	**19.5**	**19.7**	**20.0**	**21.3**	**20.9**	**20.8**	**19.5**

资料来源：

南非统计局和南非储备银行。

脚注：

(1) 2016 年数据由季度数据加工得到。

(2) 2010 年 =100。

(3) 第一产业包括农业、采矿和林业。

(4) 第二产业包括制造业，电、气、水的生产和供应业，建筑业。

(5) 第三产业包括批发，零售和汽车贸易业，住宿和餐饮，运输、仓储和通信，金融，房地产，商务服务业，政府服务和个人服务业。

图 4.1　国内生产总值（现价）

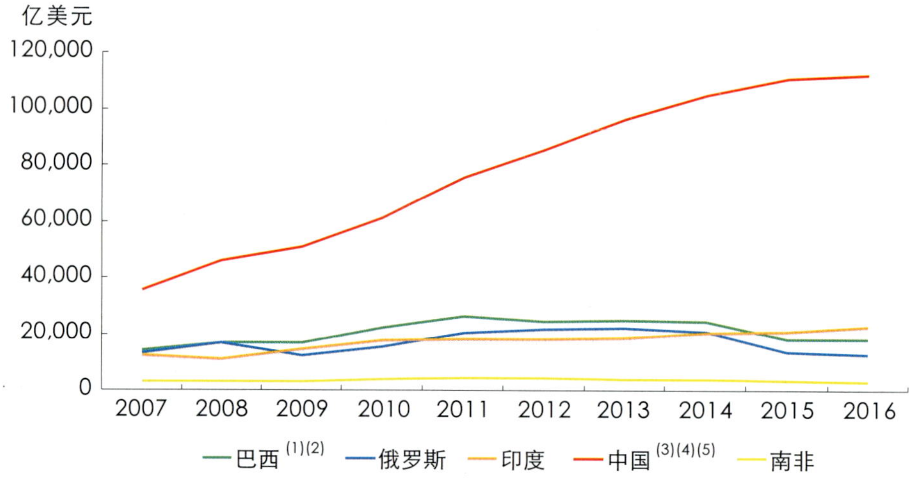

注：（1）2015 年和 2016 年是根据季度 GDP 数据加工得到。
（2）2015 年和 2016 年为初步数据。
（3）2016 年为初步数据。
（4）根据生产者价格计算。
（5）2016 年，中国不再将 R&D 计入中间消费，而是计入资本形成。这一变动对 GDP 的计算有影响，因此历史数据也做了相应的修订。

图 4.2　人均国内生产总值（现价）

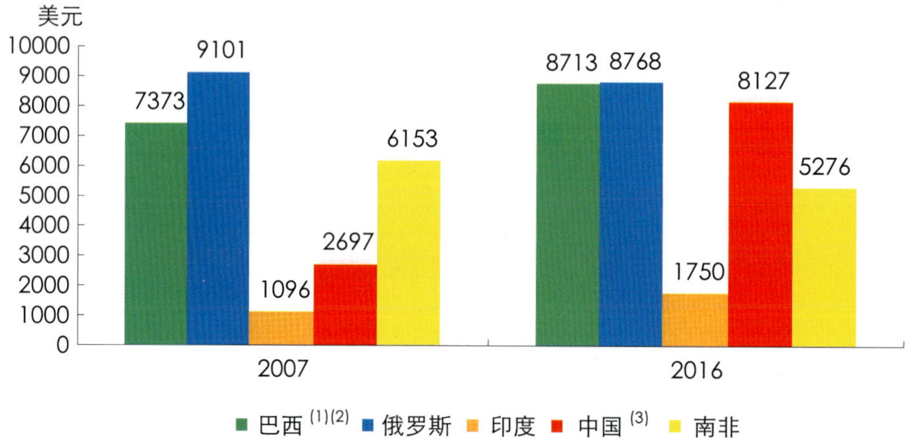

注：（1）由季度 GDP 数据加工而得。
（2）2016 年为初步估计数据。
（3）2016 年为初步数据。

图 4.3 三次产业占 GDP 比重（2016 年）

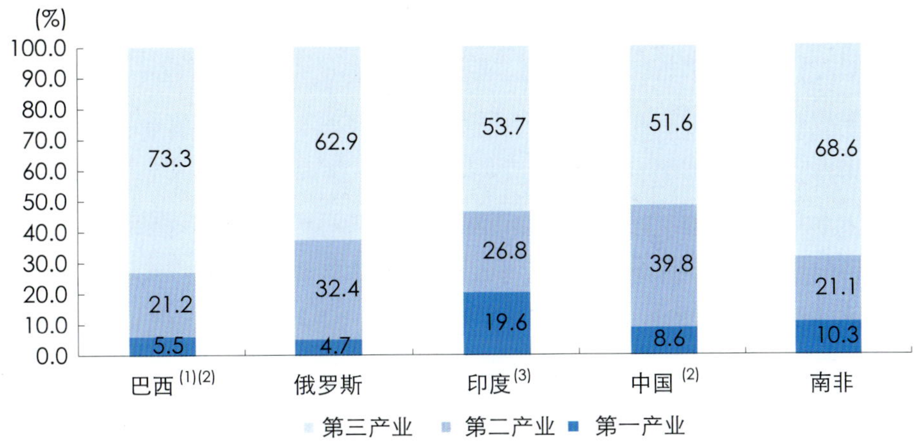

注：（1）由季度 GDP 数据加工而得。
（2）初步数据。
（3）根据基本价格计算的增加值计算得出。

图 4.4 三次产业占 GDP 比重（2007 年）

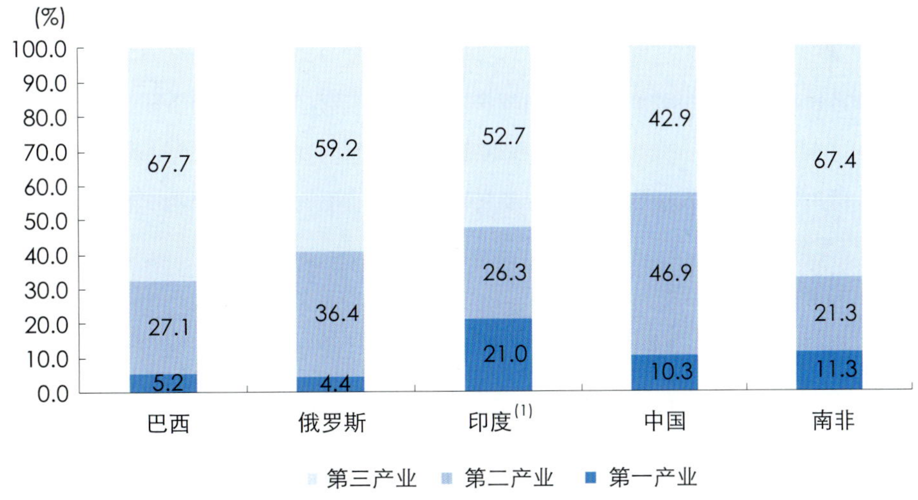

注：（1）根据基本价格计算的增加值计算得出。

主要统计指标解释

通用解释

国内生产总值 国家产出是指一个国家或地区在一定时期内所生产的全部商品和服务的货币价值量，不可重复计算。由于商品和服务均有不同的测算单位，所以不能直接相加，只能按价值量测算。在封闭的经济体，这些价值之和等于国内产出（即国内生产总值）。

国民总收入（GNI） 一国不是封闭经济体，与其他国家有出口、进口和借贷关系，这就产生了国民和国家的概念。GDP 指的是该国境内所有常住单位的生产总值，这与国内常住单位所有的生产性活动的生产总值概念不完全相同，这是因为有些常住单位的生产性活动可能发生在国外。相反，一些在国境内的生产活动有可能来自外籍劳工的临时性或季节性劳动。

GNI= GDP+ 本国居民从国外获得的报酬和财产性收入 - 外国居民从国内获得的报酬和财产性收入

政府最终消费支出 政府最终消费支出包括员工报酬、政府在国内外采购货物和服务的支出。政府的雇员报酬包括工资、薪金和社会保障缴款。

国家解释

巴西

2010 年巴西国民账户体系，是根据国际推荐建议而制定的，与 SNA2008 新版手册一致。

支出法 GDP 支出法 GDP 指的是国内生产总值是由最终消费支出、资本形成总额和净出口构成。

固定资本形成总额 是指核算期内常住单位购置、转入和自产自用的固定资产，扣除固定资产的销售和转出后的价值。

固定资本形成总额 = 核算期内常住单位购买产品的价值 - 销售或处置的价值 + 附加在固定资产上的特定服务性支出。

资本形成总额 指常住单位在一定时期内获得的减去处置的固定资产和存货的净额，包括固定资本形成总额和存货增加。

货物和服务支出 指为得到出售者提供给购买者或其指定的其他机构单位的货物或者服务，购买者向出售者支付或同意支付的价值额。

货物和服务帐户 该账户记录了作为来源的产出和进口的货物和服务（包括在产出中未包含的产品税净项）与作为使用的用于中间消耗、最终消费和资本形成与出口的同类货物和服务之间的平衡。

最终消费支出 指的是货物和服务的消费支出。

居民最终消费支出 指的是住户部门最终消费支出，包括必须间接估算的由常住居民家庭支付的货物和服务个人消费支出，包括那些按不经济价格出售的货物和服务以及在国外获得商品和服务的支出。

政府最终消费支出 指的是政府部门的支出，包括必须间接估算的政府部门发生的用于个人的货物和服务支出以及集体服务消费支出。

为住户服务的非营利机构最终消费支出 为住户服务的非营利机构支出，包括必须间接估算的由常住为住户服务的非营利机构发生的用于个人消费的货物和服务支出以及可能的集体消费的支出。

存货 指的是作为生产资产的货物或服务，成形于当期或更早时间，准备在以后销售或者用于生产或其他用途。

第一产业 农业，林业，畜牧业和渔业。

第二产业 采矿业，制造业，电力，气，水和建筑业。

第三产业 其他产业。

俄罗斯

第一产业 农业，林业，畜牧业和渔业。

第二产业 采矿业，制造业，电力，气，水和建筑业。

第三产业 其他产业。

以市场价格计算的国内生产总值（GDP） 为一个国家所有生产单位的生产活动成果。GDP 核算可采取以下三种方法：生产法、支出法和收入法。生产法 GDP 为全国货物和服务的总产出与中间消耗之间的差额，也就是各行业的增加值总和。支出法 GDP 为全国所有机构单位支出的总和，即最终消费支出、资本形成总额和净出口。收入法 GDP 为全国按部门划分的所有机构单位生产过程中累积的初次收入总和。

最终消费支出 包括居民最终消费支出、公共管理部门用于个人消费的货物和服务支出与集体服务消费的支出以及为住户服务的非营利机构最终消费支出。

资本形成总额 为常住单位当期生产或进口的、但不用于当期消费的货物和服务的净购买。资本形成总额包括固定资本形成总额、库存变动以及贵重物品的净购买额。

货物和服务净出口 为出口与进口之间的差额，包括俄罗斯与其他国家之间的贸易量。

印度

印度统计和计划执行部中央统计局每年都公布国民经济核算统计数据。这些数据是基于财政年来计算的，即当年的 4 月至来年的 3 月。在每年的 1 月，印度中央统计局会发布前一年统计数据的快报，在有更加充分的统计资料后，对这些数据会进行进一步的修订。印度中央统计局也会在财年结束的前 2 个月，发布该财年数据的预测值。印度中央统计局生产一系列的指标，包括 GDP，NDP，GNP，要素和市场价格计算的 NNP，间接税收减补贴，固定资本消耗，国民可支配收入净值，个人可支配收入，私人最终消费支出，政府最终消费支出，进出口，资本形成净值，储蓄等等。

国民总收入（GNI） 印度不是封闭经济体，与其他国家有出口、进口和借贷关系，这就产生了国民和国家的概念。GDP 指的是该国境内所有常住单位的生产总值，这与国内常住单位所有的生产性活动的生产总值概念不完全相同，这是因为有些常住单位的生产性活动可能发生在国外。相反，一些在国境内的生产活动有可能来自外籍劳工的临时性或季节性劳动。GNI= GDP+ 本国居民从国外获得的报酬和财产性收入 - 外国居民从国内获得的报酬和财产性收入。

最终消费支出 包括私人最终消费支出和政府最终消费支出。

私人最终消费支出 私人最终消费支出在国民经济核算体系里指的是私人部门（包括非盈利性组织）对耐用和非耐用货物和服务的消费支出。

政府最终消费支出 包括政府雇员的报酬和政府对货物和服务的支出，也包括在海外的支出。中央政府雇员的报酬包括工资和社会保障缴款。

最终消费率 指的是按照现价计算的最终消费支出占 GDP 的比重。

资本形成率 指的是按照现价计算的资本形成总额占 GDP 的比重。

印度 GDP 的计算采用以下的产业分类：

第一产业 包括农业、林业、渔业、采矿业和采掘业。

第二产业 包括制造业、电力和水的供应业以及建筑业。

第三产业 包括其他经济活动。

中国

国内生产总值（GDP） 是一个国家（或地区）所有常住单位在一定时期内生产活动的最终成果。 GDP 核算有三种方法，即生产法、收入法和支出法，三种方法从不同的角度反映国民经济生产活动成果。

人均 GDP = GDP / 年度平均人口。

中国的三次产业划分标准 第一产业是指农、林、牧、渔业（不含农、林、牧、渔服务业）；第二产业是指采矿业（不含开采辅助活动），制造业（不含金属制品、机械和设备修理业），电力、热力、燃气及水生产和供应业，建筑业；第三产业是指除第一产业、第二产业以外的其他行业。

GDP 物量指数 是用来衡量可比价 GDP 的变动。可比价 GDP 是把按当期价格计算的 GDP 换算成按某个固定期（基期）价格计算的价值，从而使两个不同时期的价值进行比较时，能够剔除价格变化的影响，以反映物量变化，反映生产活动成果的实际变动。

支出法国内生产总值 是从最终使用的角度反映一个国家（或地区）一定时期内生产活动最终成果的一种方法，包括最终消费支出、资本形成总额及货物和服务净出口三部分。计算公式为：支出法国内生产总值 = 最终消费支出 + 资本形成总额 + 货物和服务净出口。

最终消费支出 指常住单位为满足物质、文化和精神生活的需要，从本国经济领土和国外购买的货物和服务的支出。它不包括非常住单位在本国经济领土内的消费支出。最终消费支出分为居民消费支出和政府消费支出。

固定资本形成总额 指常住单位在一定时期内获得的固定资产减处置的固定资产的价值总额。固定资产是通过生产活动生产出来的，且其使用年限在一年以上、单位价值在规定标准以上的资产，不包括自然资产。可分为有形固定资本形成总额和无形固定资本形成总额。有形固定资本形成总额包括一定时期内完成的建筑工程、安装工程和设备工器具购置（减处置）价值，以及土地改良、新增役、种、奶、毛、娱乐用牲畜和新增经济林木价值。无形固定资本形成总额包括矿藏的勘探、计算机软件等获得减处置。

存货增加 指常住单位在一定时期内存货实物量变动的市场价值，即期末价值减期初价值的差额，再扣除当期由于价格变动而产生的持有收益。存货增加可以是正值，也可以是负值，正值表示存货上升，负值表示存货下降。存货包括生产单位购进的原材料、燃料和储备物资等存货，以及生产单位生产的产成品、在制品和半成品等存货。

货物和服务净出口 指货物和服务出口减货物和服务进口的差额。出口包括常住单位向非常住单位出售或无偿转让的各种货物和服务的价值；进口包括常住单位从非常住单位购买或无偿得到的各种货物和服务的价值。由于服务活动的提供与使用同时发生，一般把常住单位从非常住单位得到的服务作为进口，非常住单位从常住单位得到的服务作为出口。货物的出口和进口都按离岸价格计算。

最终消费率 指最终消费支出占支出法国内生产总值的比重。

资本形成率 指资本形成总额占支出法国内生产总值的比重。

南非

基期 2010 年 =100。

第一产业 农业、林业、渔业、采矿业和采掘业。

第二产业 制造业、电力、天然气和水的供应与建筑业。

第三产业 批发业、零售业、汽车贸易、餐饮和住宿业、交通、存储和通信业、金融、房地产和商业服务业、一般政府和个人服务业。

COENTRO
COUVE

5

价格指数

表 5.1　价格指数概况

（比上年上涨，%）

	2000	2007	2008	2009	2010	2011	2012	2013	2014	2015	2016
居民消费价格指数											
巴西	6.0	4.5	5.9	4.3	5.9	6.5	5.8	5.9	6.4	10.7	6.3
俄罗斯	20.8	9.0	14.1	11.7	6.9	8.4	5.1	6.8	7.8	15.5	7.1
印度 (1)	4.0	6.5	8.4	10.6	12.1	9.1	8.9	11.0	6.5	5.7	5.0
中国	0.4	4.8	5.9	-0.7	3.3	5.4	2.6	2.6	2.0	1.4	2.0
南非	5.3	7.1	11.5	7.1	4.3	5.0	5.6	5.7	6.1	4.6	6.4

资料来源：

巴西

巴西国家地理与统计局，扩展的全国居民消费价格指数，2000-2016 年。

俄罗斯

俄罗斯联邦统计局。

印度

印度劳动和就业部劳动局。

中国

中华人民共和国国家统计局。

南非

南非统计局。

脚注：

印度

(1) 印度消费者价格指数仅指产业工人。2000 年至 2005 年价格上涨率是以 1982 年 =100 的指数序列为基础计算得到的，而 2006 年及以后的价格上涨率是以 2001 年为基础计算得到。

表 5.2.1 价格指数——巴西

（上年=100）

	2000	2007	2008	2009	2010	2011	2012	2013	2014	2015	2016
消费价格指数(总指数)	**106.0**	**104.5**	**105.9**	**104.3**	**105.9**	**106.5**	**105.8**	**105.9**	**106.4**	**110.7**	**106.3**
食品和饮料	103.2	110.8	111.1	103.2	110.4	107.2	109.9	108.5	108.0	112.0	108.6
住房	104.5	101.8	105.1	105.7	105.0	106.8	106.8	103.4	108.8	118.3	102.9
住房租金	97.7	104.5	106.9	106.6	107.4	111.0	109.0	112.0	109.4	107.8	105.3
燃料(家务)	120.9	100.5	103.3	113.0	102.1	102.6	105.2	106.6	104.8	121.6	102.1
住宅供电	112.7	93.8	101.1	104.7	103.1	104.0	102.9	84.3	117.1	151.0	89.3
家居用品	105.2	97.5	102.0	103.0	103.5	100.0	100.8	107.1	105.5	105.4	103.4
服装	104.1	103.8	107.3	106.1	107.5	108.3	105.8	105.4	103.6	104.5	103.6
交通	112.1	102.1	102.3	102.4	102.4	106.1	100.5	103.3	103.8	110.2	104.2
健康和个人护理	102.6	104.5	105.7	105.4	105.1	106.3	106.0	107.0	107.0	109.2	111.0
个人支出	105.7	106.5	107.4	108.0	107.4	108.6	110.2	108.4	108.3	109.5	108.0
教育	104.8	104.2	104.6	106.1	106.2	108.1	107.8	107.9	108.5	109.3	108.9
通讯	112.9	100.7	101.8	101.1	100.9	101.5	100.8	101.5	98.5	102.1	101.3
城市居民消费价格指数	**106.0**	**104.5**	**105.9**	**104.3**	**105.9**	**106.5**	**105.8**	**105.9**	**106.4**	**110.7**	**106.3**

资料来源：

巴西国家地理与统计局，扩展的全国居民消费价格指数，2000-2016 年。

表 5.2.2 价格指数——俄罗斯

（上年=100）

	2000	2007	2008	2009	2010	2011	2012	2013	2014	2015	2016
消费价格指数（总指数）	**120.8**	**109.0**	**114.1**	**111.7**	**106.9**	**108.4**	**105.1**	**106.8**	**107.8**	**115.5**	**107.1**
食品(1)	117.5	109.0	119.0	111.6	106.9	110.3	104.4	107.7	110.1	119.1	106.0
非食品商品	122.7	105.9	108.3	109.6	105.6	106.4	105.6	104.9	105.4	114.2	108.2
服务	131.8	113.5	114.6	114.5	108.3	108.6	105.4	108.1	108.1	112.4	106.9
住房	133.8	113.0	113.9	114.6	108.3	109.5	104.7	106.9	109.7	119.5	107.7
公用事业	137.4	115.3	116.6	122.3	116.0	113.1	104.7	111.5	107.9	107.5	107.2
生产者价格指数											
农产品	136.5	118.2	126.7	97.1	106.5	118.6	99.5	107.8	107.9	114.1	103.8
工业品(2)	147.1	112.2	121.7	95.7	114.9	117.3	106.8	103.4	106.1	112.4	104.0

资料来源：

俄罗斯联邦统计局。

脚注：

(1) 包括含酒精饮料和餐饮。

(2) 总指数包括采矿和采掘业，制造业，电、气、水的生产和供应业。

表 5.2.3 价格指数——印度

（上年=100）

	2000	2007	2008	2009	2010	2011	2012	2013	2014	2015	2016
消费价格指数（产业工人）(1)											
食品	101.8	109.8	111.2	113.4	112.4	107.4	109.3	113.9	106.7	106.3	105.6
燃料及照明	117.6	103.1	106.8	104.3	108.2	113.8	114.9	108.7	105.8	103.3	100.8
住房	106.0	104.0	103.8	114.1	126.6	111.8	107.8	106.8	105.2	106.4	105.3
衣着、床上用品和鞋类	104.3	103.5	103.4	104.1	105.6	113.5	109.9	107.8	105.0	104.3	104.1
医疗护理	102.4	106.5	106.1	104.3	104.1	106.6	112.3	109.9	104.0	104.3	105.1
教育、娱乐和消遣	107.4	103.3	105.5	106.7	103.5	101.4	98.7	104.1	104.5	106.8	104.7
交通和通信	114.4	100.0	104.9	100.7	109.2	112.6	109.6	110.2	106.2	100.4	102.5
总指数	104.0	106.5	108.4	110.6	112.1	109.1	108.9	111.0	106.5	105.7	105.0
分产品的批发价格指数(2)											
所有产品	106.3	104.9	108.7	102.4	109.6	109.5	107.5	106.3	103.8	97.3	102.0
初级产品	102.7	109.4	110.7	109.5	119.1	112.1	109.1	110.6	104.4	99.7	104.6
电力	115.9	101.6	100.2	100.3	105.1	101.5	110.6	119.5	110.9	104.0	99.3
制成品	102.7	104.9	106.9	101.6	105.4	107.4	105.7	103.3	103.2	99.1	101.6

资料来源：

1. 印度劳动与就业部劳动局。
2. 印度商工部经济顾问办公室。

脚注：

(1) 2000 年至 2005 年价格上涨率是以 1982 年 =100 的指数序列为基础计算得到的，而 2006 年及以后的价格上涨率是以 2001 年为基础计算得到。

(2) 2000 年数据的基期为 1993/1994 年，2005/2006 年及以后的基期为 2004/2005 年。

表 5.2.4　价格指数——中国

（上年=100）

	2000	2007	2008	2009	2010	2011	2012	2013	2014	2015	2016
居民消费价格指数(总指数)	**100.4**	**104.8**	**105.9**	**99.3**	**103.3**	**105.4**	**102.6**	**102.6**	**102.0**	**101.4**	**102.0**
城镇居民消费价格指数	100.8	104.5	105.6	99.1	103.2	105.3	102.7	102.6	102.1	101.5	102.1
农村居民消费价格指数	99.9	105.4	106.5	99.7	103.6	105.8	102.5	102.8	101.8	101.3	101.9
按第一种构成项划分的居民消费价格指数(1)											
食品	...	112.3	114.3	100.7	107.2	111.8	104.8	104.7	103.1	102.3	...
烟酒及用品	...	101.7	102.9	101.5	101.6	102.8	102.9	100.3	99.4	102.1	...
衣着	...	99.4	98.5	98.0	99.0	102.1	103.1	102.3	102.4	102.7	...
服装	...	99.4	98.3	97.8	99.1	102.4	103.3	102.4	102.6	102.8	...
家庭设备用品及维修服务	...	101.9	102.8	100.2	100.0	102.4	101.9	101.5	101.2	101.0	...
医疗保健和个人用品	...	102.1	102.9	101.2	103.2	103.4	102.0	101.3	101.3	102.0	...
交通和通信	...	99.1	99.1	97.6	99.6	100.5	99.9	99.6	99.9	98.3	...
娱乐教育文化用品及服务	...	99.0	99.3	99.3	100.6	100.4	100.5	101.8	101.9	101.4	...
居住类	...	104.5	105.5	96.4	104.5	105.3	102.1	102.8	102.0	100.7	...
租金	...	104.2	103.5	101.6	104.9	105.3	102.7	104.1	103.3	102.6	...
电力	...	102.1	100.0	100.0	100.0	99.9	101.7	101.6	100.2	100.0	...
管道燃气	...	102.4	101.6	102.8	102.8	104.2	101.7	102.1	100.8	100.4	...
按第二种构成项划分的居民消费价格指数(1)											
食品烟酒	...	...	...	...	...	...	...	...	...	...	103.8
衣着	...	...	...	...	...	...	...	...	...	...	101.4
居住	...	...	...	...	...	...	...	...	...	...	101.6
生活用品及服务	...	...	...	...	...	...	...	...	...	...	100.5
交通和通信	...	...	...	...	...	...	...	...	...	...	98.7
教育文化和娱乐	...	...	...	...	...	...	...	...	...	...	101.6
医疗保健	...	...	...	...	...	...	...	...	...	...	103.8
其他用品和服务	...	...	...	...	...	...	...	...	...	...	102.8
生产者价格指数											
按供应分类											
工业品(2)	102.8	103.1	106.9	94.6	105.5	106.0	98.3	98.1	98.1	94.8	98.6
农产品(3)	...	113.3	114.4	96.0	105.5	110.6	102.2	101.2	99.4	98.7	100.2
按加工过程分类											
原材料(4)	105.1	104.4	110.5	92.1	109.6	109.1	98.2	98.0	97.8	93.9	98.0

资料来源：

中华人民共和国国家统计局。

脚注：

(1) 由于 2001 年 CPI 分类做了调整，所以没有 2000 年 CPI 构成项数据。2016 年 CPI 分类做了较大调整，部分分类名称和内涵改变，和历史数据无法可比。

(2) 工业品生产者价格指数是指工业生产者出厂价格指数。

(3) 农产品价格指数是指农副食品加工业价格指数。

(4) 原材料价格指数是指工业生产者购进价格指数。

表 5.2.5　价格指数——南非

	2000	2007	2008	2009	2010	2011	2012	2013	2014	2015	2016
消费价格指数(总指数)(1)	**49.6**	**71.1**	**79.3**	**84.6**	**88.2**	**92.6**	**97.8**	**103.4**	**109.7**	**114.7**	**122.0**
城市居民消费价格指数	49.6	71.1	79.3	84.6	88.2	92.6	97.8	103.4	109.7	114.7	122.0
农村居民消费价格指数(2)	...	69.3	78.2	84.3	86.8	91.5	97.3	102.7	109.5	113.9	122.9
按构成项划分的消费价格指数(1)											
居住(3)	53.7	73.6	74.6	80.5	85.9	91.6	97.2	102.7	108.6	115.1	122.1
食品(4)	39.1	66.8	75.5	82.4	83.1	89.2	95.8	101.4	109.3	114.9	127.3
电力(5)	42.2	67.5	46.3	58.8	71.2	84.1	95.2	103.6	111.1	121.3	132.5
服装	82.1	71.0	85.9	90.4	92.1	94.6	98.5	101.7	107.1	113.0	119.0
租金	45.4	76.7	79.6	84.5	88.6	93.5	97.7	102.4	107.6	113.0	118.8
生产者价格指数(6)											
按供应来源划分											
国内供应(7)	100.0	158.2	180.9	180.8	191.7	207.6	220.5	...	...	...	...
农产品(7)	100.0	176.5	188.0	189.7	187.0	199.7	208.5	...	...	...	...
最终制成品(8)	...	...	...	...	...	...	100.0	106.0	113.9	118.0	97.8
农业(8)	...	...	...	...	...	...	100.0	102.3	107.5	112.9	98.4

资料来源：

南非统计局。

脚注：

(1) 基年：2012 年 12 月 =100。

(2) 2000-2008 年总指数覆盖范围为一类地区，此后覆盖一类和二类地区。

(3) 包括所有居住类指数，即房租、自有住房虚拟房租，公用事业费和维护费，但 2000-2007 年不包括电费。从 2008 年起，自有住房的计算方法有所改变。

(4) 只包括食品 (不包括非酒精饮料)。

(5) 包括电费和其他固体、液体燃料费用。

(6) 2000 年 =100。

(7) 2012 年 12 月前后数据不可比。

(8) 2013 年 1 月引入，时间序列数据开始于 2012 年 1 月，基年为 2012 年 =100。

图 5.1　消费者价格指数

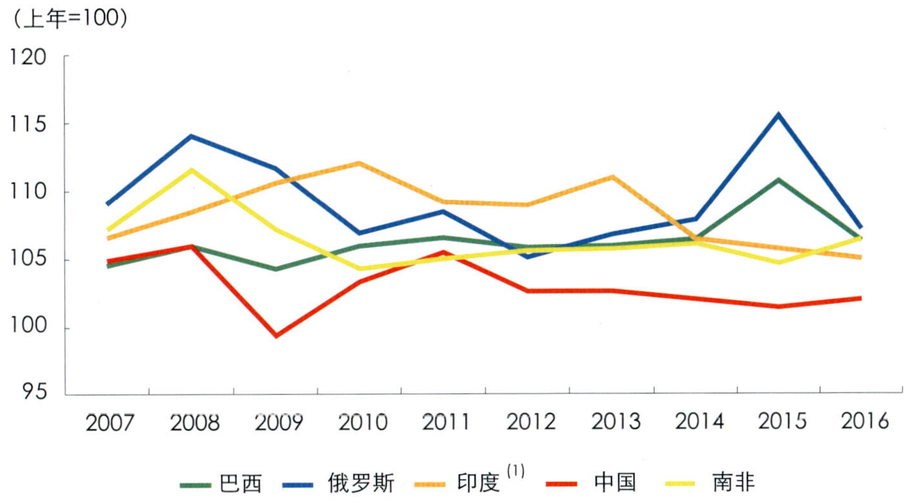

注：（1）印度消费者价格指数仅指产业工人。

主要统计指标解释

通用解释

零售价格 是指消费者为每特定单位销售量而支付的货币，包括所有让利和折扣。

消费者价格指数（CPI） 是指消费者在一定时期内购买非生产性消费的商品和服务的零售价格变动情况。它是用来测算当前一个固定篮子的商品和服务的价格相对于基期价格的比率。CPI 按月计算，是通过观察零售贸易和服务单位以及商品市场、混合市场和食品市场价格的变化以及上一年份住户消费支出结构数据计算的。

生产者价格指数 是衡量生产者价格在一定时期内平均变化的指标。它反映的是在交易的早期阶段的大宗交易。与大宗交易相关的生产者价格有多种叫法，例如农业收获价格、批发价格、收购价格、保障性价格、管制价格、进口价格、远期价格等等。反映早期阶段的交易价格的批发价格指数与生产者价格大致一致。

国家解释

巴西

巴西国家地理与统计局（IBGE）是巴西负责计算**扩展的全国消费价格指数（IPCA）**的政府机构。IPCA 是巴西主要的度量通货膨胀的官方指标，并被巴西中央银行用于监测通货膨胀目标体系。IPCA 每月发布，它反映了城市家庭情况。这些家庭的月收入在最低工资的 1-40 倍之间变动。IPCA 的覆盖范围包括巴西的 9 个大都市地区，戈亚尼亚和巴西首都巴西利亚。该项调查代表了地理范围覆盖 90% 的城市地区。

这一指标监控了巴西住户部门消费货物和服务固定购物篮的价格变动情况，是巴西消费支出调查的基础，而消费支出调查描述了巴西家庭的消费习惯。巴西国家地理与统计局在计算 CPI 时采用的权重是基于 2008/2009 年的消费支出调查。

服装 包括男装、女装和童装；鞋类及其附属品；珠宝和饰品；纤维织物和缝纫用品。

俄罗斯

消费价格指数（CPI） 测算了消费者为了非生产的消费目的而在一定时间内购买的货物和服务的价格变动情况，即固定篮子内主要货物和服务以当前价格计算的价值与基期价格相比的变动情况。CPI 数据每个月搜集一次，其计算既基于所监测的零售贸易、服务业、商品、食物市场的价格变动情况，亦基于两年前的家庭消费支出结构。CPI 基于城市人口计算，然后扩散到整个人口。

生产者价格指数（PPI） 其编制基于 10000 家基础（主要）机构的代表性产品的调查价格，对于超过 1100 种产品计算平均价格和价格指数。产品价格为在国内市场销售的工业品的实际价格（不包括间接税）。代表性产品的 PPI 计算是通过型号、种类、类别、经济活动部门逐级汇总的。基期的以价值量计算的生产物量数据被用作权重。

印度

产业工人的消费价格指数 指产业工人在一定时间内消费的一篮子固定商品和服务所支付的价格的变化。该指数用来调整有组织的部门千千万万个雇员和工人的工资和物价津贴，同时也被用作全国的零售价格指数用于测算通货膨胀率，制定工资和利率政策。印度劳动和就业部下属的劳动局自 1946 年开始编制并发布产业工人消费价格指数。

该指数序列直到 2005 年，其基期为 1982 年 =100，自 2006 年 1 月开始该指数的基期为 2001 年 =100。该价格指数参考了七个行业即工厂、矿山、种植、铁路、电机输送和发电、分销、港口码头，分布在 78 个重要调查点。消费者支出数据来自 1999 年 9 月至 2000 年 8 月由全国抽样调查办公室代表劳动局执行的、在 78 个地方采价的一项特别调查，即“家庭收入与支出调查”。这 78 个调查点是在考虑其在全国产业活动中的重要性后选出的，这些地点分布在印度各个州，数量与该州工业部门就业人数成比例，但每一个行业在每个州的采价点不会多于 5 个。在调查结果的基础上，就可以获得 78 个调查点和全国的权重。产业工人价格指数利用半年一次的住房租金调查数据和每月价格调查数据来编制。印度以一个月的时滞按月公布全国和 78 个城市的产业工人价格指数，即在下一个月的最后一个工作日公布该月份数据。

批发价格指数 印度批发价格指数是由商务和工业部经济顾问办公室负责编制的。目前该指数基期为 2004/2005 年，数据发布频率为每月一次。该指数是印度目前使用最为广泛通胀测度指标，其权重基于印度 2007 年国民经济核算中对应的总产出。季节性项目也包含在内，当这些产品不存在时，其权重按比例分配在本级分组的其他产品里。和 1993/1994 序列不同，稻谷和小麦的价格没有采用公共配送系统的价格，而是采用收购价格用来正确反映初始销售节点的价格。

目前对于工业制成品采用的是出厂和出矿价格，对于农产品采用的一级批发市场的报价。数据的采集采用的是通信和填报的方式。不同单位通过网上填报系统报送信息。

指数编制使用拉氏公式，计算加权算术平均数。在整个计算周期内均采用了固定的基期权数。

中国

居民消费价格指数 是反映一定时期内城乡居民所购买的生活消费品价格和服务项目价格变动趋势和程度的相对数，是对城市居民消费价格指数和农村居民消费价格指数进行综合汇总计算的结果。该指数可以观察和分析消费品的零售价格和服务项目价格变动对城乡居民实际生活费支出的影响程度。

工业品出厂价格指数 是反映一定时期内全部工业产品出厂价格总水平的变动趋势和程度的相对数，包括工业企业售给本企业以外所有单位的各种产品和直接售给居民用于生活消费的产品。该指数可以观察出厂价格变动对工业总产值及增加值的影响。

南非

数据不连续，2008 年前的指数不是官方数据；链接因子被用来计算连续的时间序列数据。这些因子包括：所有项目，城市地区，农村地区，居住类价格指数，食品类价格指数，电力类价格指数，服装类价格指数和租金类价格指数。

6

居民生活水平

表 6.1　居民生活水平概况

	2000	2007	2008	2009	2010	2011	2012	2013	2014	2015	2016
每百人彩色电视机拥有量(台)											
巴西	…	…	…	…	…	…	…	…	…	…	…
俄罗斯[1]	124.0	149.0	154.0	160.0	164.0	170.0	174.0	178.0	183.0	197.0	…
印度[2]	…	…	…	…	…	61.4	59.9	61.5	62.6	63.2	63.7
中国[3]	…	…	…	…	…	…	…	38.0	39.4	39.5	39.7
城镇	37.3	…	…	…	…	…	…	41.8	42.8	42.6	42.4
农村	11.6	…	…	…	…	…	…	33.9	35.6	35.9	36.5
南非[4]	…	17.0	18.1	…	20.4	21.4	22.1	22.6	23.5	…	…
每百人小汽车拥有量(辆)											
巴西[5]	8.8	7.4	6.9	6.5	6.1	5.7	5.3	5.1	4.9[6]	…	…
俄罗斯[7]	13	19	21	22	23	24	26	27	28	29	31
印度[8]	0.5	0.9	1.0	1.1	1.2	1.3	1.4	1.7	1.7[9]	1.9[9]	…
中国[3]	…	…	…	…	…	…	…	5.5	6.4	7.5	9.1
城镇	0.2	…	…	…	…	…	…	7.9	9.0	10.5	12.3
农村[10]	0.1	…	…	…	…	…	…	3.0	3.4	4.1	5.3
南非[11]	…	…	…	…	…	…	8.2	7.9	8.7	…	…
实际年平均工资增长率(%)											
巴西[12][13]	…	3.1	1.6	2.2	…	4.0	5.5	3.9	0.8	-5.0	…
俄罗斯	20.9	17.2	11.5	-3.5	5.2	2.8	8.4	4.8	1.2	-9.3	0.8
印度	…	…	…	…	…	…	…	…	…	…	…
中国[14]	11.3	13.4	10.7	12.6	9.8	8.6	9.0	7.3	7.2	8.5	6.7
南非	…	…	…	…	…	…	…	…	…	…	…
R&D支出占GDP比重(%)											
巴西[33]	…	…	…	…	0.9	0.8	0.9	0.9	0.8	…	…
俄罗斯[31]	1.1	1.1	1.0	1.3	1.1	1.0	1.1	1.1	1.1	1.1	…
印度	…	…	…	…	…	…	…	…	…	0.7[32]	…
中国	0.9	1.4	1.4	1.7	1.7	1.8	1.9	2.0	2.0	2.1	2.1
南非	…	0.9	0.9	0.8	0.7	0.7	0.7	0.7	0.8	…	…
R&D人员全时当量(万人/年)											
巴西	…	…	…	…	…	…	…	…	…	…	…
俄罗斯	100.7	91.2	87.0	84.6	84.0	83.9	82.8	82.7	82.9	83.4	…
印度	…	…	…	…	…	…	…	…	…	52.8[32]	…
中国	92.2	173.6	196.5	229.1	255.4	288.3	324.7	353.3	371.1	375.9	387.8
南非	…	3.1	3.1	3.1	2.9	3.1	3.5	3.8	3.8	…	…
公共教育支出占GDP比重(%)											
巴西[15]	3.9	4.4	4.6	4.8	4.9	5.0	5.1	5.2	5.7	…	…
俄罗斯[16]	2.9	4.0	4.0	4.6	4.1	3.7	3.8	4.1	3.8	3.6	3.6
印度[18]	3.2	2.6	2.9	3.0	3.1	3.1	3.1	3.1	2.6	2.9[19]	2.9[20]
中国[21]	2.9	3.2	3.3	3.6	3.7	3.9	4.3	4.2	4.1	4.3	…
南非[22]	…	5.5	5.8	6.5	6.6	6.8	6.9	6.9	6.9	…	…
平均受教育年限(年)											
巴西	…	7.3	7.5	7.5	…	7.7	7.9	8.0	8.1	8.2	…
俄罗斯[17]	…	13.9	14.0	13.7	…	14.3	14.6	14.9	15.0	15.4	…
印度	…	…	…	…	…	…	…	…	…	…	…
中国[23]	…	8.4	8.5	8.6	9.1	9.1	9.2	9.3	9.3	9.4	9.4
南非	…	…	…	…	…	…	…	…	…	…	…

表 6.1 居民生活水平概况

(续表)

	2000	2007	2008	2009	2010	2011	2012	2013	2014	2015	2016
公共医疗支出占GDP比重(%)											
巴西	3.9	4.7	4.7	5.1	4.9	4.8	5.0	4.9	…	…	…
俄罗斯 (16)(34)	2.1	4.2	3.7	4.3	3.7	3.2	3.4	3.3	3.2	3.4	3.6
印度 (18)	…	1.3	1.3	1.4	1.3	1.2	1.3	1.2	1.1	1.2 (19)	1.2 (20)
中国 (24)	4.6	4.3	4.5	5.0	4.8	5.0	5.2	5.3	5.5	6.0	…
南非 (25)	…	3.1	3.3	3.8	3.9	4.0	4.1	4.1	4.1	…	…
基尼系数											
巴西 (26)	…	0.521	0.513	0.509	…	0.501	0.499	0.497	0.494	0.493	…
俄罗斯 (27)	0.395	0.422	0.421	0.421	0.421	0.417	0.420	0.419	0.416	0.413	0.414
印度 (28)											
城镇	0.342	…	…	…	0.371	…	0.367	…	…	…	…
农村	0.260	…	…	…	0.276	…	0.280	…	…	…	…
中国 (29)	…	0.484	0.491	0.490	0.481	0.477	0.474	0.473	0.469	0.462	0.465
南非 (30)	0.640	…	…	0.640	…	0.650	…	…	…	0.639	…

资料来源:

巴西

1. 巴西国家地理与统计局，全国住户抽样调查，2006-2014 年。
2. 巴西教育部国家学习与教育研究院。
3. 全国汽车制造商协会，《巴西汽车工业年鉴》，2015 年。
4. 巴西国库局。

俄罗斯

1. 俄罗斯联邦统计局。
2. 俄罗斯联邦内务部。
3. 联合国教科文组织统计研究所 (UIS) 数据库。

印度

1. 印度电信管理局，年度报告 (各期)。
2. 印度道路运输及公路部，《道路交通年鉴》。
3. 印度财政部，经济调查。
4. 印度国家计划委员会。
5. 印度科技部。

中国

1. 中华人民共和国国家统计局，全国住户调查，2013-2016 年；中国城镇住户调查，2000-2012 年；中国农村住户调查，2000-2012 年。
2. 中华人民共和国教育部，年度统计资料，2000-2016 年。
3. 中华人民共和国国家卫生和计划生育委员会，年度统计资料，2000-2016 年。

南非

1. 南非统计局。
2. 南非人文科学研究理事会，《南非研究和试验发展概况调查报告，2014-2015 年》。

脚注:

巴西

(5) 单位为每 100 人车辆拥有量。

(6) 估计数。

(12) 经最近人口估算调整后的修正数据。

(13) 就业人口是指 15 岁及以上，并获取劳动报酬的人员。

(15)1. 支出类型可分为以下几组：现役人员开支和社会缴款；其他当前支出；重建公司费用；2. 这些信息不包括以下费用：退休金和养老金改革，奖学金和助学贷款，利息和债务负担支出，教育分期贷款，向其他私人部门的经常转移和资本转移。

(26) 基尼系数指标是按居民家庭收入计算的。

(33) 调查单位的的研发活动支出通常由其本身的生产所致，估值基于成本之和法 (中间消费、雇员和临时工的报酬、固定资本消耗)，以那些市场生产单位为补充。这些单位可以是生产自用的公共或私营单位，而研发市场生产者则都是私营的。

俄罗斯

(1) 所有类型的电视机，单位为每 100 户拥有量。按照住户预算调查数据计算。

(7) 乘用车。

(16) 在俄罗斯财政部国库局数据的基础上估算。自 2005 以来，包括国家非预算资金预算。

(17) 俄罗斯为期望受教育年限，数据来自联合国教科文组织统计研究所 (UIS) 基础数据库。

(27) 基尼系数是在居民人均收入数据以及住户预算抽样调查数据的基础上计算得出。2016 年为初步数据。

(31) 内部研究和发展支出占国内生产总值的比重。

(34) 2011 年前的数据包括体育支出。

印度

(2) 数字是指截止到每年 3 月 31 日每 100 户拥有电视机的估计数。2001 年人口普查结果显示，有电视机的家庭占比为 31.6%。

(8) 数据是由当年 3 月 31 日注册乘用车数量除以年中人口得到的。仅 2000 年数据是以 2001 年 3 月 31 日注册乘用车数量除以年中人口而得。

(9) 初步数据。

(18) 印度为财政年度数据 (财年指当年 4 月 1 日到下年 3 月 31 日)，与广义政府支出相关 (包括中央政府和州政府支出)。

(19) 修正后的估计数据。2012 年以后的各年数据根据如下数据来源进行更新 : (1) 2013 年数据 - 分子和分母都根据印度国民卫生账户印度 2013-2014 年年度报告估计， (2) 2014 年数据 - 分子和分母都根据印度国民卫生账户印度 2014-2015 年年度报告估计 (初步数据)， (3) 2015 年和 2016 年数据 - 分子 (根据 2015-2016 年修正数据和2016-2017 年预算数据估计) 来源于印度卫生和家庭福利部出版的《印度及各邦的卫生部门财政 (2014-2015 年修订数据和 2016-2017 年预算数据)》，分母 (2015 年和 2016 年的 GDP) 来自 《2016-2017 年国民收入的第二次预估以及 2016-2017 年第三季度 GDP 估算》声明 2 第 9 页。

(20) 预算估计。2012 年以后的各年数据根据如下数据来源进行更新 : (1) 2013 年数据 - 分子和分母都根据印度国民卫生账户印度 2013-2014 年年度报告估计， (2) 2014 年数据 - 分子和分母都根据印度国民卫生账户印度 2014-2015 年年度报告估计 (初步数据)，(3) 2015 年和 2016 年数据 - 分子 (根据 2015-16 年修订数据和 2016-17 年预算数据估计) 来源于印度卫生和家庭福利部出版的《印度及各邦的卫生部门财政 (2014-2015 至 2016-2017》，分母 (2015 年和 2016 年的 GDP) 来自《2016-2017 年国民收入的第二次预估以及 2016-17 年第三季度 GDP 估计》声明 2 第 9 页。

(28) 家庭消费支出的基尼系数是根据国家抽样调查期 (如 1999 年 7 月 -2000 年 6 月，2004 年 7 月 -2005 年 6 月，2009 年 7 月 -2010 年 6 月，2011 年 7 月 -2012 年 6 月) 和混合回忆期计算。

(32) 2015 年 4 月 1 日数据。

中国

(3) 从 2012 年第四季度起，中华人民共和国国家统计局开展了城乡一体化住户收支与生活状况抽样调查，统一了城乡的调查范围、调查方法和指标口径。在此基础上，得到了关于彩色电视、汽车和个人电脑拥有量等的全国数据。

(10) 农村住户调查中，小汽车指生活用车，其中包括有蓬货车。

(14) 职工年平均工资指企业、事业和机关等单位职工在一年内平均每人所得的货币工资额。

(21) 国家财政性教育经费占 GDP 比重。

(23)15 岁及以上人口受教育的平均年限。

(24) 为卫生总费用占 GDP 比重。

(29) 基尼系数指标是按居民年人均可支配收入计算的。

南非

(4) 数据来源于一般住户调查 (GHS)。在该调查中，受访者被询问是否拥有至少一台电视机，但是没有关注是否为彩色电视机。计算公式为：电视机总数 / 人口总数 *1000。

(11) 数据来源于一般住户调查 (GHS)。在该调查中，受访者被询问是否至少拥有一辆车。计算公式为：拥有在用车辆的住户总数量 / 总人口数 *1000。

(22) 一般政府教育支出占 GDP 比重。

(25) 一般政府医疗支出占 GDP 比重。

(30) 基尼系数基于剔除税收后的人均支出计算得到。

表 6.2.1　居民生活水平——巴西

	2000	2007	2008	2009	2010	2011	2012	2013	2014	2015
收入和支出										
住户人均可支配收入(雷亚尔)	...	...	...	...	12713	14238	...	...	...	...
住户人均生活消费支出(雷亚尔)	...	...	...	...	...	...	...	...	...	...
住户人均储蓄余额(雷亚尔)	...	...	...	...	1289	1417	...	...	...	...
日均不足1.25美元的贫困人口占总人口比重(%)[1]		**5.8**	**4.9**	**4.7**	...	**4.5**	**3.8**	...	...	...
各组占全部收入或消费的比重(%)[2]	...									
最低20%人口收入占全部收入的比重(%)	...	2.9	3.1	3.1	...	3.2	3.4	3.3	3.6	3.5
第二个20%人口收入占全部收入的比重(%)	...	6.8	7.1	7.3	...	7.6	7.7	7.7	7.9	7.9
第三个20%人口收入占全部收入的比重(%)	...	11.6	11.8	12.0	...	12.4	12.5	12.6	12.6	12.8
第四个20%人口收入占全部收入的比重(%)	...	19.0	19.1	19.2	...	19.5	19.4	19.4	19.6	19.6
最高20%人口收入占全部收入的比重(%)	...	59.7	58.9	58.4	...	57.4	57.1	57.0	56.3	56.1
五等分高低收入比	...	**20.5**	**19.0**	**18.7**	...	**17.7**	**17.0**	**17.4**	**15.6**	**15.9**
生活质量										
住户消费支出构成(%)	...	...	...	87.3	...	...	...	...	...	...
食品支出占总消费支出的比重(%)	...	...	...	24.1	...	...	...	...	...	...
基于住户收入的基尼系数[3]	...	0.521	0.513	0.509	...	0.501	0.499	0.497	0.494	0.490
文盲率(%)[3][4]	...	10.1	10.0	9.7	...	8.6	8.7	8.5	8.3	8.0
平均受教育年限(年)[3][4]	...	7.3	7.5	7.5	...	7.7	7.9	8.0	8.1	8.2
按房间数量划分的住房(%)[3]	...	100	100	100	...	100	100	100	100	100.0
1或2个房间	...	3.0	2.5	2.3	...	2.3	1.9	2.0	1.9	1.7
3个房间	...	7.3	6.8	6.7	...	6.6	6.4	6.1	6.2	5.8
4个房间	...	15.1	14.4	14.3	...	14.9	14.6	14.1	14.1	14.3
5个房间	...	27.1	26.9	28.0	...	28.8	29.2	29.3	29.4	29.4
6个房间	...	20.1	19.8	20.2	...	20.0	20.3	20.6	20.4	20.8
7个房间	...	12.2	12.5	12.1	...	11.9	12.2	12.2	12.4	12.4
8个房间及以上	...	15.2	17.1	16.3	...	15.5	15.5	15.7	15.6	15.5
按卧室数量划分的住房(%)[3]	...	100	100	100	...	100	100	100	100.0	100.0
1间卧室	...	34.2	34.9	35.2	...	34.8	35.9	36.6	37.8	37.7
2间卧室	...	43.8	43.5	43.9	...	44.6	44	43.9	43.2	43.7
3间卧室	...	19.0	18.7	18.3	...	18.0	17.6	17.0	16.7	16.3
4间卧室及以上	...	3.1	2.9	2.7	...	2.7	2.5	2.5	2.3	2.2
平均每个住宅居住人数(人)[3]	...	3.4	3.3	3.3	...	3.2	3.1	3.1	3.0	3.0
平均每间卧室居住人数(人)[3]	...	1.8	1.7	1.7	...	1.7	1.7	1.7	1.7	1.6
按住房所有权划分(%)[3]	...	100.0	100.0	100.0	...	100.0	100.0	100.0	100.0	100.0
自住	...	74.0	74.4	73.6	...	74.8	74.8	74.4	73.7	74.8
出租	...	16.6	16.5	17.0	...	17.3	17.7	17.9	18.5	17.9
免房租	...	8.9	8.5	8.9	...	7.4	7.1	7.4	7.4	7.1
其他	...	0.5	0.6	0.5	...	0.5	0.4	0.4	0.4	0.3
按设施配备划分的住房(%)[3]										
电视	...	94.3	95.0	95.6	...	96.9	97.2	97.2	97.1	97.1
无线电收音机	...	88.0	88.9	87.8	...	83.5	80.9	75.7	72.1	69.2
计算机	...	26.5	31.2	34.7	...	42.9	46.4	48.9	48.5	46.2
互联网接入	...	20.0	23.8	27.4	...	36.6	40.3	42.4	42.1	40.5
电冰箱	...	90.6	92.0	93.3	...	95.8	96.7	97.2	97.6	99.3
至少有一个房间使用自来水(%)[3]	...	91.7	92.5	93.1	...	94.2	94.7	94.9	95.5	95.6
使用燃气做饭的住房(%)[3]	...	91.9	92.7	93.1	...	94.7	94.9	95.1	96.0	95.3

表 6.2.1 居民生活水平——巴西

（续表）

	2000	2007	2008	2009	2010	2011	2012	2013	2014	2015
每人每天蛋白质摄取量(克)(5)	...	...	...	48.7	...	...	...	...	...	...
每人每天摄取的热量(大卡)(5)	...	...	...	1611	...	...	...	...	...	...
每人每天脂肪摄取量(克)(5)	...	...	...	51.4	...	...	...	...	...	...
文化、教育和卫生										
家庭在教育、文化和娱乐方面的支出占比(%)	...	...	...	4.1	...	...	...	...	...	
在校学生数(万人)(6)	5612	5830	5919	5870	5810	5790	5779	5657	5663	5517
学前教育(ISC 0)	601	657	679	681	679	700	731	761	784	797
小学(ISC 1)	2123	1944	1898	1852	1689	1746	1706	1676	1663	1630
初中(ISC 2)	1694	1633	1665	1648	1426	1575	1539	1493	1429	1381
高中(ISC 3)	916	1069	1082	1077	...	1076	1079	995	994	1071
高等教育第一阶段(ISC 5)	269	522	591	606	649	686	716	732	784	628
研究生及以上(ISC 6)	9	5	5	6	7	7	8	...	9	10
25岁及以上人口接受过高等教育的比重(%)	...	9.3	10.0	10.6	...	11.4	12.0	12.6	13.1	13.5
医院床位数(张/千人)	2.9	2.5	2.5	2.5	2.4	2.4	2.4	...	...	...

资料来源：

1. 巴西国家地理与统计局，《住户预算调查》，2002-2003 年和 2008-2009 年；《全国住户抽样调查》，2006-2014 年；医疗卫生援助调查；国民经济核算体系，2000-2010 年。

2. 巴西教育部国家学习与教育研究院、基础教育普查和高等教育普查，以及巴西高等教育人员促进会。

3. 巴西卫生部。

4. 世界银行发展研究组。

脚注：

(1) 数据来源于世界银行发展研究组。

(2) 人口五等分家庭人均收入占比。

(3) 经最新人口估算调整后的修正数据。

(4) 15 岁及以上人口。

(5) 住户平均数，数据来源于 2008-2009 年住户预算调查。

(6) 教育：

1) 特殊教育包括在其各自的国际教育标准分类中。

2) 青年人教育和成人教育包括在其各自的国际教育标准分类中。

3) 包括特殊教育。

4) 包括青年人和成人教育。

5) 包括职业教育。

6) 包括 ISCED 3 的教师职业培训项目。

7) 直至 2005 年，硕士教育包括在 ISC 6 中，2006 年以后包括在国际教育标准分类 5A 中（第二学位或更高学位）。2013 年硕士和博士学位数据还未获得。

表 6.2.2　　居民生活水平——俄罗斯

	2000	2008	2009	2010	2011	2012	2013	2014	2015	2016
收入和支出										
居民家庭每月人均可支配收入(卢布)[1]	...	...	...	...	15938	...	19756	21512	23271	...
农村(卢布)	...	...	...	...	10705	...	12855	14119	15487	...
城市(卢布)	...	...	...	...	17786	...	22160	24101	25991	...
居民家庭每月人均生活消费支出(卢布)	1157	8217	8687	10122	11286	12624	13707	14630	14764	...
农村(卢布)	732	4955	5326	6446	7292	8415	8829	9667	10255	...
城市(卢布)	1313	9399	9905	11453	12680	14082	15410	16350	16430	...
日均不足1.25美元的贫困人口占总人口比重(%)	...	0.0[2]	0.0[3]	0.0[3]	0.0[3]	0.0[3]	0.0[3]	0.0[3]	0.0[3]	0.0[3]
各组占全部收入或消费的比重(%)[3]	100.0	100.0	100.0	100.0	100.0	100.0	100.0	100.0	100.0	100.0
最低20%人口收入占全部收入的比重(%)	5.9	5.1	5.2	5.2	5.2	5.2	5.2	5.2	5.3	5.3
第二个20%人口收入占全部收入的比重(%)	10.4	9.8	9.8	9.8	9.9	9.8	9.8	9.9	10.0	10.0
第三个20%人口收入占全部收入的比重(%)	15.1	14.8	14.8	14.8	14.9	14.9	14.9	14.9	15.0	15.0
第四个20%人口收入占全部收入的比重(%)	21.9	22.5	22.5	22.5	22.6	22.5	22.5	22.6	22.6	22.6
最高20%人口收入占全部收入的比重(%)	46.7	47.8	47.7	47.7	47.4	47.6	47.6	47.4	47.1	47.1
五等分高低收入比[3]	7.9	9.3	9.3	9.3	9.1	9.2	9.2	9.1	8.9	8.9
生活质量										
居民家庭消费支出构成(%)[4]		100.0	100.0	100.0	100.0	100.0	100.0	100.0	100.0	
食品	...	29.1	30.5	29.6	29.5	28.1	27.7	28.5	32.0	...
含酒精饮料和烟草	...	2.3	2.4	2.4	2.5	2.5	2.6	2.8	3.0	...
服装和鞋类	...	10.4	10.4	10.8	10.1	10.1	9.5	8.9	9.2	...
住房和社区服务，燃料	...	10.4	10.8	11.3	11.4	10.9	10.5	10.3	11.1	...
家庭用品，耐用消费品，住房	...	7.5	7.0	6.2	6.5	6.3	6.7	6.3	5.5	...
医疗卫生	...	2.9	3.1	3.3	3.5	3.4	3.6	3.6	3.6	...
交通和通讯	...	19.2	17.2	18.7	19.5	20.8	21.1	21.2	17.7	...
娱乐及文化	...	7.7	7.3	6.8	6.8	6.9	7.2	7.1	6.7	...
教育	...	1.6	1.5	1.3	1.2	1.3	1.0	1.0	0.9	...
其他商品和服务	...	8.9	9.8	9.6	9.0	9.7	10.1	10.3	10.3	...
食品支出(包括餐饮)占消费总支出的比重(%)[4]	49.4	31.9	33.8	32.9	32.6	31.4	31.2	31.9	35.3	...
基尼系数[3]	0.395	0.421	0.421	0.421	0.417	0.420	0.419	0.416	0.413	0.414
文盲率(%)[5]	...	...	...	0.3	...	...	...	...	0.2	...
按房间数量划分的住房(%)[6]	100	100	100	100.0	100.0	100.0	100.0	100.0	100.0	...
一间	23.3	23.3	23.3	23.5	23.6	23.8	23.6	23.0	24.0	...
两间	41.0	40.0	39.9	39.7	39.6	39.5	39.2	38.0	39.0	...
三间	29.4	29.1	29.1	29.0	28.9	28.8	28.8	27.8	28.5	...
四间及以上	6.3	7.6	7.7	7.8	7.9	7.9	8.0	7.9	8.1	...
按所有权划分的住房(%)[6]	100	100	100	100.0	100.0	100.0	100.0	100.0	100.0	...
私有房产	65.3	82.4	84.3	85.6	86.3	87.1	87.8	86.3	90.2	...
国有房产	6.3	4.9	4.5	4.3	4.0	3.7	3.4	3.4	3.2	...
市有房产	26.5	12.5	11.0	9.9	9.5	9.0	7.7	6.7	5.7	...
其他	1.9	0.2	0.2	0.2	0.2	0.2	0.3	0.4	0.4	...
按设施配备划分的住房(%)[6]										
自来水	73.4	76.9	77.3	77.7	78.1	78.5	79.5	77.2	81.4	...
下水道	69.0	72.8	73.3	73.7	74.1	74.4	74.9	72.5	76.8	...
暖气	73.4	81.9	82.6	83.1	83.4	83.7	84.3	81.7	85.4	...
热水供应	59.4	64.2	64.6	64.9	65.3	65.5	66.2	63.9	68.1	...
浴缸(淋浴)	63.8	66.2	66.5	66.7	66.9	67.1	67.7	65.4	69.2	...
燃气(管道燃气，液化气)	70.0	69.4	69.2	69.0	68.6	68.3	67.5	65.4	66.7	...

表 6.2.2 居民生活水平——俄罗斯

（续表）

	2000	2008	2009	2010	2011	2012	2013	2014	2015	2016
城市拥有自来水的人数占比(%) [7]	95.0	96.6	97.1	96.6	96.6	97.3	97.6	97.8	…	98.4
城市拥有天然气的人数占比(%) [7]	74.0	73.7	73.9	75.4	75.8	75.9	74.0	73.7	…	71.3
人均公园和绿地面积(平方米) [8]	169.4	201.2	202.3	203.7	207.0	213.6	212.1	213.4	215.0	…
每人每天蛋白质摄取量(克)[4]	62	73	73	77	77	78	78	78	77	…
每人每天摄取热值(大卡)[4]	2394	2550	2551	2652	2624	2633	2626	2603	2583	…
每人每天脂肪摄取量(克)[4]	82	99	99	105	105	105	106	105	105	…
文化、教育和卫生										
居民家庭教育，文化和娱乐支出占比(%)[4]	…	9.3	8.8	8.1	8.0	8.2	8.2	8.1	7.6	…
在校学生人数(万人) [9]										
小学教育(1997年版国际教育标准分类第一级)	592	517	527	546	565	579	587	613	634	663
中学教育(1997年版国际教育标准分类第二级和第三级)	1633	1005	977	958	950	943	937	967	982	998
高等教育(1997年版国际教育标准分类第五级和第六级)[10]	722	991	972	934	873	831	777	744	706	680
R&D支出占GDP比重(%)	1.05	1.04	1.25	1.13	1.02	1.05	1.06	1.07	1.10	…
R&D人员全时当量(万人/年)	101	87	85	84	84	83	83	83	83	…
期望受教育年限[11]	…	14.0	13.7	…	14.3	14.6	14.9	15.0	15.4	…
25岁及以上人口接受过高等教育的比重(%)[5]	…	…	…	25.9	…	…	…	…	27.5	…
发明专利申请数量(件)	28688	41849	38564	42500	41414	44211	44914	40308	45517	41587
医生数量(每千人)	4.7	5.0	5.0	5.0	5.1	4.9	4.9	4.9	4.6	…
医院床位数(每千人)	11.5	9.9	9.7	9.4	9.4	9.3	9.1	8.7	8.3	…
小学入学儿童性别比(男性=100)	95	96	96	96	96	96	96	96	96	93
按死亡原因划分的标准化死亡率(万分之一)[12]										
循环系统疾病	51.2	44.9	42.4	42.1	38.5	36.6	34.3	32.1	…	…
肿瘤	13.7	12.3	12.4	12.3	12.1	11.8	11.7	11.5	…	…
外部原因造成的死亡	18.6	13.6	12.5	12.0	11.0	10.7	10.2	10.2	…	…
消化系统疾病	3.2	4.3	4.2	4.3	4.1	4.0	3.9	4.2	…	…
呼吸系统疾病	5.1	3.6	3.6	3.3	3.3	3.0	3.1	3.2	…	…
传染病和寄生虫病	2.2	2.0	1.9	1.9	1.9	1.8	1.8	1.8	…	…

资料来源：

1. 俄罗斯联邦统计局。
2. 世界银行《世界发展指标》数据库。
3. 俄罗斯联邦教育科学部。
4. 联合国教科文组织统计研究所。
5. 俄罗斯联邦知识产权局。

脚注：

(1) 为人口收入和社会项目参与样本监测结果。

(2) 数据来自世界银行《世界发展指标》数据库。

(3) 基于人均收入和家庭预算调查等宏观数据计算得出。2016 年为初步数据。

(4) 根据住户预算抽样调查。

(5) 数据来自 2002 年和 2010 年的人口普查，以及 2015 年的小型人口普查。

(6) 2013-2015 年数据覆盖不完全。

(7) 2016 年以前数据来自全国住户预算抽样调查，2016 年开始，数据来自全民生活状况相关监管。

(8) 城市人口人均量。

(9) 从 2015 年开始，数据来自 2011 年版国际教育标准分类。

(10) 从 2015 年开始，第五级至第八级的数据来自 2011 年版国际教育标准分类。

(11) 小学教育到高等教育的数据来自联合国教科文组织数据库。

(12) 世界卫生组织死亡原因标准。

表 6.2.3 居民生活水平——印度[13]

	2000	2008	2009	2010	2011	2012	2013	2014	2015	2016
收入和支出										
每月人均消费支出[1]										
城市地区										
总计(卢比)	855.0	1471.7	...	1984.5	...	2629.7	...	...	...	...
食品(%)	48.1	39.6	...	44.4	...	42.6	...	...	...	...
燃料和照明(%)	7.8	8.5	...	6.9	...	6.7	...	...	...	...
服装(%)	6.1	5.4	...	4.8	...	5.4	...	...	...	...
教育(%)	4.3	7.1	...	8.1	...	6.9	...	...	...	...
医疗保健(%)	5.1	5.2	...	5.0	...	5.5	...	...	...	...
农村地区										
总计(卢比)	486.1	772.4	...	1053.6	...	1430.0	...	...	...	...
食品(%)	59.4	52.3	...	57.0	...	52.9	...	...	...	...
燃料和照明(%)	7.5	9.7	...	8.0	...	8.0	...	...	...	...
服装(%)	6.8	6.3	...	5.3	...	6.0	...	...	...	...
教育(%)	1.9	3.7	...	3.6	...	3.5	...	...	...	...
医疗保健(%)	6.1	6.3	...	5.4	...	6.7	...	...	...	...
贫困人口比重[1]										
农村	...	...	...	...	...	25.7	...	...	...	...
城市	...	...	...	...	...	13.7	...	...	...	...
各组占全部收入或消费的比重(%)[1]										
最低20%人口收入占全部收入的比重(%): 农村	...	...	...	9.4	...	9.1	...	...	...	...
最低20%人口收入占全部收入的比重(%): 城市	...	...	...	7.0	...	7.0	...	...	...	...
第二个20%人口收入占全部收入的比重(%): 农村	...	...	...	13.2	...	12.9	...	...	...	...
第二个20%人口收入占全部收入的比重(%): 城市	...	...	...	10.6	...	10.8	...	...	...	...
第三个20%人口收入占全部收入的比重(%): 农村	...	...	...	16.5	...	16.2	...	...	...	...
第三个20%人口收入占全部收入的比重(%): 城市	...	...	...	14.7	...	14.7	...	...	...	...
第四个20%人口收入占全部收入的比重(%): 农村	...	...	...	21.2	...	21.1	...	...	...	...
第四个20%人口收入占全部收入的比重(%): 城市	...	...	...	20.9	...	20.7	...	...	...	...
最高20%人口收入占全部收入的比重(%): 农村	...	...	...	39.7	...	40.6	...	...	...	...
最高20%人口收入占全部收入的比重(%): 城市	...	...	...	46.8	...	46.7	...	...	...	...
五等分高低收入比[1]: 农村	...	...	...	4.2	...	4.4	...	...	...	...
城市	...	...	...	6.7	...	6.6	...	...	...	...
文化、教育和卫生										
公共教育支出占比(%)[2]	11.3	10.1	10.6	11.4	11.4	11.6	11.6	10.9[9]	11.2[10]	
在校学生人数(万人)[2]										
小学入学人数(I-V类)	11380	13530	13360	13470	13980	13480	13240[11]	13050[11]	...	
中学入学人数(IX-XII类)	2890	4640	4850	5130	5510	5460	5960[11]	6180[11]	...	
高等教育入学人数(大学及以上)	863	1850	2074	2750	2918	3010	3230[11]	3420[11]	...	
R&D支出占GDP比重(%)									0.7	
R&D人员全时当量(万/人年)									52.8[12]	
25岁及以上人口接受过高等教育的比重(%)[1]	5.7	7.0	...	8.0	...	8.9	...	...	...	...
PCT国际专利申请受理量(件)										
总计[13]	107	707	887	752	871	873	1042	816	801	693
个人	46	169	232	231	243	254	252	248	235	234
法律实体	61	538	655	521	628	519	790	568	566	459
公共医疗支出占比重(%)[2]	4.7	4.6	4.8	4.7	4.6	4.7	3.8	3.9	3.8	3.9
医生数(千人)[3]	556	761	794	827	860	890	923	939[11]	1064[11]	1070[11]
医院床位数(千张)[3]	506	495	540	577	785	623	629	676[11]	676[11]	754[11]
意外死亡人数(非自然原因)(万人)[4]	23.8	31.8	33.5	36.0	36.7	37.2	37.8	43.1	40.3	

表 6.2.3　居民生活水平——印度[13]

（续表）

	2000	2008	2009	2010	2011	2012	2013	2014	2015	2016
疾病致死人数(人)										
霍乱(人)	18	1	12	9	10	2	5	5[11]	4	
疟疾(人)	1005	1055	1144	1018	754	519	440	562	384	331
登革热(人)	7	80	96	110	169	242	168	137	220	245
黑热病(人)	150	151	93	105	80	29	20	11[11]	5	
肺结核(人)	10463	66204	66345	63781	63261	63265	61888	63226	63295	
生活质量										
按所有权划分的住房(%)										
城市										
自有住房	66.8[5]	...	61.6[1]	...	69.2[5]	61.1[6]	...	...	...	...
租住	28.5[5]	...	35.2[1]	...	27.6[5]	35.4[6]	...	...	...	...
其他	4.7[5]	...	3.3[1]	...	3.3[5]	3.4[6]	...	...	...	...
农村										
自有住房	94.3[5]	...	95.0[1]	...	94.7[5]	93.3[6]	...	...	...	...
租住	3.6[5]	...	3.3[1]	...	3.4[5]	5.1[6]	...	...	...	...
其他	2.1[5]	...	1.6[1]	...	1.9[5]	1.6[6]	...	...	...	...
按基础设施划分的住房(%)										
自来水系统										
农村	24.3[5]	...	30.1[1]	...	30.8[5]	31.2[6]	...	...	...	...
城市	68.7[5]	...	74.3[1]	...	70.6[5]	69.1[6]	...	...	...	...
供电设施										
农村	43.5[5]	...	66.0[1]	...	55.3[5]	80.0[6]	...	...	...	...
城市	87.6[5]	...	96.1[1]	...	92.7[5]	97.9[6]	...	...	...	...
厕所										
农村	21.9[5]	...	34.8[1]	...	30.7[5]	40.6[6]	...	...	...	...
城市	73.7[5]	...	88.7[1]	...	81.4[5]	91.2[6]	...	...	...	...
基尼系数[1][7]										
城市	0.342	...	...	0.371	...	0.367	...	...	...	...
农村	0.260	...	...	0.276	...	0.280	...	...	...	...
文盲率[1][8]										
城市(%)	20.2	15.7	...	14.6	...	14.0	...	14.0	...	...
农村(%)	44.2	33.0	...	31.2	...	30.0	...	29.0	...	...
按设施配备划分的住房(%)[5]										
无线电收音机、晶体管收音机	35.1	...	...	...	19.9	...	...	...	...	...
电视机	31.6	...	...	...	47.2	...	...	...	...	...
电话	9.1	...	...	...	63.2	...	...	...	...	...
自行车	43.7	...	...	...	44.8	...	...	...	...	...
滑板车、摩托车、机动脚踏两用车	11.7	...	...	...	21	...	...	...	...	...
汽车、吉普车、有篷货车	2.5	...	...	...	4.7	...	...	...	...	...
无上述设施配备	39.5	...	...	...	17.8	...	...	...	...	...
城市中拥有自来水的人口占比(%)	36.7	...	...	...	43.5	...	...	...	...	...
城市中拥有天然气的人口占比(%)	17.5	...	...	...	28.5	...	...	...	...	...
每人每天热值摄入量(大卡)[1]										
农村	2149	...	...	2020	...	2099	...	...	...	...
城市	2156	...	...	1946	...	2058	...	...	...	...
每人每天蛋白质摄入量(克)[1]										
农村	59.1	...	...	55.0	...	56.5	...	...	...	...
城市	58.5	...	...	53.5	...	55.7	...	...	...	...
每人每天脂肪摄入量(克)[1]										
农村	36.1	...	...	38.3	...	41.6	...	...	...	...
城市	49.6	...	...	47.9	...	52.5	...	...	...	...

资料来源：

1. 印度统计和计划执行部，全国抽样调查办公室，国家统计体系有关消费者支出与就业及失业全国统计报告。《印度营养摄入及饮用水，卫生及住房条件》（各期）。
2. 印度国家计划委员会。
3. 印度人力资源开发部，《教育概览》（各期），《高等教育调查主要指标》（各期）。
4. 印度卫生和家庭福利部，《全国卫生概览》。
5. 印度财政部，《经济调查》。
6. 印度内政部，国家犯罪记录局，《印度意外死亡与自杀报告》（各期）。
7. 印度内政部，印度注册登记办公室，2001-2011 年《普查报告》。
8. 印度统计和计划执行部，2016 年《统计年鉴》。
9. 印度科技部。
10. 印度商业和工业部，工业政策和促进司。

脚注：

(1) 指国家抽样调查轮（即表中所指从上年 7 月到当年 6 月这一时期）。五分位组和营养摄入为统一基准期，而贫困线数据依据 Tendulkar 法涉及混合回忆期。

(2) 财政年度数据，即当年 4 月 1 日到下年 3 月 31 日。教育和卫生支出指的是一般政府支出（包括中央政府和地方政府）。公共医疗支出占一般政府支出的比重不同年份的数据按照如下来源更新：第一，2013 年数据 - 分子和分母都根据印度国民卫生账户印度 2013-2014 年年度报告估计， 第二，2014 年数据 - 分子和分母都根据印度国民卫生账户印度 2014-2015 年年度报告估计（初步数据）， 第三，2015 年和 2016 年数据 - 分子（根据 2015-2016 年修正和 2016-2017 年预算数据估计）来源于印度卫生和家庭福利部出版的《印度及各邦的卫生部门融资 (2014-2015 至 2016-2017》，分母（一般政府支出 2015 年和 2016 年数据）等于各邦的收益支出及资本流出加上联合政府的收益和资本支出。各邦的收益支出和资本流出来源于印度储备银行每年出版的《各邦财政：预算研究》，联合政府的资本和收益支出来源于《2017-2018 年联合政府预算概览，支出（声明）》。

(3) 当年 12 月底数据。医生数是指在全国及州医师协会注册的医生数，床位数是指包括社区健康中心在内的公立医院的床位数。

(4) 包括交通事故、空难、火灾、中毒和触电造成的死亡人数。

(5) 2000 年和 2011 年数据根据 2001 年和 2011 年普查得来，数据时点分别是 2001 年 3 月 31 日和 2011 年 3 月 31 日。

(6) 2012 年 7-12 月调查数据。2012 年自来水数据包括管道 / 公共自来水，但不包括瓶装水。

(7) 支出数据是混合参考期数据。

(8) 7 岁及以上人口文盲率。根据 2011 年普查数据，城市文盲率为 15.9%，农村文盲率为 32.2%。

(9) 修订数据。

(10) 预算估计。

(11) 初步数据。

(12) 2015 年 4 月 1 日数据。

(13) 表中的数据均为财政年度数据，即当年 4 月 1 日到下年 3 月 31 日。上述信息只涉及印度人在本土提出的申请数，在此，印度只作为受理方。

表 6.2.4　居民生活水平——中国

	2000	2008	2009	2010	2011	2012	2013	2014	2015	2016
收入与支出										
住户人均收入(人民币)										
居民人均可支配收入	…	…	…	…	…	…	18311	20167	21966	23821
城镇居民可支配收入	6280	15781	17175	19109	21810	24565	…	…	…	…
农村居民纯收入	2253	4761	5153	5919	6977	7917	…	…	…	…
住户人均消费支出(人民币)										
居民人均消费支出	…	…	…	…	…	…	13220	14491	15712	17111
城镇居民现金消费支出	4998	11243	12265	13471	15161	16674	…	…	…	…
农村居民消费支出	1670	3661	3993	4382	5221	5908	…	…	…	…
住户人均储蓄余额(人民币)	…	16717	19832	22998	25832	29508	34074	36738	39726	43230
日均不足1.25美元的贫困人口占总人口比重(%)[(1)]	**…**	**3.1**	**…**	**2.0**	**1.3**	**…**	**…**	**…**	**…**	**…**
各组占全部收入或消费的比重(%)[(1)]	**…**	**100.0**	**…**	**100.0**	**…**	**…**	**…**	**…**	**…**	**…**
最低20%人口收入占全部收入的比重(%)	…	4.8	…	4.7	…	…	…	…	…	…
第二个20%人口收入占全部收入的比重(%)	…	9.6	…	9.7	…	…	…	…	…	…
第三个20%人口收入占全部收入的比重(%)	…	15.0	…	15.3	…	…	…	…	…	…
第四个20%人口收入占全部收入的比重(%)	…	22.7	…	23.2	…	…	…	…	…	…
最高20%人口收入占全部收入的比重(%)	…	47.9	…	47.1	…	…	…	…	…	…
五等分高低收入比[(1)]	**…**	**10.0**	**…**	**10.1**	**…**	**…**	**…**	**…**	**…**	
生活质量										
住户消费支出构成										
全国居民人均消费支出(%)	…	…	…	…	…	…	100.0	100.0	100.0	100.0
食品烟酒	…	…	…	…	…	…	31.2	31.0	30.6	30.1
衣着	…	…	…	…	…	…	7.8	7.6	7.4	7.0
居住	…	…	…	…	…	…	22.7	22.1	21.8	21.9
生活用品及服务	…	…	…	…	…	…	6.1	6.1	6.1	6.1
交通通信	…	…	…	…	…	…	12.3	12.9	13.3	13.7
教育文化娱乐	…	…	…	…	…	…	10.6	10.6	11.0	11.2
医疗保健	…	…	…	…	…	…	6.9	7.2	7.4	7.6
其他用品和服务	…	…	…	…	…	…	2.5	2.5	2.5	2.4
城镇居民现金消费支出(%)	100.0	100.0	100.0	100.0	100.0	100.0	…	…	…	…
食品	39.4	37.9	36.5	35.7	36.3	36.2	…	…	…	…
衣着	10.0	10.4	10.5	10.7	11.0	10.9	…	…	…	…
居住	11.3	10.2	10.0	9.9	9.3	8.9	…	…	…	…
家庭设备及用品	7.5	6.2	6.4	6.7	6.7	6.7	…	…	…	…
交通通信	8.5	12.6	13.7	14.7	14.2	14.7	…	…	…	…
文教娱乐	13.4	12.1	12.0	12.1	12.2	12.2	…	…	…	…
医疗保健	6.4	7.0	7.0	6.5	6.4	6.4	…	…	…	…
其他	3.1	3.7	3.9	3.7	3.8	3.9	…	…	…	…
农村居民消费支出(%)	100.0	100.0	100.0	100.0	100.0	100.0	…	…	…	…
食品	49.1	43.7	41.0	41.1	40.4	39.3	…	…	…	…
衣着	5.7	5.8	5.8	6.0	6.5	6.7	…	…	…	…
居住	15.5	18.5	20.2	19.1	18.4	18.4	…	…	…	…
家庭设备及用品	4.5	4.8	5.1	5.3	5.9	5.8	…	…	…	…
交通通信	5.6	9.8	10.1	10.5	10.5	11.1	…	…	…	…
文教娱乐	11.2	8.6	8.5	8.4	7.6	7.5	…	…	…	…
医疗保健	5.2	6.7	7.2	7.4	8.4	8.7	…	…	…	…
其他	3.1	2.1	2.1	2.1	2.3	2.5	…	…	…	…

表 6.2.4　居民生活水平——中国

（续表）

	2000	2008	2009	2010	2011	2012	2013	2014	2015	2016
基尼系数 (2)	...	0.491	0.490	0.481	0.477	0.474	0.473	0.469	0.462	0.465
农村自来水普及率(%)	55.2	65.5	68.4	71.2	72.1	74.6	76.4	79.0	...	...
城市燃气普及率(%)	45.4	89.6	91.4	92.0	92.4	93.2	94.3	94.6	95.3	...
城市人均公园绿地面积(平方米)	3.7	9.7	10.7	11.2	11.8	12.3	12.6	13.1	13.4	...
公共医疗支出占GDP比重(%)(3)	4.6	4.5	5.0	4.8	5.0	5.2	5.3	5.5	6.0	...
文化，教育和卫生										
家庭文教娱乐支出比重(%)	...	...	...	...	...	...	10.6	10.6	11.0	11.2
城镇	13.4	12.1	12.0	12.1	12.2	12.2	12.7	...	...	...
农村	11.2	8.6	8.5	8.4	7.6	7.5	7.3	...	...	...
按教育程度划分的在校学生数(万人)										
普通高等教育	556	2021	2145	2232	2309	2391	2468	2548	2625	...
普通中学	7369	8050	7868	7703	7519	7228	6875	6784	6686	...
职业中学	503	761	786	730	684	625	535	474	440	...
普通小学	13013	10332	10071	9941	9926	9696	9361	9451	9692	...
特殊教育	38	42	43	43	40	38	37	39	44	...
学前教育	2244	2475	2658	2977	3424	3686	3895	4051	4265	...
R&D支出占GDP比重(%)	0.89	1.44	1.66	1.71	1.78	1.91	1.99	2.02	2.06	2.11
R&D人员全时当量(万人/年)	92	197	229	255	288	325	353	371	376	388
平均受教育年限(年)	...	8.5	8.6	9.1	9.1	9.2	9.3	9.3	9.4	9.4
25岁及以上人口接受过高等教育的比重(%)	4.3	...	...	8.8	...	...	...	...	...	...
PCT专利申请量(件)	...	6081	8000	12917	17473	19926	22924	26169	30548	44992
执业(助理)医师数(每千人)	1.7	1.7	1.8	1.8	1.8	1.9	2.0	2.1	...	...
医院床位数(每千人)(4)	2.5	3.1	3.3	3.6	3.8	4.2	4.6	4.9	5.1	

资料来源：

1. 中华人民共和国教育部，年度统计资料，2000-2016 年。
2. 中华人民共和国国家卫生和计划生育委员会，年度统计资料，2000-2016 年。
3. 中华人民共和国住房和城乡建设部，年度统计资料，2000-2015 年。
4. 中华人民共和国国家统计局，全国住户调查，2013-2016 年；中国城市住户调查，2000-2012 年；农村住户调查，2000-2012 年。
5. 中国人民银行，《中国金融年鉴》，2000-2016 年。
6. 中华人民共和国国家统计局，《中华人民共和国 2016 年国民经济和社会发展统计公报》。
7. 世界银行《世界发展指标》数据库 (WDI)。

脚注：

(1) 世界银行《世界发展指标》数据库 (WDI)。

(2) 基尼系数是按居民人均可支配收入计算的。

(3) 为卫生总费用占 GDP 比重。

(4) 为每千人口医疗卫生机构床位数。

表 6.2.5　居民生活水平——南非

	2000	2008	2009	2010	2011	2012	2013	2014	2015	2016
收入和支出										
居民家庭人均可支配收入(兰特)	6364	…	31856	…	42905	…	…	…	53661	…
居民家庭人均生活消费支出(兰特)(1)	7546	…	26149	…	34897	…	…	…	40874	…
日均不足1.25美元的贫困人口占总人口比重(%)	**17.0**	**…**	**10.7**	**…**	**7.4**	**…**	**…**	**…**	**…**	**…**
各组占全部收入或消费的比重(%)	**…**	**…**	**100.0**	**…**	**100.0**	**…**	**…**	**…**	**100.0**	**…**
最低20%人口收入占全部收入的比重(%)	…	…	4.9	…	4.4	…	…	…	4.5	…
第二个20%人口收入占全部收入的比重(%)	…	…	7.6	…	6.9	…	…	…	7.2	…
第三个20%人口收入占全部收入的比重(%)	…	…	10.5	…	9.8	…	…	…	10.1	…
第四个20%人口收入占全部收入的比重(%)	…	…	18.0	…	17.8	…	…	…	17.6	…
最高20%人口收入占全部收入的比重(%)	…	…	59.0	…	61.0	…	…	…	60.5	…
五等分高低收入比	**…**	**…**	**29.7**	**…**	**28.5**	**…**	**…**	**…**	**24.9**	**…**
生活质量										…
居民家庭消费支出构成(%)	100.0	…	100.0	…	100.0	…	…	…	100.0	…
食品和含酒精饮料(2)	27.7	…	19.3	…	12.8	…	…	…	12.9	…
酒精饮料和烟草	2.6	…	1.0	…	1.1	…	…	…	0.9	…
服装和鞋类	5.4	…	4.8	…	4.5	…	…	…	4.8	…
住房，水、电、气和其他燃料	13.6	…	24.9	…	32.0	…	…	…	32.6	…
家具和家庭设备	8.7	…	5.4	…	5.1	…	…	…	5.2	…
卫生	1.5	…	1.3	…	1.4	…	…	…	0.9	…
交通	13.3	…	15.3	…	17.1	…	…	…	16.3	…
通信	3.4	…	3.4	…	2.8	…	…	…	3.4	…
娱乐和文化	3.7	…	4.3	…	3.0	…	…	…	3.8	…
教育	2.4	…	2.8	…	2.7	…	…	…	2.5	…
餐饮和住宿	3.6	…	2.4	…	2.4	…	…	…	2.1	…
其他商品和服务	14.2	…	14.9	…	14.7	…	…	…	14.7	…
其他未分类	0.0	…	0.3	…	0.1	…	…	…	0.1	…
基尼系数(不含税的人均支出)	0.650	…	0.640	…	0.650	…	…	…	0.639	
文盲率一(%)(3)	…	22.8	19.9	19.3	18.2	16.5	16.2	15.8	15.4	14.6
文盲率二(%)(4)	…	…	5.9	5.9	6.0	5.5	5.5	5.1	5.0	4.2
按房间数量划分的住房(%)(5)										
一间	…	18.6	18.3	18.3	17.6	18.5	18.9	19.1	21.0	20.7
两间	…	13.0	12.5	10.8	10.2	9.5	9.1	8.9	9.1	9.2
三间	…	13.1	12.5	12.1	12.2	11.1	11.4	10.9	11.4	11.2
四间及以上	…	55.3	56.7	58.8	60.1	61.0	60.6	61.1	58.5	59.0
按所有权划分的住房(%)(6)	…	73.8	65.1	67.3	61.4	…	…	…	…	…
私有房产一(7)		73.7	66.4	69.0	63.9	65.6	66.4	…	…	…
私有房产二	…	61.9	56.0	58.1	…	…	…	…	…	…
国有房产	…	12.1	11.0	10.9	…	…	…	…	…	…
市有房产	…	18.3	20.9	20.6	…	…	…	…	…	…
其他	…	7.7	12.2	10.4	…	…	…	…	…	…

表 6.2.5 居民生活水平——南非

(续表)

	2000	2008	2009	2010	2011	2012	2013	2014	2015	2016
按设施配备划分的住房(%)										
户内接入自来水	...	43.4	42.1	41.6	43.3	44.5	45.3	46.3	45.8	46.4
户内或庭院接入自来水		71.0	70.4	72.0	73.4	72.2	72.1	73.3	72.8	73.1
下水道(5)	...	56.1	57.0	60.3	59.2	59.6	59.1	62.2	62.5	62.2
城市拥有自来水的人口占比(%)(8)	...	70.2	69.9	70.6	71.9	70.6	72.2	73.4	72.7	73.0
教育、文化和娱乐										
居民家庭教育、文化和娱乐支出占比(%)	6.1	...	...	...	...	...	...	...	...	...
教育支出占总支出的比重(%)	26.0	18.8	18.9	19.5	20.3	...	...	...	...	...
R&D支出占GDP比重(%)	...	0.89	0.84	0.74	0.73	0.73	0.73	0.77	...	...
R&D人员全时当量(万人年)	...	4	3	3	3	4	4	4	...	...
25岁及以上人口接受过高等教育的比重(%)	...	4.6	5.8	6.1	6.2	6.4	6.9	...	...	...
医药和医疗支出占总支出的比重(%)	14.3	10.9	11.1	11.5	11.8	...	...	...	...	...
医生数量(每千人)(9)	...	0.4	0.4	0.4	...	...	...	...	...	...
医院床位数(每千人)(9)	...	2.2	2.2	2.0	...	...	...	...	...	...

资料来源：

1. 南非统计局,《住户调查》, 2002-2009 年；《收入和支出调查》, 2000 年；《收入和支出调查》, 2005-2006 年；《地区卫生信息系统》, 2010 年；《南非卫生回顾》(各期)。
2. 南非财政部, 《预算回顾》(各期)。

脚注：

(1) 不包括自住房估算的租金。

(2) 按消费者价格指数进行了调整。

(3) 指年满 20 岁但还没有完成小学教育的人 (相当于 7 年级教育)。修订数据。

(4) 指不会阅读或者不能以任何一种语言书写的人。修订数据。

(5) 根据家庭马桶是否与公共污水处理系统相连进行数据修订。

(6) 完全拥有或部分拥有。

(7) 完全拥有或部分拥有的住所。

(8) 所有在住房或者院子里安装了管道或自来水管的人口，指全部人口而不仅仅指城市人口。

(9) 每一千个没有医疗保险的人。

图 6.1　公共教育支出占 GDP 比重

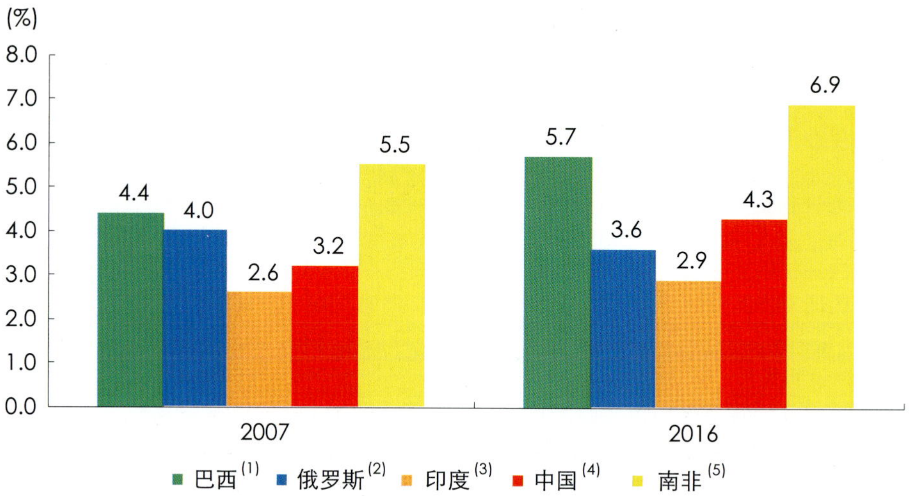

注：（1）2016 年为 2014 年数据。
（2）2016 年为初步数据。
（3）2016 年为预算估计数据。
（4）2016 年为 2015 年数据。
（5）2016 年为 2012 年数据。

图 6.2　公共卫生支出占 GDP 比重

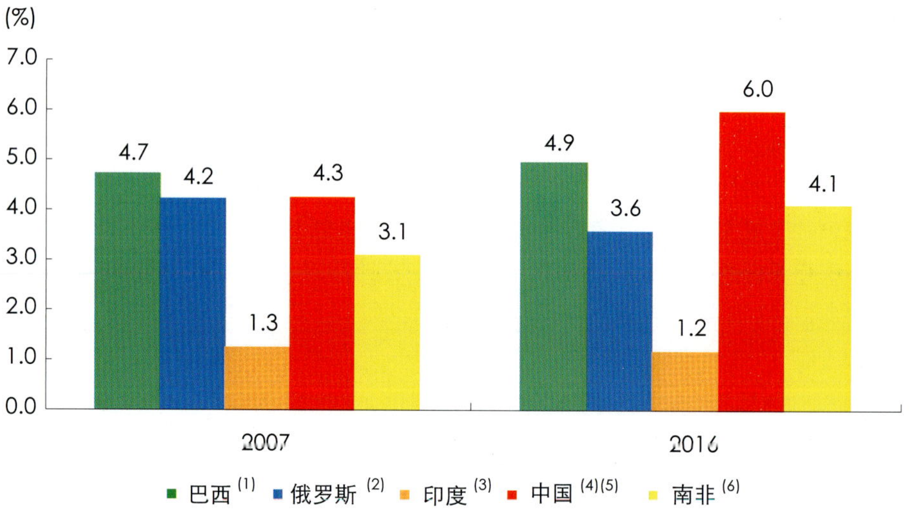

注：(1) 2016 年为 2013 年数据。
(2) 2016 年为初步数据。
(3) 2016 年为预算估计数据。
(4) 卫生总费用占 GDP 的比重。
(5) 2016 年为 2015 年数据。
(6) 2016 年为 2012 年数据。

图 6.3　2016 年每百人小汽车拥有量

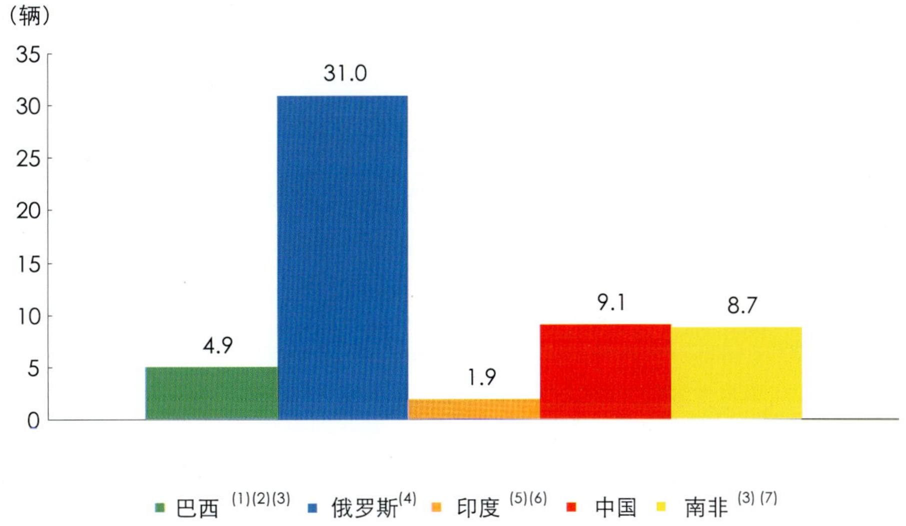

注：(1) 每百人车辆拥有量。

(2) 估计数据。

(3) 为 2014 年数据。

(4) 乘用车。

(5) 数据是由当年 3 月 31 日注册乘用车数量除以年中人口得到的。

(6) 为 2015 年数据。

(7) 数据来源于一般住户调查 (GHS)。在该调查中，受访者被询问是否至少拥有一辆车。计算公式为：拥有在用车辆的住户总数量 / 总人口数 *1000。

主要统计指标解释

国际贫困线（按购买力平价计算的每天 1.25 美元）以下的人口占总人口比例 每天依靠不足 2005 年国际价格（根据购买力平价折算）1.25 美元生活人口所占百分比。

20% 人口分组的收入或消费百分比份额 20% 人口分组（五等分）的累积份额。

五等分高低收入比 最富有 20% 人口的平均收入（或消费）与最贫困 20% 人口的平均收入（或消费）之比。

25 岁及以上完成高等教育的人口占比 25 岁及以上完成高等教育（根据国际教育标准分类 5 或 6）的人口占总人口百分比份额。

国家解释

巴西

住户人均可支配收入 住户可支配收入除以当年 7 月 1 日的常住人口。

住户人均储蓄额 住户储蓄总额除以当年 7 月 1 日的常住人口。

工资 为月度工资，为通常在参考月份即每年 9 月份领取的工资。

a）雇员收入 为正常工作整月的情况下每个月的总收入。如果收入是变化的，那么平均月收入则为调查年份的参考月份的收入。雇员月收入统计不包括企业发给雇员的第 13 个月（第 14 个月，第 15 个月等）工资以及企业支付给工人的利润分成，另外，住房、食品、服装、交通、用餐和食品券等也不包括在雇员收入的统计范围之内。

b）雇主及自用生产者收入 通常为每月的盈余。如果每月盈余是变化的，则指调查年份参考月的平均月度盈余。盈余为总收入减去总支出（项目费用，例如支付雇员、原材料、电费、电话费用）之后的获利。为了雇主自己消费而进行的企业生产收入不包括在内。

R&D 支出占 GDP 比重 调查单位的的研发活动支出通常由其本身的生产所致，估值基于成本之和法（中间消费、雇员和临时工的报酬、固定资本消耗），以那些市场生产单位为补充。这些单位可以是为生产自用的公共或私营单位，而研发市场生产者则都是私营的。

平均受教育年限 指 15 岁及以上成人（包括普通教育和成人学历教育，不包括各种非学历教育）的平均学历教育年限。说明：该指标是反映一个国家或地区教育程度或国民素质的最重要指标之一。公式：成人平均受教育年限 =（15 岁及以上成人接受教育的总年数 /15 岁及以上总人口）x 100%，其中，不同学历的年限换算如下：未上过学 =0，小学学历 =6 年，初中学历 =9 年，高中学历 =12 年，高等教育学历 =16 年。

俄罗斯

实际工资增长率 是用工资总额除以相应时间内的消费价格指数得到的。平均名义工资是用雇员总的应发工资除以年平均雇员数。雇员总应发工资包括雇主在完整或不完整的时间段内以货币或非货币形式支付给雇员的总工资，其中包括与工作条件相关的补偿性支出、罚款、额外费用、奖金、用餐、居住等费用，这些支付具有定期性的特征。从各州预算外社会基金中支付给雇员的福利不包括在工资范围之内。

医生总数 包括拥有高等医学教育学历，在治疗和卫生机构、社会保障机构、研究机构、个人培训机构、公共卫生管理机构和其他机构中从业的医生。

医院床位数 是指配备必需设备，并随时准备接收病人的病床。

公园和绿地面积 包括公共使用的绿地面积（公园、花园、广场和公园道路）、森林公园和城市花园。

基尼系数 为衡量人口收入实际分布与绝对平等分配线的偏离程度的指标。

期望受教育年限 根据联合国教科文组织的方法，指一个入学儿童达到具体受教育程度可能度过的年数。

国际贫困线（按购买力平价计算的每天 1.25 美元）以下的人口占总人口比例 每天依靠不足 2008 年国际价格（根据购买力平价折算）1.25 美元生活人口所占百分比。

印度

基尼系数 是印度国家计划委员会根据全国抽样调查得到的消费支出数据计算的（消费支出数据在印度被作为

测量不平等程度的基础数据）。基尼系数有单一报告期数据，也有混合报告期数据。本表采用的是混合报告期数据，即对于不同项目采用不同的回忆期。

高等教育 根据印度政府人力资源发展部高等教育司印度教育标准分类 2014（InSED），高等教育定义如下：高等教育建立在高中教育之上，提供专业教育领域的学习活动。它针对综合且专业的高层次学习。高等教育包括通常认为的学术教育，还包括中专或职业教育。在国家统计体系的就业和失业及教育调查中中，“高等教育”没有予以定义。不过，为本手册起见，总体受教育水平达到“大学本科及以上”的则被看作完成了“高等教育”。

中国

国家财政性教育经费 包括国家财政预算内教育经费，各级政府征收用于教育的税费，企业办学校教育经费，校办产业、勤工俭学和社会服务收入用于教育的经费。

城市燃气普及率 是报告期末使用燃气的城市人口数与城市人口总数的比率。

城市人均公园绿地面积 为城市公园绿地面积与城市人口总数的比值。城市公园绿地指向公众开放的，以游憩为主要功能，有一定的游憩设施和服务设施，同时兼有健全生态，美化景观，防灾减灾等综合作用的绿化用地。

普通高等学校 指按国家规定的设置标准和审批程序批准举办的，通过全国普通高等学校统一招生考试，招收高中毕业生为主要培养对象，实施高等学历教育的全日制大学、独立设置的学院和高等专科学校、高等职业学校及其他机构（独立学院和分校、大专班）。口径上仅包括普通本专科生。

普通中学 分为普通高级中学和普通初级中学两个阶段。普通初级中学指独立设置的招收小学毕业的适龄人口进行初级中等基础教育的机构。普通高级中学指独立设置的招收初中毕业生进行高级中等基础教育的教育机构。

职业中学 包括职业初中和职业高中。指经县或县以上教育行政部门批准，招收小学或初中毕业生实施初级或高级中等职业技师教育的教学机构。

普通小学 指由县或县以上教育行政部门批准，招收学龄儿童实施初等教育的教学机构。

特殊教育 指独立设置的招收盲聋哑和智残儿童，以及其他特殊需要的儿童、青少年进行普通或职业初、中等教育的教学机构。

学前教育 包括幼儿园和学前班。幼儿园是指招收三岁以上（含三岁）学龄前儿童，对其进行保育和教育的单位。设立幼儿园须经县级以上教育行政部门或乡（镇）人民政府审查合格，并予备案。学前班是指在部分不能满足学龄前幼儿三年入园的地区，组织学龄前儿童进行一年教育的一种形式。

执业（助理）医师 指具有《医师执业证》及其“级别”为“执业（助理）医师”且实际从事医疗、预防保健工作的人员，不包括实际从事管理工作的执业医师。执业（助理）医师类别分为临床、中医、口腔和公共卫生。每千人口执业（助理）医师 =（执业医师数 + 执业助理医师数）/ 人口数 ×1000。人口数系公安部户籍人口。

每千人口医院、卫生院床位数 =(医院床位数 + 卫生院床位数)/ 人口数 ×1000。人口数系公安部户籍人口。

南非

高等教育学历 包括高级证书、研究生证书、学士学位、荣誉学位、高等学位等。

7

资源和环境

表 7.1　资源和环境概况

	2000	2007	2008	2009	2010	2011	2012	2013	2014	2015
用水总量(亿立方米)										
巴西	…	…	…	…	…	…	…	…	…	…
俄罗斯[1]	669	625	629	577	595	595	569	536	560	546
印度	…	…	…	…	…	…	…	…	…	…
中国[3]	…	5819	5910	5965	6022	6107	6131	6183	6095	6103
南非	…	…	…	…	…	…	…	…	…	…
森林面积(万公顷)										
巴西	54594	...	...	...	51952	...	46300	...	49350	49570
俄罗斯[2]	87154	87076	87079	87081	87098	87118	87181	87183	87184	87072
印度[12]	6984	6997	6998	6999	7003	7004	7001	6979	7017[4]	7017[4]
中国	17491	19545	19545	20769	20769	20769	20769	20769	20769	20769
南非	133	127	126	128	127	127	...	...	...	...
多年生作物面积(万公顷)										
巴西	625	645	650	629	631	632	619	603	583	577
俄罗斯[2]	186	179	179	180	180	180	180	181	183	190
印度[11]	…	807	837	860	966	935	967	995	924	952
中国[5]	1100	1325	1360	1400	1450	1520	1580	1600	1602	…
南非	96	81	80	79	79	78	…	…	…	…
人均二氧化碳排放量(千克)										
巴西	9952	7604	7854	5238	5222	5140	4774	5123	4969	...
俄罗斯[7]	13150	14719	14757	13653	14384	14640	15128	14762	14620	...
印度[9]	940	1210	1260	1410	1450	1500	1580	1490	1560	...
中国	…	…	…	…	…	…	…	…	...	...
南非	8	10	10	10	9	9	9	9	8	8
人均二氧化硫排放量										
巴西(克/立方米)[8]	82	80	56	39	48	...	...	…	...	...
俄罗斯(千克)[10]	37	32	32	31	31	30	30	29	28	28
印度(千克)	…	…	…	…	…	…	…	…	...	...
中国(千克)[6]	16	19	18	17	16	17	16	15	14	14
南非(千克)	6.4	8.0	8.6	8.0	8.0	7.7	7.8	8.0	8.1	...

资料来源：

巴西

1.《2015 年全球森林资源评估》。

2. 巴西国家地理与统计局，市政农业生产调查。

3.《巴西第二次〈联合国气候变化框架公约〉全国信息通报》第 1 卷第 2 部分。

4《全国按来源和去向划分的温室气体人为排放量》附件。《1990 至 2005 年按气体种类和部门划分的温室气体排放量估计》，2010 年于巴西利亚出版。

5. 巴西国家地理与统计局调查司，1980 至 2050 年巴西按性别和年龄划分的人口预测，2010 年于巴西利亚出版。

6. 巴西国家地理与统计局《巴西可持续发展指标》。

7. 巴西科学技术创新和通信部。

俄罗斯

1. 俄罗斯联邦统计局。

2. 俄罗斯联邦地理登记、地籍勘察和制图局。

3. 俄罗斯联邦水文气象和环境监测局。

4. 俄罗斯联邦水资源管理局。

印度

1. 印度农业部经济和统计处，《土地利用统计一览》。
2. 印度环境、森林与气候变化部，《印度森林调查》和《印度森林状况报告》(各期)。
3. 国际能源署，《主要世界能源统计》(各期)。

中国

1. 中华人民共和国国家统计局，《中国统计年鉴》，2016 年。
2. 中华人民共和国环境保护部。
3. 世界银行世界发展指标数据库。

南非

联合国千年发展指标。

脚注：

巴西

(8) 浓度数据(克 / 立方米)的地域范围仅限某些大都市区(累西腓、萨尔瓦多、 贝洛奥里藏特、 维多利亚、里约热内卢、 圣保罗、 库里蒂巴、阿雷格里港和联邦区)，二氧化硫排放浓度值未使用人口数进行加权调整。

俄罗斯

(1) 总淡水使用量。

(2) 年终数据。

(7) 二氧化碳排放量数据参考了土地利用情况，并随着土地利用情况的变化而有所变化。森林面积数据来自依据蒙特利尔议定书进行监测的、俄罗斯 1990-2014 年按照排放源分类的人类引起的气体排放以及按照温室气体吸收分类的吸收量数据库。

(10) 固定污染源排放量。

印度

(4) 2015 年评估数据。全国数据来自位于海德拉巴的国家遥感中心的电子形式数据，时间为 2013 年 10 月至 2014 年 2 月。数据已经在《印度森林状况报告》中更新，该报告两年更新一次。

(9) 仅指燃料燃烧产生的二氧化碳(按人均计算)排放量。根据国际能源署数据计算。

(11) 农业年度数据，即表中年份 7 月至次年 6 月的多年生作物。

(12) 指农业年度(表中年份 7 月至次年 6 月)数据(不包括 2013 年、2014 年和 2015 年)，并依据土地利用统计。2013 年、2014 年和 2015 年数据依据印度林业调查估计。

中国

(3) 总淡水使用量。

(5) 世界银行《世界发展指标》数据库，利用土地面积乘以多年生作物占土地面积比重计算。

(10) 当年二氧化硫排放总量与当年平均人口数的比值。

表 7.2.1　资源和环境——巴西

	2000	2007	2008	2009	2010
自然资源					
淡水资源-总量(立方米/秒)[1]	247889	228221	215991	216473	220294
保护区(个)	…	…	…	304	…
保护区面积(万公顷)	…	…	…	7399	…
主要矿产储量					
原油(亿吨)	18	17	17	17	19
天然气(亿立方米)	3608	5834	5879	6004	8233
石灰岩(亿吨)	454598	488206	503243	530067	…
装饰性石料(亿吨)	…	157856	266711	271923	…
铁矿(亿吨)	112757	196322	400000	200000	203590
镁矿和白云石(亿吨)	34743	3450	5581	3009	2986
煤矿(亿吨)	73780	93000	93000	24880	24840
粘土(亿吨)	18050	55494	58578	62244	…
云母(万吨)[2]	10400	…	…	…	400000
高岭土(亿吨)	24680	73000	73000	73000	73000
工业用砂(万吨)	160800	269300	273700	266200	…
铝(铝土矿)(亿吨)	17843	36000	26070	16450	26000
长石、白榴石和霞石(万吨)	…	…	42500	16300	31700
正长岩(亿吨)	4983	11602	11856	12419	…
石膏(亿吨)	8886	12998	13025	2284	2284
滑石(亿吨)	570	1069	1800	1800	2270
盐(亿吨)	…	303	…	216	217
其他装饰性石料亿吨)	…	3819	4008	3916	…
废水安全处理百分比(%)	**52.5**	**62.9**	**66.2**	**68.4**	**67.0**
城市定期回收固体废物占总废物量比例(%)	**...**	**83.6**	**87.9**	**88.2**	**89.0**

表 7.2.1 资源和环境——巴西

（续表）

	2011	2012	2013	2014	2015
自然资源					
淡水资源-总量(立方米/秒)(1)	246432	231916	231916	235720	235720
保护区(个)	...	313	320	...	...
保护区面积(万公顷)	...	7506	7601	...	7960
主要矿产储量					
原油(亿吨)	20	21	21	22	18
天然气(亿立方米)	9055	9181	8388	8593	7455
石灰岩(亿吨)	...	...	...	...	...
装饰性石料(亿吨)	...	...	...	...	...
铁矿(亿吨)	296040	199480	231260	225650	...
镁矿和白云石(亿吨)	2408	2393	2354	3900	...
煤矿(亿吨)	23920	21540	32320	27710	...
粘土(亿吨)	...	...	...	...	...
云母(万吨)	< 400000	< 500000	400000	400000	...
高岭土(亿吨)	72000	73530	70680	70560	...
工业用砂(万吨)	...	...	...	...	...
铝(铝土矿)(亿吨)	56700	59000	71400	26000	...
长石、白榴石和霞石(万吨)	31700	31700	31700	31700	...
正长岩(亿吨)	...	...	...	...	...
石膏(亿吨)	2300	2885	2918	4000	...
滑石(亿吨)	462	448	440	521	...
盐(亿吨)	216	216	216	...	...
其他装饰性石料(亿吨)	...	...	...	...	...
废水安全处理百分比(%)	**67.9**	**68.8**	**68.5**	**70.3**	**73.4**
城市定期回收固体废物占总废物量比例(%)	**89.7**	**90.2**	**90.4**	**90.7**	**90.8**

资料来源：

1. 奇科门德斯生物多样性保护研究所报告。网址：http://www.icmbio.gov.br/portal/images/stories/servicos/geoprocessamento/DCOL/dados_tabulares/Dados_Gerais_das_UC_fev_2015.pdf。
2. 巴西国家水利署。《巴西水资源商情报告 2013 年》。网址：http://arquivos.ana.gov.br/institucional/spr/conjuntura/PDFs%20agregados/ANA_Conjuntura_Recursos_Hidricos_Brasil_capitulos_.pdf。
3. 巴西矿产和能源部全国矿产局，国家石油管理局。2015 年 3 月报告。网址： http://www.dnpm.gov.br/dnpm/sumarios/sumario-executivo-2014/view. Accessed March 2015。
4. 巴西国家环境部，《国家登记保护区》。网址：www.mma.gov.br/cadastro_uc。
5. 巴西国家石油管理局．网址：http://www.anp.gov.br/wwwanp/images/publicacoes/Anuario_Estatistico_ANP_2016.pdf。

脚注：

(1) 直至 2012 年的历史均值为 214361(立方米 / 秒)。

(2) 2007 年云母储量定性判断为丰富。

表 7.2.2　资源和环境——俄罗斯

	2000	2005	2010	2011	2012	2013	2014	2015
自然资源								
淡水资源(亿立方米)[1]	45230	45566	43317	43987	42179	46146	46230	46479
年径流量(亿立方米)[2]	618	562	535	535	516	493	506	487
保护区数量(个)[3]	135	135	141	143	144	146	12942	13072
保护区面积(万公顷)[3]	4006	4069	4157	4301	4324	4526	20229	20860
主要矿产储量[4]								
原油(亿吨)	245	246	282	287	289	292	294	297
天然气(万亿立方米)	63.8	68.8	67.8	68.4	68.9	69.3	70.3	70.0
煤矿(亿吨)	2772	2700	2730	2731	2740	2741	2739	2750
铁矿(亿吨)	1010	994	990	989	1007	1060	1094	1100
锰矿(万吨)	15450	18800	23210	23210	23200	23020	23000	23000
铜矿(万吨)	8450	8510	8960	9270	9140	9080	9190	9780
铅矿(万吨)	1960	2000	1960	1950	1940	1930	1940	1780
锌矿(万吨)	6090	6140	6070	6060	6030	6030	6030	5980
铝土矿(万吨)	153950	147400	143740	143120	142710	142120	141400	140700
钨矿(万吨)	172	169	148	147	157	157	156	134
锡矿(万吨)	230	228	226	222	217	217	217	217
锑矿(万吨)	30	27	32	32	32	31	34	35
金矿(吨)	8600	8400	12200	12500	12700	12900	13100	13800
银矿(吨)	110300	111900	111800	114400	115700	120600	122000	119000
石墨矿(万吨)	8820	88200	8810	8810	8810	8810	9040	101000
人均氮氧化合物排放量(千克)[5]	**12**	**12**	**13**	**13**	**14**	**13**	**12**	**12**
人均一氧化碳排放量(千克)[6]	**34**	**45**	**39**	**40**	**42**	**37**	**34**	**33**
环保支出占GDP的比重(%)	**1.5**	**1.1**	**0.8**	**0.8**	**0.7**	**0.7**	**0.7**	**0.7**
废水安全化处理百分比(%)	**63.5**	**65.2**	**66.4**	**66.8**	**65.6**	**64.6**	**66.4**	**66.4**
城市收集的固体废物量(万立方米)[7]	**15150**	**18640**	**23540**	**24110**	**25580**	**26090**	**26280**	**26650**
二氧化硫排放量降低率(%)[2]	**-1.8**	**-2.0**	**0.3**	**-1.0**	**0.0**	**-3.9**	**-3.3**	**1.6**

资料来源：

1. 俄罗斯联邦统计局。
2. 俄罗斯联邦水资源管理局。
3. 俄罗斯联邦地下储量管理局。
4. 俄罗斯联邦水文气象和环境监测局。
5. 俄罗斯联邦自然资源与环境部。

脚注：

(1) 俄罗斯联邦水文气象和环境监测局数据，数据为地表径流总量。

(2) 数据是由俄罗斯联邦水资源管理局生产和发布的。

(3) 严格意义上的国家自然保护区和国家公园数据；自 2014 年以来，选择分类中的联邦、地区和地方意义上的专门自然保护区数据。

(4) 数据是由俄罗斯自然资源与环境部生产和发布的。

(5) 对固定污染源排放的氮氧化合物可以折算成二氧化氮排放量。

(6) 固定污染源排放量。

(7) 为从城市聚居区清除的固体垃圾数据。

表 7.2.3 资源和环境——印度

	2000	2007	2008	2009	2010
自然资源					
淡水资源(1)					
总计(亿立方米)	11230	11230	11230	11210	11210
地表水(亿立方米)	6900	6900	6900	6900	6900
地下水(亿立方米)	4330	4330	4330	4310	4310
保护区数量(个)(2) (3)	578	619	661	661	669
国家公园(个)	89	98	99	99	102
野生动植物园区(个)	489	510	513	513	516
保护区面积(平方公里)(2)(3)	155476	158879	162651	162651	164063
国家公园(平方公里)	37594	38220	39233	39233	40074
野生动植物园区(平方公里)	117882	120544	122138	122138	122586
主要矿产储量(4)					
原油(万吨)(5)	70300	72500	77000	67361	68351
天然气(亿立方米)	7600	10550	10900	10237	10975
煤(亿吨)	…	…	…	…	2670
铁矿(亿吨)	63	…	…	…	81
锰矿(万吨)	10454	…	…	…	14198
铜矿砂(万吨)	28958	…	…	…	39437
金属铜(万吨)	301	…	…	…	477
铅金属(万吨)	134	…	…	…	225
锌金属(万吨)	641	…	…	…	1245
铅锌金属(万吨)	10083	…	…	…	10898
铝土矿(万吨)	52410	…	…	…	59294
金原矿石(万吨)	1009	…	…	…	2412
黄金(吨)	59	…	…	…	111
银矿砂(万吨)	9198	…	…	…	18756
银(吨)	3000	…	…	…	8040
石墨(万吨)	480	…	…	…	803
环境支出(亿卢比)(7)	**16.2**	**22.4**	**24.0**	**25.3**	**46.6**
环境支出占GDP的比重(%)	**0.007**	**0.004**	**0.004**	**0.004**	**0.006**
城市定期回收固体废物量占废物总量比例(%)(12)	…	…	…	…	…

表 7.2.3 资源和环境——印度

（续表）

	2011	2012	2013	2014	2015	2016
自然资源						
淡水资源[1]						
总计(亿立方米)	11230	11230	11230	11230	11230	11230
地表水(亿立方米)	6900	6900	6900	6900	6900	6900
地下水(亿立方米)	4330	4330	4330	4330	4330	4330
保护区数量(个)[2] [3]	675	686	689	692	726	733
国家公园(个)	102	102	102	103	103	103
野生动植物园区(个)	517	524	526	525	531	537
保护区面积(平方公里)[2][3]	164512	165642	166348	158645	160499	160902
国家公园(平方公里)	40074	40074	40074	40333	40500	40500
野生动植物园区(平方公里)	122616	123548	124235	116254	117608	118005
主要矿产储量[4]						
原油(万吨)[5]	66004	65216	65155	64738	63559	62100 [6]
天然气(亿立方米)	11416	11668	11717	11991	12519	12270 [6]
煤(亿吨)	…	…	2989	3020	3066	…
铁矿(亿吨)	…	…	66	…	55 [6]	…
锰矿(万吨)	…	…	9587	…	9348 [6]	…
铜矿砂(万吨)	…	…	23757	…	20777 [6]	…
金属铜(万吨)	…	…	300	…	274[6]	…
铅金属(万吨)	…	…	212	…	248 [6]	…
锌金属(万吨)	…	…	1089	…	1000 [6]	…
铅锌金属(万吨)	…	…	10280	…	10612 [6]	…
铝土矿(万吨)	…	…	83020	…	65642 [6]	…
金原矿石(万吨)	…	…	1462	…	1723 [6]	…
黄金(吨)	…	…	72	…	70 [6]	…
银矿砂(万吨)	…	…	11828	…	15044 [6]	…
银(吨)	…	…	8000	…	7000[6]	…
石墨(万吨)	…	…	847	…	796[6]	…
环境支出(亿卢比)[7]	**46.5**	**38.8**	**42**[8]	**55** [9]	**76** [10]	**50** [11]
环境支出占GDP的比重(%)	**0.005**	**0.004**	**0.004**	**0.004**	**0.006**	**0.003**
城市定期回收固体废物量占废物总量比例(%)[12]	…	…	**19.4**	**27.8**	**45.7**	…

资料来源：

1. 印度水资源部中央水资源委员会。
2. 印度环境和森林部、印度野生动物所，国家野生动物数据库。
3. 印度石油和天然气部，《印度石油和天然气统计》。
4. 印度矿业部，印度矿务局，《印度矿产目录——矿产目录一览》(各期)。
5. 印度城市发展部。

脚注：

(1) 该数据各年份相同，数据来自中央水资源委员会水资源再评估研究成果。

(2) 包括陆地和海洋保护区。

(3) 包括国家公园、野生动物保护区、资源保护区和部落保护区。

(4) 3 月 31 日或 4 月 1 日数据。

(5) 由于分类报告的类目名称和分类改变，2009 年起数据与之前并不十分可比。

(6) 临时数据。

(7) 环境支出为财政年度数据（当年 4 月至下年 3 月），GDP 数据按市场价格的现价计算。

(8) 2013 年环境支出数据为截止于 2014 年 3 月 31 日的时点数据。

(9) 修正过的估计数。

(10) 2015 年环境支出数据为截止于 2016 年 1 月 31 日的时点数据。

(11) 2016 年环境支出数据为截止于 2016 年 12 月 31 日的时点数据。

(12) 2013 年指 2013-2014 年，2014 年指 2014-2015 年，2015 年指 2015-2016 年。

表 7.2.4　资源和环境——中国

	2000	2007	2008	2009	2010
自然资源					
淡水资源总量(亿立方米)	27701	25255	27434	24180	30906
单位GDP用水量(立方米/万元)(1)	...	241	223	206	188
自然保护区数(个)	1227	2531	2538	2541	2588
自然保护区面积(万公顷)	9821	15188	14894	14775	14944
主要矿产储量					
原油(万吨)	...	283254	289043	294920	317435
天然气(亿立方米)	...	32124	34050	37074	37793
煤炭(亿吨)	...	3261	3261	3190	2794
铁矿(亿吨)	...	224	226	213	222
锰矿(万吨)	...	22444	23440	18577	19516
铜矿(万吨)	...	2932	2891	2951	2871
铅矿(万吨)	...	1346	1360	1340	1272
锌矿(万吨)	...	4251	4282	3839	3251
铝土矿(万吨)	...	75073	73514	83924	89733
镍矿(万吨)	...	299	287	282	312
钨矿(万吨)	...	241	235	229	221
锡矿(万吨)	...	152	146	144	138
锑矿(万吨)	...	95	74	77	71
金矿(吨)	...	1860	1868	1910	1863
银矿(吨)	...	43942	40531	38449	36364
石墨(万吨)	...	5481	5749	5432	5412
环境污染治理投资占GDP比重(%)	**...**	**1.36**	**1.56**	**1.52**	**1.86**
城市废水安全处理百分比(%)	**...**	**62.9**	**70.2**	**75.3**	**82.3**

表 7.2.4　资源和环境——中国

（续表）

	2011	2012	2013	2014	2015
自然资源					
淡水资源总量(亿立方米)	23257	29529	27958	27267	27963
单位GDP用水量(立方米/万元)(1)	135	126	118	108	101
自然保护区数(个)	2640	2669	2697	2729	2740
自然保护区面积(万公顷)	14971	14979	14631	14699	14703
主要矿产储量					
原油(万吨)	323968	333258	336733	343335	349611
天然气(亿立方米)	40206	43790	46429	49452	51940
煤炭(亿吨)	2158	2299	2363	2400	2440
铁矿(亿吨)	193	195	199	207	208
锰矿(万吨)	18241	20938	21548	21415	27626
铜矿(万吨)	2812	2734	2752	2836	2722
铅矿(万吨)	1292	1455	1578	1721	1739
锌矿(万吨)	3124	3491	3766	4034	4103
铝土矿(万吨)	105064	90590	98324	98322	99758
镍矿(万吨)	272	261	254	253	287
钨矿(万吨)	157	234	235	233	233
锡矿(万吨)	139	118	116	111	109
锑矿(万吨)	56	45	46	53	48
金矿(吨)	1790	1867	1866	2017	1987
银矿(吨)	36042	37034	37496	38504	39387
石墨(万吨)	6230	4879	5348	4129	5516
环境污染治理投资占GDP比重(%)	**1.47**	**1.55**	**1.54**	**1.51**	**1.28**
城市废水安全处理百分比(%)	**83.6**	**87.3**	**89.3**	**90.2**	**91.9**

资料来源：

1. 中华人民共和国环境保护部，《年度统计报告》，2000-2016 年。
2. 中华人民共和国水利部，《年度统计报告》，2000-2016 年。
3. 中华人民共和国国家统计局，《中国统计年鉴》，2009-2016 年。

脚注：

(1) 2006-2010 年数据依据 2005 年可比价格计算，2011-2015 年数据依据 2010 年可比价格计算。

表 7.2.5 资源和环境——南非

	2000	2008	2010	2011
自然资源				
自然保护区数(个)	…	…	488	…
自然保护区面积(万公顷)	…	…	7605	…
海洋保护区(平方公里)	2364	4688	4688	
陆地保护区(平方公里)	84463	84495	84495	
主要矿产储量				
铁矿(万吨)	…	150000	…	…
锰矿(万吨)	…	400000	…	…
铜矿(万吨)	…	1300	…	…
铅矿(万吨)	…	300	…	…
锌矿(万吨)	…	1500	…	…
镍矿(万吨)	…	1200	…	…
锑矿(万吨)	…	20	…	…
金矿(吨)	…	31000	…	…
环保支出占GDP的比重(%)	**0.01**	**0.01**	**0.01**	**…**

资料来源：

1. 南非水利局，2010 年。
2. 南非环境事务局，2010 年。

图 7.1　森林面积（2015 年）

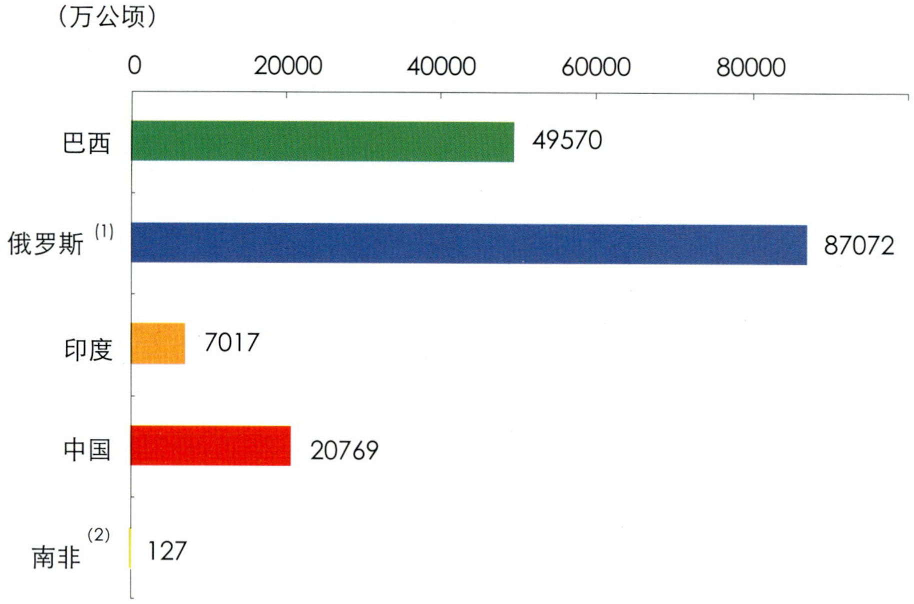

注：(1) 年终数据。
(2)2011 年数据。

主要统计指标解释

国家解释

巴西

淡水资源 到 2012 年巴西淡水资源径流量的历史均值为 214361 立方米 / 秒。

人均二氧化硫排放量 数据的地域范围仅限某些大都市区（累西腓、萨尔瓦多、 贝洛奥里藏特、 维多利亚、里约热内卢、 圣保罗、 库里蒂巴、阿雷格里港和联邦区），二氧化硫排放浓度值未使用人口数进行加权调整。

多年生作物面积 是几年内不需要再重新种植的长期生长作物的土地面积，如可可和咖啡。它包括花卉型的树木和灌木及苗圃，但是不包括归入森林类的树木和多年生草场和牧场。

人均二氧化碳排放量 第 3 次全国温室气体大会后，对数据进行了修订。2015 年的数据修订包含了 1970-2014 年的所有部门，不过土地的使用只修订了 1990-2014 年的数据。方法论的基础是巴西人为排放和温室气体的去除，这一估计是有巴西科学技术创新通信部发布的。第 3 次大会涉猎了农业、能源和工业加工和废弃物等部门的方法论。土地使用的变化采用了第二次大会的存量数据方法论。

俄罗斯

多年生作物面积 指种植多年生作物(水果和浆果种植园、葡萄、茶叶、多年生缠绕草本植物等)的农业用地面积。

淡水资源 指国内可再生的淡水资源（河流径流量以及国内降水形成的地下水）。

年径流量 为年淡水取用量，没有考虑蓄水池损失。

淡水利用 包括从各种水资源（包括海水资源）中取水以满足国内用水需要的形式。但不包括循环水利用、污水处理利用和中水利用等。

废水安全处理百分比 定义为在污水处理厂规范化处理的纯净水和净化的废水占总废水（污水）排放到表层水体的比例（%）。

印度

人均二氧化碳排放量 是用二氧化碳排放总量除以年中人口得到，数据代表二氧化碳排放量净值（含处理掉的二氧化碳）。印度环境和森林部有时需要向联合国通报数据，这时按《联合国气候变化框架公约》统计该数据时会将土地利用变化情况和森林情况考虑进来。虽然 7.1 表提供了时间序列数据，但仅指燃料燃烧产生的排放量，汇总方法为根据国际能源机构规定的按部门统计的方法进行汇总。

多年生作物 包括所有的水果、坚果和大田作物。

中国

水资源总量 指一定区域内的水资源总量指当地降水形成的地表和地下产水量，即地表径流量与降水入渗补给量之和，不包括过境水量。

自然保护区 指对有代表性的自然生态系统、珍稀濒危野生动植物物种的天然分布区、水源涵养区、有特殊意义的自然历史遗迹等保护对象所在的陆地、陆地水体或海域，依法划出一定面积进行特殊保护和管理的区域。以县及县以上各级人民政府正式批准建立的自然保护区为准。风景名胜区、文物保护区不计在内。

环境污染治理投资 指在工业污染源治理和城市环境基础设施建设的资金投入中，用于形成固定资产的资金。包括工业新老污染源治理工程投资、建设项目“三同时”环保投资，以及城市环境基础设施建设所投入的资金。

多年生作物用地 指长期占用土地，每次收获后不需要重新种植的作物用地，如可可，咖啡和橡胶。此类别包括开花灌木，果树，坚果树和葡萄树用地，但不包括用于种植木材的用地。

8

工　业

表 8.1　工业概况

	2000	2007	2008	2009	2010	2011	2012	2013	2014	2015	2016
工业生产指数(上年=100)											
巴西	106.6	106.0	103.1	92.9	110.2	100.4	97.7	102.1	97.0	91.7	93.5
俄罗斯[7]	108.7	106.8	100.6	89.3	107.3	105.0	103.4	100.4	102.5	99.2	101.3[1]
印度[2]	105.0	115.5	102.5	105.3	108.2	102.9	101.1	99.9	102.8	102.4	100.6
中国[3]	111.4	118.5	112.9	111.0	115.7	113.9	110.0	109.7	108.3	106.1	106.0[1]
南非	104.2	104.2	99.6	86.2	104.6	102.8	102.2	101.3	100.1	99.9	100.8
原油产量											
巴西(万吨)	6200	8850	9200	9870	10400	10650	10460	10240	11410	12330	12740
俄罗斯(万吨)[4]	32400	49100	48800	49450	50600	51240	51900	52200	52600	53400	54900[1]
印度(万吨)[2]	3243	3412	3351	3369	3768	3809	3786	3779	3750	3694	3710[1]
中国(万吨)	16300	18632	19043	18949	20301	20288	20748	20990	21140	21460	19970[1]
南非(万升)[5]	2100	2600	…	…	…	…	…	…	…	…	…
发电量(亿千瓦小时)											
巴西[8]	3490	4490	4630	4630	5160	5330	5525	5700	5905	5815	5675
俄罗斯	8778	10153	10404	9921	10380	10549	10693	10591	10642	10675	10871[1]
印度[2][6]	5545	8131	8409	9060	9657	10514	11085	11756	12789	13360	14189[1]
中国	13556	32816	34669	37147	42072	47130	49876	54316	56496	58146	61425[1]
南非	2107	2635	2583	2496	2596	2625	2579	2561	2548	2501	2527

资料来源：

巴西

1. 巴西国家地理与统计局，2000-2016 年工业生产指数。
2. 国家石油天然气和生物燃料局。
3. 巴西国家电力调度中心。
4. 巴西能源研究公司。

俄罗斯

俄罗斯联邦统计局。

印度

1. 印度统计和计划执行部，《工业生产指数快报新闻发布稿》。
2. 印度石油和天然气部，《印度石油和天然气统计》（各期）。
3. 财政部，《经济调查》，2015-2016 年。
4. 印度电力部，中央电路局。

中国

1. 中华人民共和国国家统计局，《工业统计年报》2000-2016 年。
2. 中华人民共和国国家统计局，《工业生产调查月报》2000-2016 年。
3. 中华人民共和国国家统计局，《中华人民共和国 2016 年国民经济和社会发展统计公报》。

南非

1. 南非石油工业协会。
2. 南非统计局，《月度制造业生产和销售调查》，2000-2016 年。
3. 南非统计局，《月度电力生产和配送调查》，2000-2016 年。

脚注：

巴西

(8) 发电量来自巴西能源研究公司。

俄罗斯

(1) 初步数据。
(4) 包括液态天然气。
(7) 2014-2015 年数据已据新版的经济活动产业分类标准予以调整，

印度

(1) 初步数据。

(2) 印度数据为财政年度数据，即当年 4 月至下一年 3 月。

(6) 指公用事业单位和非公用事业单位的总发电量 (包括火电，水电和核电)。2008 年数据为日历年度数据 (非 2008/2009 财年数据，即 2008 年 4 月到 2009 年 3 月)。

中国

(1) 初步数据。

(3) 规模以上工业企业的覆盖范围在 2011 年进行了调整，即从 2011 年起为年主营业务收入 2000 万元以上工业企业，2011 年之前为年主营业务收入 500 万元以上的工业企业。

南非

(5) 包括汽油、飞机燃料、照明石蜡、燃料油、沥青、液化石油气。

表 8.2.1　主要工业产品产量——巴西

	2000	2007	2008	2009	2010	2011	2012	2013	2014	2015
原煤产量(万吨)	600	700	700	700	610	770	740	900	950	950
天然气产量(亿立方米)(1)	133	181	216	211	229	241	258	282	319	351
铁矿石原矿产量(万吨)	21800	51700	40900	34310	43520	46930	46960	44790	47590	48780
钢产量(万吨)	3021	5110	5494	4240	4924	5233	5112	5211	4871	4500
乘用车产量(万辆)	132	246	271	270	292	285	301	317	267	214
家用电冰箱产量(万台)	435	641	702	760	786	797	828	910	770	691
电视机产量(万台)	602	1139	1087	864	1221	1354	1408	1541	1410	1087
移动电话使用量(万部)(2)	1092	6927	6952	5585	5762	6313	5691	6246	6791	5031
家用洗衣机产量(万台)	321	594	610	739	753	867	1001	1033	851	821
农用化肥产量(万吨)	1907	2703	2859	2220	2368	2951	3072	3242	3437	3365
锯材产量(万立方米)	1350	2267	2683	1778	1916	1967	2099	2231	2678	3384
机制纸及纸板产量(万吨)	…	1700	1900	1830	1910	1950	2190	2150	2250	2370
水泥产量(万吨)	3643	4434	5251	5327	6847	7030	7904	7456	7713	7275
棉布产量(万吨)	50	100	100	60	70	60	60	50	50	40
毛机织物(呢绒)产量(万套)	18	231	184	104	204	186	52	36	72	110
鞋产量(吨)	8865	21091	32396	62978	52426	32484	76719	66301	41215	42716

资料来源：

巴西国家地理与统计局，年度工业调查，2000-2015 年。

脚注：

自 2005 年起，年度工业调查覆盖所有雇员人数超过 30 人的公司。

(1) 国家石油管理局。

(2) 为全国移动电话产量。

表 8.2.2　主要工业产品产量——俄罗斯

	2000	2007	2008	2009	2010	2011	2012	2013	2014	2015	2016[1]
原煤产量(万吨)	25800	31400	32900	30100	32200	33600	35700	35300	35700	37200	38500
天然气产量(亿立方米)	5840	6530	6660	5830	6510	6710	6550	6680	6420	6340	6390
铁矿石原矿产量(万吨)[2]	8680	10500	10000	8680	9590	10400	10400	10200	10200	10100	10100
钢产量(万吨)	5915	7237	6871	5936	6684	6811	7039	6886	7055	6942	6964
乘用车产量(万辆)	97	129	147	60	121	174	196	193	170	122	112
家用电冰箱产量(万台)[3]	133	354	373	281	356	410	430	413	369	312	329
电视机产量(万台)	112	682	703	488	1197	1471	1617	1471	1626	905	826
电话机产量(万部)	85	20	19	17	…	…	…	…	…	…	…
家用洗衣机产量(万台)	95	271	269	231	276	303	336	387	386	351	402
矿物化肥产量(万吨)[4][5]	1221	1730	1621	1464	1789	1883	1783	1844	1972	2015	2067
锯材产量(万立方米)[6]	2058	2442	2178	1909	2189	2264	2121	2174	2153	2203	2282
纸及纸板产量(万吨)	530	760	770	740	770	760	780	780	820	820	850
水泥产量(万吨)[7]	3239	5993	5355	4427	5039	5615	6169	6655	6914	6210	5504
棉布产量(亿平方米)	18	21	19	15	15	12	14	13	12	11	12
毛机织物(呢绒)产量(万平方米)	5460	2870	2390	1810	2070	1930	1410	1280	1170	1100	1050
鞋产量(万双)	5651	7924	8192	8117	10279	11025	10332	11833	10902	9171	9630

资料来源：

俄罗斯联邦统计局。

脚注：

(1) 初步数据。

(2) 2010 年以后指精铁矿。

(3) 家用电冰箱和冷冻柜。

(4) 100% 折纯量。

(5) 从 2010 年开始，指的是矿物和化学肥料。

(6) 包括枕木。2010 年后的数据指的是纵向锯开或切开的、呈片状或去皮的、厚度需超过 6 毫米的木材，以及未浸染的铁路或电车轨道枕木。

(7) 从 2010 年开始，指的是硅酸盐水泥、硫酸铝水泥、熔渣水泥以及水凝水泥。

表 8.2.3 主要工业产品产量——印度

	2000	2007	2008	2009	2010	2011	2012	2013	2014	2015	2016
原煤产量(亿吨)	3.1	4.6	4.9	5.3	5.3	5.4	5.6	5.7	6.1	6.4	6.6(1)
天然气产量(亿立方米)	295	324	328	475	522	476	407	354	337	322	341(1)
铁矿石产量(万吨)	8059	21325	21296	21855	20716	16858	13662	15218	12932	15590(1)	…
粗钢产量(万吨)	3100	5386	5844	6584	7067	7429	7842	8169	8898	8979	7240(1)
乘用车产量(万台)	52	143	152	193	245	278	267	252	260	270	…
家用电冰箱产量(万台)	213	614	672	800	872	774	869	842	923	920	…
家用洗衣机产量(万台)	73	219	256	305	308	300	323	343	399	431	…
农用化肥产量(万吨)(2)	1475	1471	1433	1622	1638	1663	1602	1634	1652	1781	1793(1)
水泥产量(所有种类)(万吨)	10400	17431	18694	20663	21598	23049	24823	25583	27004	28284	27970
棉布产量(包括针织品)(亿平方米)	197	272	269	289	317	306	339	355	370	384	389

资料来源：

1. 印度财政部，《经济调查》。
2. 印度石油和天然气部，《印度石油与天然气统计》(各期)。
3. 印度矿产部矿业局。
4. 印度钢铁部，《年度报告》(各期)。
5. 印度统计和计划执行部，2016 年《统计年鉴》。
6. 印度化学品及化学肥料部化学肥料局，《年度报告》。
7. 印度工商部计划局。
8. 印度纺织部纺织专员办公室。

脚注：

数据按财政年度统计，即当年 4 月至下一年 3 月。

(1) 初步数据。

(2) 仅指钾肥、氮肥和磷肥有效成份。

表 8.2.4 主要工业产品产量——中国

	2000	2007	2008	2009	2010
原煤产量(亿吨)	13.8	27.6	29.0	31.2	34.3
天然气产量(亿立方米)	272	692	803	853	958
铁矿石原矿产量(万吨)	22256	70666	82674	88122	107771
粗钢产量(万吨)	12850	48929	50306	57218	63723
基本型乘用车产量(万辆)	61	480	504	748	958
家用电冰箱产量(万台)	1279	4397	4800	5930	7296
彩色电视机产量(万台)	3936	8478	9187	9899	11830
移动通信手持机产量(万台)	5248	54858	55945	68193	99827
家用洗衣机产量(万台)	1443	4005	4447	4974	6248
农用化肥产量(万吨)	3186	5825	6028	6385	6338
锯材产量(万立方米)	634	2829	2841	3230	3723
机制纸及纸板产量(万吨)	2487	7792	8404	8965	9833
水泥产量(万吨)	59700	136117	142356	164398	188191
棉布产量(亿米)	139	271	424	320	383
毛机织物(呢绒)产量(亿米)	2.8	5.5	8.5	5.0	5.7
皮革鞋靴产量(亿双)	14.7	32.3	33.2	35.5	41.9

	2011	2012	2013	2014	2015	2016(1)
原煤产量(亿吨)	37.6	39.5	39.7	38.7	37.5	34.1
天然气产量(亿立方米)	1053	1106	1209	1302	1346	1369
铁矿石原矿产量(万吨)	130749	130964	148636	152672	138129	128089
粗钢产量(万吨)	68528	72388	81314	82231	80383	80837
基本型乘用车产量(万辆)	1013	1077	1210	1248	1163	1211
家用电冰箱产量(万台)	8699	8427	9256	8796	7993	8482
彩色电视机产量(万台)	12231	12824	12745	14129	14476	15770
移动通信手持机产量(万台)	113258	118155	152344	168203	181261	205819
家用洗衣机产量(万台)	6716	6791	7301	7114	7275	7621
农用化肥产量(万吨)	6419	6832	7026	6877	7432	7129
锯材产量(万立方米)	4460	5568	6298	6837	7430	7716
机制纸及纸板产量(万吨)	11011	10957	11323	11786	11743	12319
水泥产量(万吨)	209926	220984	241924	249207	235919	241353
棉布产量(亿米)	365	370	399	388	390	393
毛机织物(呢绒)产量(亿米)	5.2	4.8	4.9	6.0	6.3	5.9
皮革鞋靴产量(亿双)	42.7	45.0	45.2	45.0	45.6	46.2

资料来源：

1. 中华人民共和国国家统计局，《工业统计年报》2000-2016 年，《工业生产调查月报》2000-2016 年，《中华人民共和国 2016 年国民经济和社会发展统计公报》。
2. 中华人民共和国国家林业局，《统计年报》，2000-2016 年。
3. 中华人民共和国国家统计局，《工业生产调查月报》2000-2016 年。
4. 中华人民共和国国家统计局，《中华人民共和国 2016 年国民经济和社会发展统计公报》。

脚注：

(1) 初步数据。

表 8.2.5 按行业划分的主要工业产品销售额——南非

单位：亿兰特

	2000	2007	2008	2009	2010	2011	2012	2013	2014	2015	2016
钢铁产品销售额	355	1000	1344	793	940	974	954	1021	1163	1086	1103
汽车销售额	398	966	1051	746	881	924	934	1053	1243	1287	1449
家用电器销售额	55	93	91	86	89	91	98	104	112	118	119
基本化学品销售额(1)	258	553	801	574	621	709	766	854	975	877	930
锯木及刨木销售额	26	57	58	47	53	56	61	65	70	81	89
纸和纸品销售额	261	400	480	447	491	507	537	572	625	675	722
非金属矿产品销售额(2)	157	355	382	363	370	392	409	446	461	457	466
纺织品销售额销售额(3)	66	71	71	63	57	57	58	63	71	74	83
鞋销售额	30	33	37	38	39	41	43	46	50	50	55

资料来源：

南非统计局，《月度制造业生产和销售调查》，2000-2016 年。

脚注：

(1) 包括肥料。

(2) 包括水泥。

(3) 包括棉织品。

图 8.1 工业生产指数

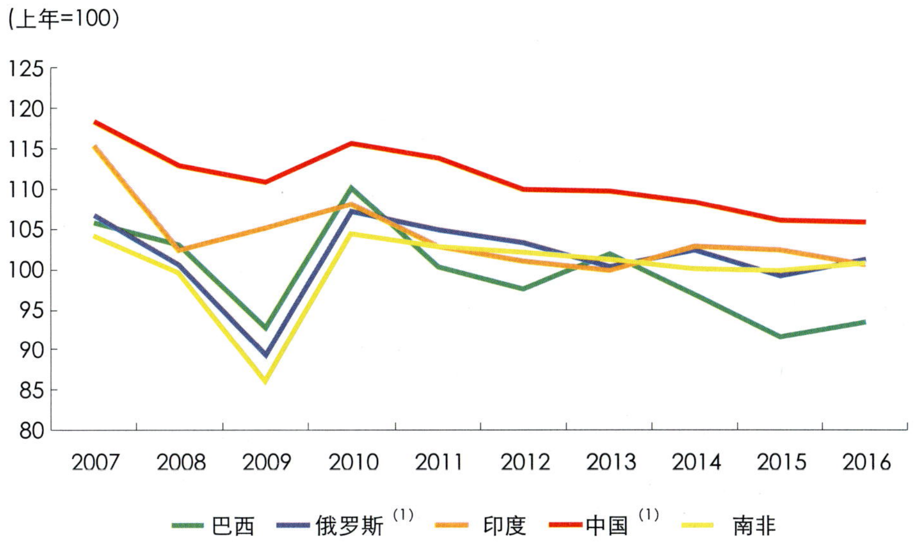

注：(1) 2016 年为初步数据。

主要统计指标解释

国家解释

巴西

主要工业产品产量数据 为雇员人数超过 30 人的制造业单位产量数据。

移动电话使用量 反映了全国移动电话产量。

俄罗斯

工业生产指数 2014 年以前工业生产指数按经济活动进行分类包括采矿和采掘业、制造业、电气水的生产和供应业，2014 年开始，包括采矿和采掘业、制造业、电、煤气、蒸汽和空调供应、供水、排水、废物管理和排污清理活动。

印度

工业生产指数 是一个相关产量的简单加权算术平均值，权重与年度工业调查所取得的工业部门产值成正比。在行业层级，权重按各行业总产值比例分配。

新的印度工业生产指数基期是 2004/2005 年，涵盖范围扩大到 682 个调查品（可以合并成 399 个调查品类别，其中采矿业有 1 类，制造业 397 类，电力行业 1 类），包括 61 个采矿业调查品，620 个制造业调查品，电力部门 1 个调查品，这三大部门在印度全国工业生产指数中的权重分别为 14.16%、75.53%和 10.32%。行业分类依照 2004 年印度国家行业分类标准（NIC － 2004）。

中国

工业生产指数 为使用生产者价格指数缩减法所计算的规模以上工业企业的工业增加值的发展速度。2011 年起规模以上工业企业为年主营业务收入 2000 万元以上工业企业，之前为年主营业务收入 500 万元以上的工业企业。

锯材 是指以原木为原料，利用锯木机械或手工工具将原木纵向锯成具有一定断面尺寸（宽、厚度）的木材加工生产活动而形成的木材。

9

能 源

表 9.1　能源概况

	2000	2008	2009	2010	2011	2012	2013	2014	2015	2016
一次能源生产总量(万吨标准油当量)										
巴西[1]	15333	23651	24110	25317	25653	25730	25826	27300	28600	…
俄罗斯	148790	183100	175600	186300	188500	189900	191400	191700	190896	…
印度[2]	20400	26373	29262	30393	30686	30572	30700	33653	32900[3]	…
中国[4]	97000	194190	200260	218490	238120	245730	251150	253310	253030	242200[p]
南非	15300	15700	15700	16200	16100	16400	12665	13838	…	…
能源总消费量(万吨标准油当量)										
巴西[6]	19000	25260	24393	26877	27234	28361	29621	30600	29900	…
俄罗斯	113120	126000	121660	127540	130760	132510	130830	133770	131666	…
印度[7]	…	45226	51130	53637	57015	60014	61514	65892	67500[3]	…
中国[4]	102870	224430	235290	252450	270930	281500	291840	298060	300930	301000[p]
南非	9100	9200	8300	6900	6600	6300	5955	5477	…	
人均能源消费量(千克标准油当量)										
巴西[8]	1088	1308	1250	1368	1373	1415	1468	1501	1458	…
俄罗斯	7715	8828	8520	8928	9148	9255	9114	9156	8993	…
印度[5][15]	…	389	435	454	467	486	492	520	526[3]	…
中国[9]	809	1694	1768	1887	2016	2084	2150	2185	2195	…
南非	1799	1819	1641	1539	1275	1217	…	…	…	…
可再生能源占最终能源消费总量的比重(%)										
巴西	40.7	45.6	46.8	44.7	43.5	41.8	40.4	39.4	41.2	…
俄罗斯[10]	3.5	3.3	3.6	3.3	3.2	3.2	3.4	3.7	3.5	…
印度	…	…	…	…	…	…	…	…	…	…
中国[16]	7.3	8.4	8.5	9.4	8.4	9.7	10.2	11.3	12.1	…
南非	18.5	15.9	15.5	17.1	16.8	16.6	16.1	16.5	...	...
能源净进口量占能源消费总量的比重(%)										
巴西	22.0	8.4	3.9	7.6	7.9	10.7	14.4	12.7	7.1	…
俄罗斯	2.9	2.1	1.9	1.7	2.0	1.7	1.9	1.9	2.0	…
印度[3]	…	…	…	49.8	51.3	58.4	63.4	67.8	56.6	…
中国	3.4	8.5	11.6	13.6	14.7	15.3	15.7	16.2	15.7	…
南非	21.0	27.0	26.0	26.0	33.0	41.0	40.0	33.0	…	…
电力出口(亿千瓦小时)										
巴西	0.1	6.9	10.8	12.6	25.4	4.7	…	0.0	2.2	…
俄罗斯	228.5	207.4	179.2	192.6	236.6	143.1	157.3	81.2	161.1	…
印度	…	0.6	0.6	0.6	1.3	…	…	…	51.5[3]	…
中国	98.8	166.4	173.9	190.6	193.1	176.5	186.7	181.6	186.5	…
南非[11]	40.1	141.7	140.5	146.5	149.6	150.4	139.3	138.4	…	…
电力进口(亿千瓦小时)										
巴西	443.5	429.0	410.6	359.1	384.3	407.2	403.3	337.8	346.4	…
俄罗斯	87.9	31.1	30.7	18.6	99.7	83.4	114.6	88.7	88.1	…
印度	…	53.6	56.1	56.1	56.1	51.5	56.1	50.0[3]	52.4[3]	…
中国	15.5	38.4	60.1	55.5	65.6	68.7	74.4	67.5	62.1	…
南非[12]	47.2	105.7	123.0	121.9	118.9	100.1	94.3	111.2	…	…
电力消费(亿千瓦小时)										
巴西[13]	3933	5053	5058	5504	5676	5928	6112	6243	6159	…
俄罗斯	8637	10227	9771	10206	10411	10633	10548	10650	10602	…
印度	3166	5276	5696	6170	6729	7088	7519	8143	8634	…
中国	13472	34541	37032	41935	47001	49763	54203	56384	58020	…
南非	1957	2359	2296	2383	2025	2265	1939	1921	2156	…

表 9.1　能源概况

（续表）

	2000	2008	2009	2010	2011	2012	2013	2014	2015	2016
人均电力消费(千瓦小时)										
巴西[17]	2251	2625	2600	2802	2862	2962	3027	3066	3001	…
俄罗斯	5931	7165	6843	7145	7283	7425	7350	7290	7242	…
印度[14]	512[15]	734	779	819	884	914	957	1010	1075	1122
中国	1067	2608	2782	3135	3497	3684	3993	4133	4231	…
南非	4587	4686	4447	4563	4590	4393	4315	4228	…	…

资料来源：

巴西

巴西矿业和能源部，《2016 年巴西能源平衡表》。

俄罗斯

1. 俄罗斯联邦统计局，《能源平衡短表》。
2. 联合国统计司数据库。

印度

1. 印度统计和计划执行部中央统计局，《能源统计》(2010 年和 2017 年)。
2. 印度电力部中央电力局，《印度电力部门执行摘要》(各期)。

中国

1. 中华人民共和国国家统计局，《中国能源统计年鉴》,2000-2016 年。
2. 中华人民共和国国家统计局，《中华人民共和国 2016 年国民经济和社会发展统计公报》。
3. 中华人民共和国国家统计局，《工业统计年报》,2000-2016 年。

南非

南非统计局，《发电量和可分配量》，2011 年 1 月 (统计发布第 P4141 号)，《能源账户》。

脚注：

巴西

(1) 一次能源生产总量包括不合格的和未使用的天然气。

(6) 能源总消费量包括部门最终能源消费量和转换、分配和存储过程中的损耗以及能源部门最终消费量。

(8) 人均能源消费量 = 总消费量 / 人口数。

(13) 总产量 + 净进口。

(17)(总产量 + 净进口)/ 年中人口。

俄罗斯

(10) 单位 GDP 能耗 (以 2011 年 PPP 可比价计算焦耳) 来源于联合国可持续发展目标指标数据库。

印度

数据为财政年度数据 (当年 4 月至次年 3 月)。对于提供的油当量数据，我们用了转换因子。

(2) 一次能源包括煤，原油、天然气和电力。电力包括水电、核能和其他可再生能源)。根据最新的信息，更新了每个能源产品的换算系数 (生产能量项)，并据此更新了 2006 至 2015 年度的数据。

(3) 初步数据。

(5) 根据最新的信息，更新了每个能源产品的换算系数 (生产能量项)，并据此更新了 2006 至 2015 年度的数据。

(7) 包括从原煤、 褐煤、原油，天然气和电力 (水电，核电和其他可再生能源产生的电力) 等能源。

(14)(总发电量 + 净进口量)/ 年中人口数。截至当年 3 月底。根据最新的信息，更新了每个能源产品的换算系数 (生产能量项)，并据此更新了 2006 至 2015 年度的数据。

(15) 从第八个和第九个五年计划的期末 (分别为 1997 年 3 月和 2002 年 3 月) 的人均消费量估算得到该数据。

中国

(4) 一次能源生产总量和能源消费总量中的电力、热力按等价热值折算。

(9) 人均能源消费量按年平均人口计算。

(16) 指可再生能源占能源总量的比重，能源总量包括转换中损耗和其他损耗。

南非

(11) 指在南非边界按计量体系测算的流出南非的能源物质。

(12) 指在南非边界按计量体系测算的流入南非的能源物质。

表 9.2 能源平衡表——巴西、俄罗斯、印度和中国(2015年)

单位：万吨标准油当量

	一次能源产量 总计	固态	液态	气态	电力	存货增加	进口	出口
巴西[1]	28647	7072	14376	4613	2600[2]	-166	7620	5200[3]
俄罗斯	190900	16300[4]	85400[5]	51010	38200[6]	-280	2680	61630
印度[7]	32900	24300	3700	3000	1900[8]	-350.6	38200	-6383
中国[9]	253030	182690	21510	12150	36680	570	54200[10]	6900[10]

	国际燃料舱能源消费 空运	海运	平衡差	人均消费量(千克标准油)	消费量 总计	固态	液态	气态	电力
巴西	243	412	1000[11]	1458[12]	29900[13]	8868	12949	5223	2882
俄罗斯[14]	…	…	…	8993	131670	9500[4]	47600[5]	36530	38000[6]
印度	…	…	…	526[15]	67533	31200[16]	23300[17]	4402	8600[16][18]
中国			40	2195	300930	191690	55070	17760	36410

资料来源：

巴西

巴西矿产和能源部，《巴西能源平衡表》，2016 年。

俄罗斯

俄罗斯联邦统计局，《能源平衡短表》。

印度

统计和计划执行部，《2017 年能源统计》。

中国

中华人民共和国国家统计局。

脚注：

巴西

(1) 一次能源生产总量包括不合格的和未使用的天然气。

(2) 电力包括水电、核电和风电。

(3) 出口包括国际燃料舱能源。

(11) 平衡差仅包括不合格的和未使用的天然气，是从本表中其它数据计算得出的。

(12) 人均能源消费量 = 总消费量 / 人口数

(13) 能源总消费量包括部门最终能源消费量和转换、配送和存储过程中的损耗以及能源部门最终消费量。

固体：矿物和煤的衍生品(不包括焦炉煤气)、柴禾和木炭、甘蔗渣、固体酒精、生物质(其他可再生的)和其他主要残剩物。

液体：石油及其衍生品、糖浆、甘蔗汁、乙醇、植物油(其他可再生的)和液化天然气(其他非可再生的)。

气体：天然气、焦炉煤气、沼气(其他可再生的)和工业用气(其他非可再生的)。

电力：水利发电和火力发电、铀 (U308) 和衍生品、风力发电。

俄罗斯

(4) 煤、页岩油、燃料泥炭(具有相对湿度)、木柴。

(5) 石油提取物，包括液化天然气，燃料加工品，能源的易燃派生产品(派生燃料)。

(6) 电力和热力。

印度

(7) 一次能源生产包括煤及褐煤固体、液体原油，天然气，水电和核电，天然气，电力公用事业公司用的核、水电、太阳能、风能和其他。

(8) 热电不是一次能源来源。

(14) 消费包括煤及褐煤为固体，原油和天然气液体，气体，水电和核电事业的电力核电，水电，太阳能，风能及其他。

(15) 计算人均消费量的时候，人口采用的是年中人口。

(16) 由于消费量数据的缺失，用生产量来近似表示消费量。

(17) 原油是指炼油厂的炼油吞吐量。

(18) 包含公共事业的水电和核电。

中国

(9) 一次能源产量：固态为煤炭，液态为石油，气态为天然气，电力为水电、核电及其他诸如风能和地热能等发电的一次电力。

(10) 进口量和出口量采用海关统计数据。进口量中包括中国轮船、飞机在国外加油量，出口量中包括外国轮船、飞机在中国加油量。

表 9.2.1 能源概况——巴西

	2000	2007	2008	2009	2010	2011	2012	2013	2014	2015
原油消费量(万吨)(1)	8070	8843	8963	9045	9064	9196	9702	10788	10993	10306
汽油消费量(万吨)(2)	1269	1382	1406	1419	1694	2013	2362	2356	2480	2246
电力消费量(亿千瓦小时)(3)	3212	4840	5053	5058	5504	5676	5928	6112	6243	6159
能源产量(亿千瓦小时)										
火电(4)	385	583	782	608	957	845	1152	1578	1894	1853
水电	3044	3740	3696	3910	4033	4283	4153	3910	3734	3597
核电	60	123	140	130	145	157	160	154	154	147
风电	0	6	8	12	22	27	59	66	122	217
可再生能源占最终能源消费总量比重(%)	40.7	45.5	45.6	46.8	44.7	43.5	41.8	40.4	39.4	41.2
单位GDP能耗(吨标准油/美元)	124.3	95.8	96.5	93.2	95.9	93.4	95.4	96.9	99.8	101.6

资料来源：

巴西矿业和能源部，《巴西能源平衡表》，2016 年。

脚注：

(1) 原油消费量：炼油厂原油投入量。

(2) 汽油消费量：仅指车用汽油（不包括乙醇和生物柴油）。

(3) 电力消费量：不包括能源部门的能源消费量和损耗。

(4) 从火电生产的能源产量包括从石油产品、天然气、工业煤气、煤和生物质能获得的能源。

表 9.2.2 能源概况——俄罗斯

	2000	2007	2008	2009	2010	2011	2012	2013	2014	2015
原油消费量(万吨)(1)	18294	23249	24204	24408	25588	26490	27802	28356	29893	28925
汽油消费量(万吨)	2325.9	2876	3157.3	3128	3335.8	3380	3506	3507.9	3590	3563
电力消费量(亿千瓦小时)	8637.1	10025	10227	9771	10206	10411	10633	10548	10650	10602
发电量(亿千瓦小时)	8780	10153	10404	9920	10380	10549	10690	10590	10640	10680
火电	5820	6759	7101	6519	6987	7170	7260	7030	7070	7010
水电	1650	1794	1672	1760	1680	1650	1645	1830	1750	1700
核电	1310	1600	1631	1636	1710	1729	1777	1730	1810	1960
能源消耗强度水平(2)	12.6	8.7	8.4	8.6	8.7	8.8	8.7	8.5	8.2	…
可再生能源占最终能源消费总量比重(%)(3)	3.5	3.7	3.3	3.6	3.3	3.2	3.2	…	…	…

资料来源：

1. 俄罗斯联邦统计局。
2. 联合国统计司数据库。

脚注：

(1) 包括液态天然气。

(2) 能源消耗强度水平反映初级能源和 GDP 的关系。等于能源总供给与 GDP 的比重（单每美元 GDP 消耗的百万焦耳能源，其中 GDP 以 2011 年可比价购买力平价计算），来源于联合国统计司可持续发展目标指标数据库。

(3) 来源于联合国统计司可持续发展日标指标数据库。

表 9.2.3 能源概况——印度

	2000	2007	2008	2009	2010	2011	2012	2013	2014	2015
原油消费量(万吨)[1]	**10344**	**15610**	**16077**	**18655**	**19699**	**20412**	**21921**	**22250**	**22324**	**23300[3]**
电力消费量(亿千瓦小时)[2]	**3166**	**5020**	**5276**	**5696**	**6170**	**6729**	**7088**	**7519**	**8143**	**8634**
国内	…	1209	1301	1418	1553	1711	1837	1998	2174	2389
商用	…	467	535	590	639	654	728	742	784	860
工业电力	…	1894	1959	2092	2250	2400	2505	2621	2841	2857
公共照明	…	61	61	62	67	75	81	86	87	89
铁路、电车	…	111	118	124	133	142	141	155	162	166
农业	…	1042	1078	1195	1264	1410	1475	1527	1689	1732
公共用水和污水排放	…	118	122	126	137	153	162	192	188	201
其他	…	117	101	90	126	185	159	197	217	339
电力生产(亿千瓦小时)[4]	**5608**	**8131**	**8409**	**9060**	**9657**	**10568**	**11085**	**11756**	**12789**	**13360[3]**
公用事业[5][6]	5012	7226	7412	7999	8447	9225	9645	10266	11169	11676[3]
热电[7]	4099	5601	5883	6402	6648	7084	7605	7921	8779	9430[3]
水电	744	1204	1101	1041	1144	1305	1137	1348	1292	1214[3]
核电	169	170	149	186	263	323	329	342	361	374[3]
非公用事业[8]	596	905	997	1061	1209	1344	1440	1490	1621	1684[3]

资料来源：

1. 印度统计和计划执行部，2000 年数据来自《2010 年能源统计》，2006 到 2015 年数据来自《2017 年能源统计》。

2. 能源部，中央电力局。

脚注：

指财年数据 (当年 4 月至次年 3 月)。

(1) 原油是指炼油厂的炼油吞吐量。

(2) 英文单位为 kWh, 即千瓦小时。

(3) 初步数据。

(4) 包括公共和非公共部门。

(5) 包含水电、核电和热电和其他可再生能源。

(6) 公用事业：其本质目的是电能的生产、输送和分配。这些可能是私人企业、合作组织、地方或区域机关、国有事业或政府机构。

(7) 1996-1996 年以后，热能包括可再生能源。

(8) 非公用事业指独立电力生产商，其不属于公用事业，但拥有设施发电并销售到公用事业和最终用户。非公用事业可以为私人拥有的设施，公司，诸如农村太阳能或风能的生产者合作社，及有关能够将多余电能注入电网系统的非能源工业企业。数据为财年数据 (即表中指定年份的 4 月到下一年的 3 月)。

表 9.2.4 能源概况——中国

	2000	2006	2007	2008	2009	2010
按部门分类的原油消费量（万吨）						
总计	**21232**	**32245**	**34032**	**35510**	**38129**	**42875**
农、林、牧、渔、水利业						
工业	21052	32082	33868	35345	37975	42717
建筑业	3	-	-	-	-	-
交通运输、仓储和邮政业	175	164	164	166	153	158
批发、零售业和住宿、餐饮业	0.18	-	-	-	-	-
其他	1.40	-	-	-	-	-
生活消费	-	-	-	-	-	-
按部门分类的汽油消费量（万吨）						
总计	**3505**	**5243**	**5519**	**6146**	**6173**	**6956**
农、林、牧、渔、水利业	89	168	173	160	168	169
工业	682	499	525	586	671	689
建筑业	116	181	179	196	235	275
交通运输、仓储和邮政业	1528	2592	2613	3090	2882	3275
批发、零售业和住宿、餐饮业	70	123	132	135	148	168
其他	793	1064	1120	1122	1070	1166
生活消费	228	616	778	855	999	1214
按部门分类的电力消费量（亿千瓦小时）						
总计	**13472**	**28588**	**32712**	**34541**	**37032**	**41935**
农、林、牧、渔、水利业	533	827	879	887	940	976
工业	10005	21268	24291	25389	26854	30872
建筑业	160	271	309	367	422	483
交通运输、仓储和邮政业	281	467	532	572	617	735
批发、零售业和住宿、餐饮业	419	847	930	1017	1137	1292
其他	623	1556	1709	1913	2190	2452
生活消费	1452	3352	4063	4396	4872	5125
电力生产量（亿千瓦小时）						
火电	11142	23696	27229	27901	29828	33319
水电	2224	4358	4853	5852	6156	7222
核电	167	548	621	684	701	739
可再生能源占能源消费总量比重（%）(2)	**7.3**	**7.4**	**7.5**	**8.4**	**8.5**	**9.4**
单位GDP能耗（千克标准油/美元）	**0.85**	**0.73**	**0.61**	**0.49**	**0.46**	**0.41**

表 9.2.4　能源概况——中国

（续表）

	2011	2012	2013	2014	2015	2016
按部门分类的原油消费量（万吨）						
总计	**43966**	**46679**	**48652**	**51547**	**54088**	…
农、林、牧、渔、水利业	-	-	-	-	-	…
工业	43860	46560	48503	51502	54052	
建筑业	-	-	-	-	-	…
交通运输、仓储和邮政业	105	119	149	45	36	…
批发、零售业和住宿、餐饮业	-	-	-	-	-	…
其他	-	-	-	-	-	…
生活消费	-	-	-	-	-	…
按部门分类的汽油消费量（万吨）						
总计	**7596**	**8166**	**9366**	**9776**	**11368**	**…**
农、林、牧、渔、水利业	186	193	199	217	231	…
工业	605	581	523	489	477	…
建筑业	283	287	326	331	409	…
交通运输、仓储和邮政业	3574	3778	4382	4665	5307	…
批发、零售业和住宿、餐饮业	177	200	221	218	243	…
其他	1313	1461	1819	1738	2108	…
生活消费	1459	1667	1896	2119	2593	…
按部门分类的电力消费量（亿千瓦小时）						
总计	**47001**	**49763**	**54203**	**56384**	**58020**	**…**
农、林、牧、渔、水利业	1013	1013	1027	1013	1040	…
工业	34692	36232	39237	40803	41550	…
建筑业	572	608	675	722	699	…
交通运输、仓储和邮政业	848	915	1001	1059	1126	…
批发、零售业和住宿、餐饮业	1503	1691	1877	1996	2122	…
其他	2753	3084	3398	3615	3919	…
生活消费	5620	6219	6989	7176	7565	…
电力生产量（亿千瓦小时）						
火电	38337	38928	42470	42686	42842	44371(1)
水电	6989	8721	9203	10643	11303	11934(1)
核电	864	974	1116	1325	1708	2133(1)
可再生能源占能源消费总量比重（%）(2)	**8.4**	**9.7**	**10.2**	**11.3**	**12.1**	
单位GDP能耗（千克标准油/美元）	**0.36**	**0.33**	**0.30**	**0.28**	**0.27**	

资料来源：

1. 中华人民共和国国家统计局，《中国能源统计年鉴》,2000-2016 年。
2. 中华人民共和国国家统计局，《中华人民共和国 2016 年国民经济和社会发展统计公报》。
3. 中华人民共和国国家统计局，《工业统计年报》，2000-2016 年。

脚注：

(1) 初步数据。

(2) 包括转换损耗和其他损耗。

表 9.2.5 能源概况——南非(2014年)[1]

	煤炭	原油	电力	天然气	水电
能源供给量(万亿焦耳)					
a.国内生产量	6092951	54333	880128	38161	17647
b.进口量	24937	908354	40237	137773	0
c.供给总量(a+b)	6117888	962687	920365	175933	17647
能源使用量(万亿焦耳)					
a.按行业划分的中间消耗量	3768473	915290	699064	212960	17647
农业和渔业	647	0	23442	0	0
商业部门	13718	0	134544	1196	0
建筑业	0	0	523	0	0
电、气和蒸汽生产	3425262	915290	126886	109616	17647
制造业	328138	0	295136	101899	0
采矿和采掘业	247	0	105562	249	0
运输、仓储及通讯业	461	0	12971	0	0
b.库存增加	0	0	0	0	0
c.私人消费总量	67160	0	204502	214	0
热力、电力等的消费量	0	0	0	0	0
d.出口	2053311	2	49810	768	...
e.配送损耗	162143	…	117784	…	…
f.使用总量(a+b+c+d+e)	6051087	915292	1071160	213728	14488
能源使用流量占比					
总量(%)	100.0	100.0	100.0	100.0	100.0
农业和渔业	0.0	0.0	2.5	0.0	...
商业部门	0.2	0.0	14.6	0.7	0.0
建筑业	0.0	0.0	0.1	0.0	...
电、气及蒸汽生产	56.0	95.1	13.8	62.3	100.0
制造业	5.4	0.0	32.1	57.9	0.0
采矿和采掘业	0.0	0.0	11.5	0.0	0.0
运输、仓储及通讯业	0.0	0.0	1.4	0.0	...
国内使用	1.1	0.0	22.2	0.0	…
出口	33.6	0.0	5.4	0.4	…
库存增加	0.0	0.0	0.0	0.0	...
进口(%)	**0.4**	**94.4**	**4.4**	**78.3**	…

表 9.2.5　能源概况——南非(2014年)[1]

（续表）

	核能[2]	石油产品	可再生品和废物利用	能源供给或使用总量
能源供给量(万亿焦耳)				
a.国内生产量	141458	1011320	640415	8876413
b.进口量	...	226296	...	1337597
c.供给总量(a+b)	141458	1237616	640415	10214010
能源使用量(万亿焦耳)				
a.按行业划分的中间消耗量	141458	886741	301833	6943467
农业和渔业	...	39793	...	63882
商业部门	...	6358	...	155816
建筑业	...	8258	...	8780
电、气和蒸汽生产	141458	...	222065	4958225
制造业	...	...	79768	804942
采矿和采掘业	...	44935	...	150993
运输、仓储及通讯业	...	772237	...	785668
b. 库存增加	0	0	0	0
c. 私人消费总量		92497	338582	702955
热力、电力等的消费量	...	...	...	...
d.出口	0	211955	0	2315846
e.配送损耗	0	47910	0	327837
f.使用总量(a+b+c+d+e)	141458	1239104	640415	10290105
能源使用流量占比				
总量(%)	100.0	100.0	100.0	100.0
农业和渔业	0.0	3.2	0.0	0.6
商业部门	0.0	0.5	0.0	1.5
建筑业	0.0	0.7	0.0	0.1
电、气及蒸汽生产	100.0	0.0	34.7	48.5
制造业	0.0	0.0	12.5	7.9
采矿和采掘业	0.0	3.6	0.0	1.5
运输、仓储及通讯业	0.0	62.4	0.0	7.7
国内使用	0.0	7.5	52.9	6.9
出口	0.0	17.1	0.0	22.7
库存增加	0.0	0.0	0.0	0.0
进口(%)	**0.0**	**18.3**	**0.0**	...

资料来源：

南非能源局，2014 年。

脚注：

(1) 在百分比部分，没有加入损耗这一栏，因此百分比存在些许不平衡。

(2) 核能数据来源于核电站的电力生产数据，并且按照 33% 的效率估算。

图 9.1　2015 年人均电力消费量

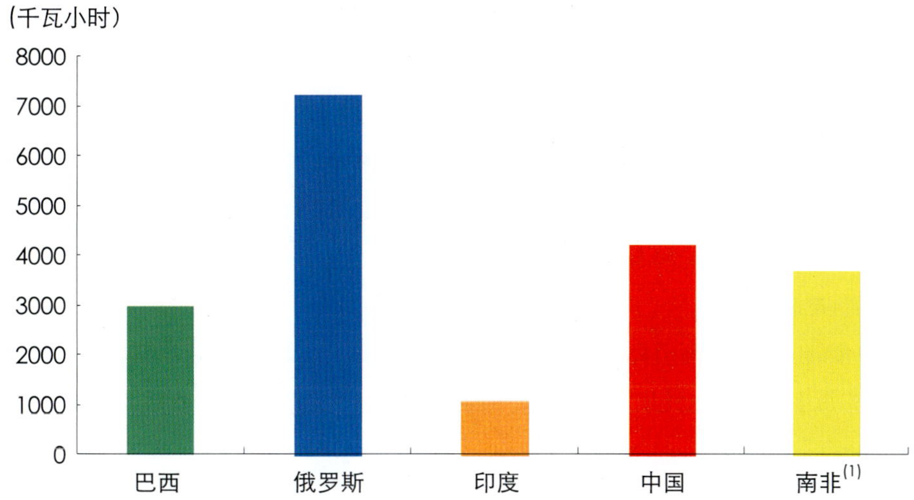

注：（1）南非为 2014 年数据。

主要指标解释

国家解释

巴西

原油消费量 炼油厂原油投入量。

汽油消费量 仅指车用汽油，不包括乙醇和生物柴油。

从火电生产的能源产量 包括从石油产品、天然气、工业煤气、煤和生物质能获得的能源。

一次能源生产总量 包括不合格的和未使用的天然气。

出口 包括国际燃料舱能源。

能源总消费量 包括部门最终能源消费量和转换、配送和存储过程中的损耗以及能源部门最终消费量。

固体：矿物和煤的衍生品（不包括焦炉煤气）、柴禾和木炭、甘蔗渣、固体酒精、生物质（其他可再生的）和其他主要残剩物。

液体：石油及其衍生品、糖浆、甘蔗汁、乙醇、植物油（其他可再生的）和液化天然气（其他非可再生的）。

气体：天然气、焦炉煤气、沼气（其他可再生的）和工业用气（其他非可再生的）。

电力：水力发电和火力发电、铀（U308）和衍生品、风力发电。

可再生能源占最终能源消费总量的比例 可再生能源除以初次能源总量，初次能源包括最终能源总消费量、能源加工和转换过程中的损耗、能源部门消费量和统计误差。

俄罗斯

电力生产量 指电力生产总量。

印度

一次能源生产总量 一次能源不包括火电。

人均电力消费量 =（总发电量 + 净进口量）/ 年中人口数。

中国

一次能源生产总量 是指一定时期内，全国一次能源生产量的总和。该指标是观察全国能源生产水平、规模、构成和发展速度的总量指标。一次能源生产量包括原煤、原油、天然气、水电、核能及其他动力能（如风能、地热能等）发电量，不包括低热值燃料生产量、生物质能、太阳能等的利用和由一次能源加工转换而成的二次能源产量。

能源消费总量 是指一定时期内，全国各行业和居民生活消费的各种能源的总和。该指标是观察能源消费水平、构成和增长速度的总量指标。能源消费总量包括原煤和原油及其制品、天然气、电力，不包括低热值燃料、生物质能和太阳能等的利用。能源消费总量分为终端能源消费量、能源加工转换损失量和能源损失量三部分。

南非

本章中数据来源于当年度南非能源平衡表。能源产品的定义、标准都符合国际标准，即《能源统计标准》和国际能源署的《能源统计手册》。

电、气和蒸汽生产 假定包含液体燃料。

核能 核能数据来源于核电站的电力生产数据，并且按照 33% 的效率估算。

私人消费总量 假设为常住部门和因不能明确分类而列入其他部门的消费总量。

制造业 各产业总和减去商业和建筑业。

10

农业、林业、牧业和渔业

表 10.1 农业、林业、牧业和渔业概况

	2000	2007	2008	2009	2010	2011	2012	2013	2014	2015	2016
耕地面积(万公顷)											
巴西[1]	5000	6200	6500	6500	6500	6700	6900	7300	7700	7800	…
俄罗斯[3]	12440	12160	12160	12160	12140	12140	12150	12150	12150	12280	…
印度[4]	15600	15600	15600	15500	15600	15500	15500	15600	…	…	…
中国[5]	13004	13004	12172	13538	13527	13524	13516	13516	13506	13500	13496
南非	…	…	…	…	…	1200	…	…	…	…	…
谷物产量(万吨)											
巴西[6]	4500	6700	7700	6800	7300	7500	8700	9779	9800	10300	8100[2]
俄罗斯	6540	8100	10820	9710	6100	9420	7090	9240	10530	10480	12070
印度[4]	18600	21600	22000	20300	22600	24200	23900	24600	23500	23500[7]	…
中国	40522	45632	47847	48156	49637	51939	53935	55269	55727	57200	56538
南非[8]	1384	943	1528	1450	1464	1283	1442	1410	1657	1185	1011
肉类产量(万吨)											
巴西[9]	1033	1852	1947	1953	2075	2158	2204	2325	2376	2407	2431[2]
俄罗斯[10]	445	579	627	672	717	752	809	854	907	957	990
印度[12][13]	185	401	428	457	487	551	595	624	669	…	…
中国	6014	6866	7279	7650	7926	7965	8387	8535	8707	8625	8538
南非[14]	167	271	278	280	297	295	291	302	314	328	336
鱼类捕获量(万吨)											
巴西[15]	67	78	79	83	79	80	…	…	…	…	…
俄罗斯	378	342	333	373	…	…	…	…	…	…	…
印度[12]	566	713	762	785	823	867	904	958[11]	1007[11]	…	…
中国	1161	920	951	957	987	1022	1022	1162	1173	1251	1293
南非	…	…	…	…	…	…	…	…	…	…	…
木材生产量(万立方米)											
巴西	7172	10513	10126	10691	11574	12585	13188	12964	12388	12397	…
俄罗斯[16]	9480	13400	10800	9700	11700	12300	12200	12000	12300	12700	12900
印度	…	…	…	…	…	…	…	…	…	…	…
中国	…	6977	8108	7068	8090	8146	8175	8438	8233	7200	7776
南非[17]	…	2030	2010	1880	1750	1850	1820	…	…	…	…

资料来源：

巴西

1. 巴西国家地理与统计局，《市政农业生产调查》，《2016 年农业生产调查》2017 年 5 月，《林产品活动》和季度牲畜屠宰调查。
2. 2008 至 2011 年渔业数据来自巴西渔业和水产养殖部。
3. 2000 至 2007 年渔业数据来自巴西环境与可再生资源管理局。

俄罗斯

1. 俄罗斯联邦统计局。
2. 俄罗斯联邦登记、地籍和制图局。

印度

1. 印度农业部经济和统计司，“地区农业单产统计数据库”、《土地利用统计数据一览》和《统计快报》。
2. 印度农业部，《畜牧业乳业和渔业司年报》(各期)和《渔业统计手册》(各期)。

中国

1. 中华人民共和国国家统计局，《中国统计年鉴》,2000-2016 年。
2. 中华人民共和国国家统计局，《中华人民共和国 2016 年国民经济和社会发展统计公报》。

3. 中华人民共和国国土资源部。

南非

1. 南非统计局。
2. 南非国家农业、林业和渔业局。

脚注：

巴西

(1) 收获面积。

(2) 初步数据。

(6) 指主要谷物(玉米、稻谷和小麦)。

(9) 指主要肉类(牛肉、鸡肉和猪肉)。

(15) 渔业数据指海洋和陆地捕获的鱼类总和。

俄罗斯

(3) 数据由俄罗斯联邦登记、地籍和制图局生产和发布。为年末数据。

(10) 畜禽屠宰量。

(16) 原木集材量。2010 年以后指原木。

印度

(4) 此处的年度数据为农业年度数据，一个农业年度指从当年 7 月至下年 6 月。

(7) 最终估计数。

(11) 初步数据。

(12) 指财政年度数据，即从当年 3 月至下一年 2 月。

(13) 2007-2008 财年后的数据来自商业性家禽养殖场的肉产量。

中国

(5) 2000-2007 年耕地面积数据来自 1996 年第一次全国农业普查“土地利用调查主要数据公报”。2008 年为土地变更调查数据。2009-2016 年数据来自《2016 年中国土地和资源公报》(国土资源部 2017 年 4 月发布)。

南非

(8) 主要谷物(玉米、小麦、大麦和高粱)。

(14) 主要肉类(牛肉及小牛肉、绵羊肉、山羊肉和禽肉)。

(17) 从南非 DAFF 报告中商业木材资源和初级原木加工数据得出。

表 10.2.1 农业、林业、牧业和渔业——巴西

	2000	2007	2008	2009	2010	2011	2012	2013	2014	2015	2016(1)
农作物收获面积(万公顷)											
总计	**5020**	**6167**	**6462**	**6458**	**6455**	**6727**	**6947**	**7338**	**7737**	**7781**	**…**
按品种划分的主要农产品收获面积占比(%)											
大豆	27.2	33.3	32.9	33.7	36.1	35.6	36.0	38.0	39.1	41.4	…
玉米	23.7	22.3	22.4	21.1	19.6	19.6	20.4	20.8	19.9	19.8	…
甘蔗	9.6	11.5	12.6	13.3	14.1	14.3	14.0	13.9	13.5	13.0	…
豆类	8.6	6.1	5.9	6.3	5.3	5.5	3.9	3.8	4.1	3.7	…
稻谷	7.3	4.7	4.4	4.4	4.2	4.1	3.5	3.2	3.0	2.7	…
咖啡	4.5	3.7	3.4	3.3	3.3	3.2	3.1	2.8	2.6	2.5	…
小麦	2.3	3.0	3.7	3.8	3.4	3.2	2.8	2.8	3.7	3.2	…
木薯	3.4	3.1	2.9	2.7	2.8	2.6	2.4	2.1	2.0	1.9	…
棉花	1.6	1.8	1.6	1.3	1.3	2.1	2.0	1.3	1.5	1.3	…
桔子	1.7	1.3	1.3	1.2	1.2	1.2	1.1	1.0	0.9	0.9	…
腰果	1.3	1.2	1.2	1.2	1.2	1.1	1.1	0.9	0.8	0.8	…
高粱	1.1	1.1	1.3	1.2	1.0	1.1	1.0	1.1	1.1	0.9	…
可可	1.4	1.0	1.0	1.0	1.0	1.0	1.0	0.9	0.9	0.9	…
香蕉	1.0	0.8	0.8	0.7	0.8	0.7	0.7	0.7	0.6	0.6	…
烟草	0.6	0.7	0.7	0.7	0.7	0.7	0.6	0.6	0.5	0.5	…
椰子	0.5	0.5	0.4	0.4	0.4	0.4	0.4	0.4	0.3	0.3	…
燕麦	0.4	0.2	0.2	0.2	0.3	0.3	0.3	0.3	0.3	0.4	…
剑麻	0.4	0.5	0.4	0.4	0.4	0.4	0.4	0.2	0.2	0.3	…
蓖麻籽	0.4	0.3	0.2	0.2	0.2	0.3	0.1	0.1	0.1	0.1	…
主要农产品产量(万吨)											
大豆	3282	5786	5983	5735	6876	7482	6585	8172	8676	9746	9608
玉米	3232	5211	5893	5072	5536	5566	7107	8027	7988	8528	6364
甘蔗	32612	54971	64530	69161	71746	73401	72108	76809	73611	74864	70635
豆类	306	317	346	349	316	344	279	289	329	309	257
稻谷	1114	1106	1206	1265	1124	1348	1155	1178	1218	1230	1061
咖啡	381	225	280	244	291	270	304	296	280	265	305
小麦	173	411	603	506	617	569	442	574	626	551	670
木薯	2304	2654	2670	2440	2497	2535	2304	2148	2325	2306	2300
棉花	202	411	398	290	295	507	497	342	424	407	338
桔子	1706	1868	1854	1762	1850	1981	1801	1755	1693	1675	1592
主要农产品单产(公斤/公顷)											
大豆	2403	2813	2816	2636	2947	3121	2637	2928	2866	3029	2901
玉米	2718	3785	4079	3714	4366	4211	5006	5254	5176	5536	4228
甘蔗	67878	77632	79274	80255	79044	76448	74297	75339	70646	74173	74773
豆类	705	836	915	850	922	935	1032	1028	1034	1079	1000
稻谷	3038	3826	4231	4404	4127	4896	4786	5007	5201	5753	5461
咖啡	1678	993	1258	1142	1346	1257	1433	1421	1404	1336	1528
小麦	1515	2219	2549	2080	2828	2660	2310	2749	2209	2228	3135
木薯	13481	14009	14137	13861	13949	14623	13612	14080	14828	15244	15714
棉花	2472	3651	3743	3567	3554	3608	3596	3621	3751	3885	3456
桔子	19925	22752	22158	22379	23340	24240	24689	24992	24883	25176	23769

表 10.2.1　农业、林业、牧业和渔业——巴西

（续表）

	2000	2007	2008	2009	2010	2011	2012	2013	2014	2015	2016[(1)]
水果产量（万吨）[(2)]	**3510**	**4334**	**4314**	**4141**	**4283**	**4530**	**4257**	**4197**	**4174**	**4112**	**…**
牲畜存栏数（万头，万只）											
牛	16988	19975	20231	20531	20954	21282	21128	21176	21237	21520	…
鸡	65925	93004	99099	102122	102815	105199	103204	102696	109684	110996	…
蛋鸡	18350	19762	20771	20887	21076	21622	21323	21968	22391	22212	…
绵羊	1479	1624	1663	1681	1738	1767	1679	1729	1761	1841	…
猪	3156	3595	3682	3805	3896	3931	3880	3674	3793	4033	…
肉类产量（万吨）											
牛肉	390	705	662	666	698	678	735	817	806	749	735
鸡肉	508	899	1022	994	1069	1142	1153	1196	1250	1315	1325
猪肉	134	248	264	293	308	337	315	312	319	343	371
奶类产量（万吨）											
牛奶	1919	2538	2678	2824	2982	3116	3136	3326	3415	…	…
单位耕地面积农药使用量（千克/公顷）	**3.2**	**…**	**…**	**3.6**	**5.9**	**6.2**	**6.9**	**6.8**	**6.7**	**…**	**…**

资料来源：

1. 巴西国家地理与统计局，《市政农业生产调查》、《市政养牛调查》(2000-2016)、《季度牲畜屠宰调查》(2000-2016) 和《农业生产调查》(2017 年 2 月)。

2. 巴西环境和可再生能源机构 -IBAMA; 网址：http://www.ibama.gov.br/areas-tematicas-qa/relatorio-de-comercializacao-de-agrotoxicos/pagina-3。

脚注：

(1) 初步数据。

(2) 水果产量包括以下水果：桔子、香蕉、葡萄、菠萝、木瓜、西瓜、苹果、椰子、百香果、芒果、柑橘、柠檬、甜瓜、番石榴、桃子、柿子、鳄梨、腰果、无花果、梨、坚果和榅桲。

表 10.2.2　农业、林业、牧业和渔业——俄罗斯

	2000	2008	2009	2010	2011	2012	2013	2014	2015	2016
农业生产指数及其分项指数(1)	**106.2**	**110.8**	**101.4**	**88.7**	**123.0**	**95.2**	**105.8**	**103.5**	**102.6**	**104.8**(2)
所有农作物(农场)生产指数	110.9	118.0	98.6	76.2	146.9	88.3	111.2	104.9	103.1	107.8(2)
所有畜牧业(农场)生产指数	101.1	103.0	104.6	100.9	102.3	102.7	100.6	102.0	102.2	101.5(2)
农作物播种面积或收获面积(万公顷)(3)	**8470**	**7690**	**7780**	**7518.8**	**7670**	**7630**	**7810**	**7850**	**7930**	**8000**
主要农作物种植面积占比(%)										
谷物和豆类	53.9	59.2	60.8	61.1	57.5	56.8	58.2	58.7	58.8	58.8
小麦	27.4	32.6	34.6	36.9	35.4	33.3	32.3	32.1	32.2	33.8
薯类	0.2	0.1	0.1	0.1	0.1	0.1	0.1	0.1	0.1	0.1
油料作物	6.5	9.3	10.1	10.3	12.8	13.6	13.2	14.2	14.3	14.5
油菜籽	0.3	0.9	0.9	0.9	1.1	1.2	1.6	1.7	1.5	1.3
葵花籽	5.5	7.1	8.0	8.0	9.5	9.9	8.6	9.3	8.8	8.8
大豆	0.5	1.0	1.0	1.1	1.6	1.6	1.9	2.0	2.6	2.7
纤维作物	0.1	0.1	0.1	0.1	0.1	0.1	0.1	0.1	0.1	0.1
甜菜	1.0	1.1	1.1	1.5	1.7	1.5	1.2	1.2	1.3	1.4
烟草	…	…	…	…	…	…	…	…	…	…
马铃薯	3.3	2.8	2.8	2.9	2.9	2.9	2.7	2.7	2.7	2.6
其他蔬菜	0.9	0.8	0.8	0.9	0.9	0.9	0.9	0.9	0.9	0.9
饲料	34.1	24.1	23.5	24.0	23.7	23.0	22.1	21.8	21.4	20.5
主要农产品产量(万吨)										
谷物和豆类										
总计	6542	10818	9711	6096	9421	7091	9239	10532	10479	12067
小麦	3446	6377	6174	4151	5624	3772	5209	5971	6179	7329
坚果	1	1	1	1	1	1	1	2	2	2
油料作物(4)	447	897	819	746	1222	1056	1314	1286	1384	1626
油菜籽(4)	15	75	67	67	96	95	126	134	101	100
葵花籽(4)	392	735	645	534	906	750	984	848	928	1101
大豆(4)	34	75	94	122	164	168	152	236	271	314
马铃薯	2947	2885	3113	2114	3268	2953	3020	3150	3365	3111
甜菜	1405	2900	2489	2226	4764	4506	3932	3351	3903	5137
其他蔬菜	1082	1296	1340	1213	1470	1463	1469	1546	1611	1628
烟草	…	…	…	…	…	…	…	…	…	…
水果(5)	296	266	306	246	292	292	337	351	336	384

表 10.2.2 农业、林业、牧业和渔业——俄罗斯

（续表）

	2000	2008	2009	2010	2011	2012	2013	2014	2015	2016
主要农产品单产（公斤/公顷）										
谷物和豆类										
总计	1560	2380	2270	1830	2240	1830	2200	2410	2370	2620
小麦	1610	2450	2320	1910	2260	1770	2230	2500	2390	2680
坚果(6)	800	1220	1490	1470	1550	2030	2340	2330	2410	2960
油料作物 (4)	890	1200	1150	990	1240	1140	1330	1240	1290	1390
油菜籽 (4)	860	1200	1200	1100	1140	970	1130	1260	1120	1100
葵花籽 (4)	900	1230	1150	960	1250	1220	1450	1310	1420	1510
大豆 (4)	1010	1050	1190	1180	1380	1220	1260	1230	1300	1480
马铃薯	10470	13750	14270	10020	14840	13440	14460	14960	15910	15300
甜菜	18830	36240	32320	24070	39170	40890	44210	37010	38780	47040
其他蔬菜	14330	19620	19920	18030	20810	21090	21390	21780	22510	22660
烟草	750	2450	2800	1070	1290	3000	…	…	…	…
水果(5)(6)	4280	5510	6380	5195	6200	6840	7970	7660	7640	8620
主要种类水果产量（万吨）										
幼苗	152	118	151	104	126	147	165	171	160	185
核果	47	48	50	43	50	47	52	51	52	63
亚热带水果	0.07	0.18	0.19	0.23	0.21	0.09	0.12	0.12	0.11	0.12
柑橘类水果	0.02	0.01	0.01	0.01	0.01	0.01	0.01	0.01	0.01	0.01
矮生浆果	70	73	75	67	75	71	77	76	76	81
葡萄	28	27	30	32	41	27	44	53	48	55
牲畜数量（按品种划分，年末数）										
黄牛（万头）	2752	2104	2067	1997	2011	1993	1956	1926	1899	1875
水牛（万头）	1582	1616	1723	1722	1726	1882	1908	1955	2151	2203
肉羊和山羊（万头）	1496	2177	2199	2182	2286	2418	2434	2471	2488	2484
肉类产量（万吨）(7)	**445**	**627**	**672**	**717**	**752**	**809**	**854**	**907**	**957**	**990**
奶类产量（万吨）	**3226**	**3236**	**3257**	**3185**	**3165**	**3176**	**3053**	**3079**	**3080**	**3076**
牛奶	3200	3212	3233	3159	3139	3150	3029	3051	3052	3050
禽蛋（亿枚）	**341**	**381**	**394**	**406**	**411**	**420**	**413**	**419**	**426**	**436**
鱼类捕获量（万吨）	**378**	**333**	**373**	…	…	…	…	…	…	…
农用拖拉机拥有量（年末数）（万台）(8)	**75**	**36**	**33**	**31**	**29**	**28**	**26**	**25**	**23**	**22**
农用收割机拥有量（年末数）（万台）(9)	**29**	**13**	**12**	**11**	**10**	**10**	**9**	**9**	**8**	**8**
化肥施用量（公斤/公顷）(10)	**19**	**36**	**36**	**38**	**39**	**38**	**38**	**40**	**42**	**49**
圆木砍伐量（万立方米）(11)	**9480**	**10800**	**9700**	**11700**	**12300**	**12200**	**12000**	**12300**	**12700**	**12900**
水果和蔬菜总产量（万吨）	**1380**	**1560**	**1650**	**1460**	**1760**	**1750**	**1810**	**1900**	**1950**	**2015**
单位耕地面积农药使用量（千克/公顷）	…	…	…	**26.7**	**31.6**	**33.4**	**35.4**	**36.1**	**36.8**	…

资料来源：

1. 俄罗斯联邦统计局。
2. 俄罗斯联邦农业部。
3. 俄罗斯联邦登记、地籍和制图局。

脚注：

(1) 上年 =100。

(2) 初步数据。

(3) 总播种面积。

(4) 2011 年后，数据为加工后的重量。

(5) 水果（不包括坚果）、浆果和葡萄。
(6) 2012 年之前的农产品单产按到达结果年龄的果树每公顷产量计算；2012 到 2016 年数据为每公顷收获面积产量。
(7) 用于屠宰的牲畜和禽类。
(8) 农业组织可用的拖拉机（不包括带有挖掘功能的拖拉机、改良后的拖拉机以及类似机器），2008 年以后的数据不包括微型企业的拖拉机。
(9) 可用的收割机和甜菜收割机（不含植物顶部收割机），2008 年以后的数据不包括微型企业的收割机。
(10) 指农业组织每公顷农作物所施用的矿物肥料，2008 年以后的数据不包括微型企业施用的矿物肥料。
(11) 2010 年起指原木。

表 10.2.3 农业、林业、牧业和渔业——印度

	2000	2007	2008	2009	2010	2011	2012	2013	2014	2015[1]	2016[1]
主要农作物生产指数(上年=100)[2][3]	**94.0**	**100.8**	**100.0**	**96.1**	**117.7**	**108.2**	**91.8**	**103.6**	**99.2**	**…**	**…**
谷物	94.4	106.2	101.8	93.3	110.9	107.2	98.5	102.9	94.9	100.8	106.1
粮食	92.8	106.2	101.0	94.5	113.6	104.5	99.9	103.3	93.9	99.7	111.4
非粮食	95.5	98.5	99.1	97.6	121.8	101.1	99.5	106.1	96.9	92.2	105.5
水果和蔬菜	100.5	111.2	102.4	104.3	107.1	104.4	105.1	104.9	99.8	…	…
主要农作物种植面积结构[3]											
播种总面积(万公顷)	18530	19522	19531	18899	19760	19560	19414	20086	…	…	…
谷物(%)	54.7	51.7	51.6	52.3	51.4	51.2	50.7	50.5	…	…	…
稻谷	24.2	22.3	23.1	22.5	21.9	22.3	22.0	22.1	…	…	…
小麦	13.9	14.6	14.3	15.1	15.2	15.4	15.7	15.6	…	…	…
玉米	3.7	4.1	4.2	4.3	4.3	4.4	4.4	4.5	…	…	…
大豆(%)	3.5	4.5	4.9	5.2	4.8	5.2	5.6	6.0	…	…	…
油料作物(%)	13.3	14.7	15.2	14.8	14.6	14.3	14.9	15.0	…	…	…
花生	3.6	3.3	3.2	2.9	2.9	2.7	2.7	2.7	…	…	…
油菜籽	2.3	2.8	3.1	2.8	2.8	2.8	3.1	3.0	…	…	…
芝麻	0.9	1.1	1.0	1.1	1.1	1.0	0.9	0.8	…	…	…
棉花(%)	4.6	4.8	4.8	5.3	5.5	6.2	6.1	5.9	…	…	…
其他纤维作物(%)	0.2	0.5	0.5	0.5	0.1	0.1	0.1	0.1	…	…	…
甘蔗(%)	2.5	2.6	2.5	2.4	2.6	2.8	2.8	2.8	…	…	…
烟草(%)	0.2	0.2	0.2	0.3	0.2	0.2	0.2	0.2	…	…	…
茶(%)	0.3	0.3	0.3	0.3	0.3	0.3	0.3	0.3	…	…	…
蔬菜(%)	3.4	3.1	3.0	2.8	2.8	2.8	2.8	2.8	…	…	…
水果(%)	2.1	2.1	2.2	2.1	2.0	2.1	2.1	2.1	…	…	…
主要农产品产量[3]											
谷类(万吨)	18574	21601	21990	20344	22624	24220	23879	24579	23487	23522	…
棉花(万包)	952	2588	2228	2402	3300	3520	3422	3590	3481	3001	…
花生(万吨)	641	918	717	543	827	696	469	971	740	673	…
油菜籽(万吨)	419	583	720	661	818	660	803	788	628	680	…
芝麻(万吨)	52	76	64	59	89	81	69	72	83	85	…
马铃薯(万吨)	2214	3466	3439	3658	4234	4148	4534	4156	4595[1]	…	…
甘蔗(万吨)	29596	34819	28503	29230	34238	36104	34120	35214	36233	34845	…
烟草(万吨)	49	44	54	67	80	75	66	74	86	…	…
水果(万吨)	4314	6559	6847	7152	7488	7642	8129	8898	8882	…	…
蔬菜(万吨)	…	12845	12908	13374	14655	15633	16219	16290	16830	…	…

表 10.2.3　农业、林业、牧业和渔业——印度

(续表)

	2000	2007	2008	2009	2010	2011	2012	2013	2014	2015[1]	2016
主要农作物单产(公斤/公顷)[3]											
谷类	1840	2151	2183	2075	2256	2415	2450	2460	2330	2390	…
棉花	190	467	403	403	499	491	490	510	460	410	…
花生	980	1459	1163	991	1411	1323	990	1760	1550	1460	…
油菜籽	940	1001	1143	1183	1185	1121	1262	1190	1080	1180	…
芝麻	302	420	350	300	430	430	400	430	470	430	…
马铃薯	18404	19300	18810	19900	22724	21753	22760	21100	22200[1]	…	…
甘蔗	68580	68877	64553	70020	70091	71668	68250	70520	71510	70720	…
烟草	1318	1255	1390	1500	1630	1610	1540	1610	1830	…	…
畜禽渔产品产量[4]											
肉类产量(万吨)[5]	185	401	428	457	487	551	595	624	669	702	…
奶类产量(万吨)[6]	7965	10793	11218	11643	12185	12790	13243	13769	14631	15549	…
牛奶(万吨)	3296	4682	4981	5220	5490	5777	5981	6220	…	…	…
禽蛋产量(亿枚)[7]	366	536	556	603	630	664	697	748	785	829	…
鱼类产量(万吨)	566	713	762	800	823	867	904	957[1]	1016[1]	1080	…
化肥施用量[3]											
总量(N+P+K)(万吨)	1670	2257	2491	2649	2812	2779	2554	2448	2558	2675	…
氮肥(N)(万吨)	1092	1442	1509	1558	1656	1730	1682	1675	1695	1737	…
磷肥(P)(万吨)	422	552	651	727	805	791	665	563	610	698	…
钾肥(K)(万吨)	157	264	331	363	351	258	206	210	253	240	…
每公顷(公斤)	90	115	128	140	143	142	131	118	127	131	…
牲畜存栏数[8]											
牛(万头)	…	19908	…	…	…	…	19090	…	…	…	…
水牛(万头)	…	10534	…	…	…	…	10870	…	…	…	…
绵羊和山羊(万头)	…	21210	…	…	…	…	20024	…	…	…	…
牲畜(万头)	…	52970	…	…	…	…	51206	…	…	…	…
家禽(万只)	…	64883	…	…	…	…	72921	…	…	…	…
使用农药的耕地面积比重(%)	**32.2**[9]	**40.4**[10]					**43.7**[11]				

资料来源：

1. 印度农业部经济和统计处出版物：《农业统计数据一览》、《农业统计口袋书》、《土地利用统计数据一览》、“面积、产量和单产统计数据库”和《统计快报》。
2. 印度农业部，《畜牧业乳业和渔业司年报》(各期)。
3. 印度农业部，印度园艺数据库。
4. 印度农业部，2012 年第 19 次牲畜普查。

脚注：

(1) 初步数据。
(2) 上年 =100。
(3) 农业年度指从当年 7 月至下年 6 月。
(4) 畜禽渔产品数据按财政年度统计，即当年 3 月至下年 2 月。
(5) 自 2007-2008 财年起包括了商业性家禽养殖场的肉产量。
(6) 奶类包括奶牛、水牛和羊所产的奶。
(7) 禽蛋包括鸡蛋和鸭蛋。
(8) 牲畜存栏数是从每五年一次的“牲畜普查”中得到的。2003、2007 和 2012 年的三次普查数据已经纳入进来，参考日期为 10 月 15 日。
(9) 2001/2002 年数据。
(10) 2006/2007 年数据。
(11) 2011/2012 年数据。

表 10.2.4 农业、林业、牧业和渔业——中国

	2000	2007	2008	2009	2010	2011	2012	2013	2014	2015	2016
农业生产指数及其分类(上年=100)(1)(2)											
总指数	103.6	103.9	105.7	104.6	104.4	104.5	104.9	104.0	104.2	103.9	103.5
种植业	101.4	104.0	104.8	103.8	104.1	105.6	104.4	104.4	104.4	105.1	104.2
林业	105.4	106.9	108.1	107.1	106.5	107.6	106.7	107.3	106.1	105.1	106.0
畜牧业	106.3	102.3	106.8	105.8	104.1	101.7	105.2	102.0	103.0	100.5	100.7
渔业	106.5	104.8	106.0	105.8	105.5	104.5	105.1	105.2	104.4	104.1	104.2
农作物播种面积或收获面积(万公顷)											
总计	15630	15346	15627	15861	16067	16228	16342	16463	16545	16637	16665
按品种划分的农作物播种面积或收获面积占比(%)											
稻谷	19.2	18.8	18.7	18.7	18.6	18.5	18.4	18.4	18.3	18.2	18.1
小麦	17.1	15.5	15.1	15.3	15.1	15.0	14.9	14.6	14.5	14.5	14.5
玉米	14.8	19.2	19.1	19.7	20.2	20.7	21.4	22.1	22.4	22.9	22.1
大豆	6.0	5.7	5.8	5.8	5.3	4.9	4.4	4.1	4.1	3.9	4.3
薯类	6.7	5.3	5.4	5.4	5.4	5.5	5.4	5.4	5.4	5.3	5.4
油料	9.9	7.4	8.2	8.6	8.6	8.5	8.5	8.5	8.5	8.4	8.5
花生	3.1	2.6	2.7	2.8	2.8	2.8	2.8	2.8	2.8	2.8	2.8
油菜籽	4.8	3.7	4.2	4.6	4.6	4.5	4.5	4.6	4.6	4.5	4.4
芝麻	0.5	0.3	0.3	0.3	0.3	0.3	0.3	0.3	0.3	0.3	0.2
棉花	2.6	3.9	3.7	3.1	3.0	3.1	2.9	2.6	2.6	2.3	2.0
麻类	0.2	0.2	0.1	0.1	0.1	0.1	0.1	0.1	0.1	0.0	0.1
糖料	1.0	1.2	1.3	1.2	1.2	1.2	1.2	1.2	1.1	1.0	1.0
甘蔗	0.8	1.0	1.1	1.1	1.0	1.1	1.1	1.1	1.1	1.0	0.9
甜菜	0.2	0.1	0.2	0.1	0.1	0.1	0.1	0.1	0.1	0.1	0.1
烟草	0.9	0.8	0.8	0.9	0.8	0.9	1.0	1.0	0.9	0.8	0.8
蔬菜	9.7	11.3	11.4	11.6	11.8	12.1	12.5	12.7	12.9	13.2	13.4
其他	12.1	10.9	10.2	9.6	9.7	9.6	9.3	9.2	9.1	9.4	9.9
主要农产品产量(万吨)											
谷类	40522	45632	47847	48156	49637	51939	53935	55269	55741	57228	56538
棉花	442	762	749	638	596	659	684	630	618	560	530
花生	1444	1303	1429	1471	1564	1605	1669	1697	1648	1644	1729
油菜籽	1138	1057	1210	1366	1308	1343	1401	1446	1477	1493	1455
芝麻	81	56	59	62	59	61	64	62	63	64	63
马铃薯	1326	1296	1416	1465	1631	1766	1855	1919	1910	1897	1948
甘蔗	6828	11295	12415	11559	11079	11443	12311	12820	12561	11697	11382
甜菜	807	893	1004	718	930	1073	1174	926	800	803	957
烟草	255	240	284	307	300	313	341	337	299	299	299
茶	68	117	126	136	148	162	179	192	210	225	240
水果	12436	18136	19220	20396	21401	22768	24057	25093	26142	27375	28351
前五种水果的面积(万公顷)											
柑桔	127	194	203	216	221	229	231	242	252	251	256
苹果	225	196	199	205	214	218	223	227	231	233	232
梨	101	107	107	107	106	109	109	111	111	112	111
葡萄	28	44	45	49	55	60	67	71	77	80	81
香蕉	25	31	32	34	36	39	39	39	40	41	41
前五种水果的产量(万吨)											
苹果	2043	2786	2985	3168	3326	3598	3849	3968	4092	4261	4388
柑桔	878	2058	2331	2521	2645	2944	3168	3321	3493	3660	3765
梨	841	1290	1354	1426	1506	1579	1707	1730	1796	1870	1870
香蕉	494	780	783	883	956	1040	1156	1208	1179	1247	1300
葡萄	328	670	715	794	855	907	1054	1155	1255	1367	1375

表 10.2.4 农业、林业、牧业和渔业——中国

(续表)

	2000	2007	2008	2009	2010	2011	2012	2013	2014	2015	2016
前三种香料的产量(万吨)											
花椒	…	19	25	26	25	24	19	26	41	29	24
八角	…	10	10	11	12	12	14	14	15	16	…
桂皮	…	9	7	6	8	…	…	…	…	…	…
主要农产品单产(公斤/公顷)											
谷物	4753	5320	5548	5447	5524	5707	5824	5894	5892	5984	5990
棉花	1093	1286	1302	1289	1229	1308	1458	1449	1463	1476	1584
花生	2973	3302	3365	3361	3455	3502	3598	3663	3580	3562	3657
油菜籽	1519	1874	1835	1877	1775	1827	1885	1923	1947	1982	1984
芝麻	1034	1147	1243	1307	1312	1385	1463	1490	1468	1519	1569
马铃薯	2806	2925	3036	2883	3133	3256	3354	3554	3428	17190	17310
甘蔗	57626	71228	71210	68093	65700	66485	68600	70576	71352	73121	74550
甜菜	24518	41360	40754	38536	42498	47361	49793	50922	57647	58680	57703
烟草	1776	2058	2140	2203	2234	2143	2134	2079	2047	2156	2141
年末牲畜存栏数(万头)											
猪	41634	43989	46291	46996	46460	46863	47592	47411	46583	45113	43504
牛	12353	10595	10576	10727	10626	10360	10343	10385	10578	10817	10668
绵羊和山羊	27948	28565	28085	28452	28088	28236	28504	29036	30315	31100	30112
肉类产量(万吨)	**6014**	**6866**	**7279**	**7650**	**7926**	**7965**	**8387**	**8535**	**8707**	**8625**	**8538**
奶类产量(万吨)	**919**	**3633**	**3732**	**3678**	**3748**	**3811**	**3875**	**3650**	**3841**	**3870**	**3712**
牛奶	827	3525	3556	3519	3576	3658	3744	3531	3725	3755	3602
禽蛋产量(万吨)	**2182**	**2529**	**2702**	**2742**	**2763**	**2811**	**2861**	**2876**	**2894**	**2999**	**3095**
鱼类捕获量(万吨)	**1161**	**920**	**951**	**957**	**987**	**1022**	**1162**	**1173**	**1251**	**1293**	**1288**
农用拖拉机和收割-脱粒机年底拥有量(万台)(3)	**2264**	**2876**	**3059**	**3176**	**3294**	**3365**	**3453**	**3429**	**2492**	**2485**	**2507**
化肥施用量(公斤/公顷)	**265**	**333**	**335**	**341**	**346**	**351**	**357**	**359**	**362**	**362**	**360**
单位耕地面积农药使用量(千克/公顷)	**…**	**10.6**	**10.7**	**10.8**	**10.9**	**11.0**	**11.1**	**11.0**	**10.9**	**10.7**	**10.5**

资料来源：

中华人民共和国国家统计局，《中国农村统计年鉴》2000-2016 年，《中国统计年鉴》2000-2016 年；《中华人民共和国 2016 年国民经济和社会发展统计公报》。

脚注：

(1)2003 年以前的农业生产指数以 1990 年可比价格计算；2003 年起执行新国民经济行业分类标准，总产值包括农林牧渔服务业产值。

(2) 上年 =100。

(3) 农用拖拉机和收割 - 脱粒机年底拥有量包括大中型拖拉、小型拖拉机和联合收获机。2014 年起不包括脱粒机。

表 10.2.5 农业、林业、牧业和渔业——南非[1]

	2000	2007	2008	2009	2010	2011	2012	2013	2014	2015	2016
农业生产指数(%)											
谷物	…	99.8	…	100.2	100.0	104.2	106.8	107.7	119.5	99.2	92.9
林产品	…	100.3	…	99.8	100.0	100.0	…	…	…	…	…
畜产品	…	99.9	…	100.1	100.0	100.0	101.5	104.2	107.8	112.3	112.1
主要农产品产量(万吨)											
谷物											
玉米	1100	713	1270	1205	1282	1036	1212	1181	1425	996	778
小麦	235	191	213	196	143	201	187	187	175	144	191
大麦	14	22	19	22	19	31	30	27	30	33	35
高粱	35	18	26	28	20	16	14	15	27	12	7
葵花籽	53	30	87	80	49	86	52	56	83	66	76
大豆	15	21	28	52	57	71	65	78	95	107	74
棉花	7	3	3	2	2	5	3	1	2	5	3
花生	11	6	9	10	9	6	6	4	7	6	2
干豆	7	4	6	7	5	4	5	6	8	7	4
甘蔗	2388	1972	1926	1866	1602	1680	1728	2003	1116	1486	1507
烟草	3	1	1	1	1	2	2	2	1	1	2
水果(果园产)											
香蕉	38	35	39	37	40	39	39	42	46	43	31
苹果	60	71	78	82	72	78	80	90	78	93	92
柑橘	171	217	228	215	215	234	238	286	276	266	…
梨	30	34	34	34	37	35	34	37	40	39	43
葡萄	21	26	27	30	27	35	27	26	27	31	36
菠萝	17	15	13	12	9	11	10	10	9	10	9
主要农产品单产(公斤/公顷)											
谷物											
玉米	3210	2790	4540	4960	4670	4370	4490	4250	5300	3750	4000
小麦	2515	3010	2850	3050	2560	3320	3660	3700	3672	2987	3756
大麦	1830	3030	2810	2890	2350	3890	3510	3290	3550	3540	3990
高粱	2480	2550	2940	3230	2270	2240	2790	2350	3360	1710	1450
葵花籽	1340	950	1550	1260	1230	1340	1150	1100	1390	1150	1050
大豆	1640	1120	1700	2170	1820	1700	1380	1520	1890	1560	1480
棉花	1368	2825	2927	3245	4085	3563	3514	2112	3167	3291	3383
花生	1370	1420	1640	1820	1530	1170	1300	880	1430	1070	780
干豆	1000	780	1350	1530	1180	1000	1200	1380	1470	1150	1030
马铃薯	2987	3522	4047	4141	4116	4179	4159	4353	4383	4635	2151
甘蔗	67741	66355	64168	67002	67072	59082	66455	67205	75329	65138	60320
烟草	1904	2133	2676	2639	3075	2777	3207	2923	2745	2918	3000
肉类产量(万吨)											
牛肉和小牛肉	58	83	80	80	90	88	87	95	100	107	111
羊肉	10	15	15	15	14	15	17	17	17	17	14
山羊肉	1	1	1	1	1	1	1	1	1	1	1
禽肉	87	153	164	165	171	173	167	167	172	179	183
奶类产量(万吨)											
牛奶	231	299	304	300	312	311	321	326	334	354	352
禽蛋(万吨)	**33**	**44**	**43**	**40**	**41**	**45**	**48**	**47**	**45**	**48**	**48**

资料来源：

1. 南非农业、林业和渔业局。

脚注：

(1) 指商业性农业数据。

图 10.1　谷物产量

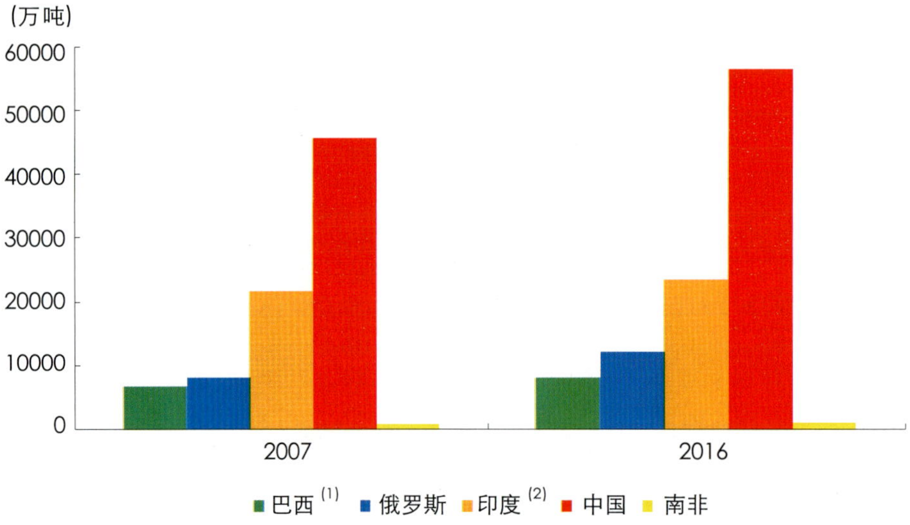

注：(1) 2016 年为初步数据。
(2) 2016 年为 2015 年数据。

主要统计指标解释

通用解释

耕种面积 包括播种和处于休耕期的耕地面积。

单产 为产量与播种面积的比值。

国家解释

巴西

水果产量 包括以下水果：桔子、香蕉、葡萄、菠萝、木瓜、西瓜、苹果、椰子、百香果、芒果、柑橘、柠檬、甜瓜、番石榴、桃子、柿子、鳄梨、腰果、无花果、梨、坚果和榅桲。

耕种面积 仅包括收获面积。

牛奶产量 用升表示的奶类数据转换为千克表示，转换公式为 1 公斤 =1.03 升。2016 年最终数据将在 2017 年 9 月发布。

鱼类捕获量 2011 年后没有数据。

木材生产量 从林区采集的圆木，用于木浆生产和其他用途，如家具、造船和建筑（不包括薪材）。

单位耕地面积农药使用量 农药消费量除以种植面积（千克 / 公顷）。

俄罗斯

农业生产 汇总了包括私人部门企业（例如家庭企业和农场企业以及个体雇主）在内的所有农业生产机构的种植业和畜牧业的生产活动，数据以价值量表示，按现价实际价格计算。为了计算农业生产指数，产量指标是用上年可比价格计算的。

印度

印度农业部是负责印度农业统计数据的采集、编制和发布的枢纽。

印度农业部农业合作司的经济和统计处主要负责农作物统计，数据按农业年度统计，即报告期为当年 7 月至下年 6 月。农业部畜牧业乳业和渔业司生产和发布牲畜数据，数据按财年统计，即报告期为当年 4 月至下年 3 月。

耕种面积 包括净播种面积和当前休耕面积。

中国

农业生产指数 为使用生产者价格缩减指数计算的农业总产值的发展速度。

木材生产量 指在砍伐、造材、集材并最终运到贮木场或指定的集散地之后按照国家木材标准测出并认可的材积。

单位耕地面积农药使用量 是用同一时期的农药使用总量除以耕地总面积得出，单位通常是为千克每公顷或千克每亩。

11

交通运输

表 11.1　交通运输概况

	2000	2007	2008	2009	2010	2011	2012	2013	2014	2015	2016
铁路营业里程（万公里）											
巴西	2.9	2.9	3.1	3.0	2.8	2.9	2.9	3.0	3.0	3.0	3.0
俄罗斯	8.6	8.5	8.6	8.6	8.6	8.6	8.6	8.6	8.6	8.6	8.6
印度[1]	6.3	6.3	6.3	6.4	6.4	6.4	6.5	6.5	6.6	6.6	6.7
中国	6.9	7.8	8.0	8.6	9.1	9.3	9.8	10.3	11.2	12.1	12.4
南非	2.1	2.1	2.1	2.1	2.1	…	…	…	…	…	…
公路里程（万公里）											
巴西	157.3	157.4	161.1	155.7	155.8	156.1	156.1	156.1	156.3	157.1	157.1
俄罗斯[2]	53.2	62.4	62.9	64.7	66.5	72.8	92.5	98.5	102.4	104.6	105.4
印度[1]	18.5	21.9	22.1	22.9	23.1	23.5	24.1	24.8	26.2	26.5	…
中国	168.0	358.4	373.0	386.1	400.8	410.6	423.8	435.6	446.4	457.7	469.6
南非	…	…	…	…	…	…	…	…	…	…	…
管道输油（气）里程（万公里）											
巴西	…	0.7	0.7	0.7	0.8	0.8	0.8	0.8	0.8	0.8	…
俄罗斯	4.8	5.0	4.9	4.9	4.9	5.1	5.5	5.5	5.5	5.5	5.4
印度[1][7]	1.6	2.5	2.6	2.9	3.0	3.1	3.4	3.8	4.1	4.1	4.2
中国	2.5	5.4	5.8	6.9	7.8	8.3	9.2	9.8	10.6	10.9	11.5
南非	0.3	0.3	0.3	0.3	0.3	…	…	…	…	…	…
旅客周转量（所有方式）（亿人公里）											
巴西	…	…	…	…	…	…	…	…	…	…	…
俄罗斯	4962	4973	5122	4642	4840	5028	5325	5472	5562	5300	5198[3]
印度	…	…	…	…	…	…	…	…	…	…	…
中国[4][8]	12261	21593	23197	24835	27894	30984	33383	27572	28650	30060	31260
南非	…	…	…	…	…	…	…	…	…	…	…
货物周转量（所有方式）（亿吨公里）											
巴西	…	…	…	…	…	…	…	…	…	...	...
俄罗斯	36375	49154	49477	44456	47517	49145	50560	50840	50800	50940	51850[3]
印度	…	…	…	…	…	…	…	…	…	...	...
中国[4][5][9]	44321	101419	110300	122133	141837	159324	173804	168014	181670	178360	186630
南非	…	…	…	…	…	…	…	…	…	...	...
航空旅客周转量（亿人公里）											
巴西	482	606	691	764	940	1078	1135	1160	1225	1275	1221
俄罗斯	534	1110	1226	1125	1471	1668	1958	2252	2414	2268	2156
印度[6]	262	779	784	894	1032	1128	1000	1140	1269	1458	…
中国	971	2792	2883	3375	4039	4537	5026	5657	6334	7283	8378
南非	…	…	…	…	…	…	…	…	…	…	…

资料来源：

巴西

1. 巴西陆路运输局。
2. 巴西民航局。
3. 国家交通运输基础设施部，《2013 年全国运输系统》。
4. 国家石油天然气和生物燃料机构。

俄罗斯

1. 俄罗斯联邦统计局。
2. 联邦公路局。

3. 俄罗斯航空局。

印度

1. 印度铁道部，《印度铁路年度统计报表》，(各期)。
2. 印度道路运输及公路部，《印度基本道路统计》，(各期)。
3. 印度石油和天然气部，《印度石油和天然气统计》(各期)。
4. 印度民航部民航总局，《航空运输统计》，(各期)。

中国

1. 中华人民共和国交通运输部，《年度统计资料》，2000-2016 年。
2. 中国民用航空局，《年度统计资料》，2000-2016 年。
3. 中国铁路总公司，《年度统计资料》，2012-2016 年。
4. 中国石油天然气集团公司，《年度统计资料》，2000-2016 年。
5. 中国海洋石油总公司，《年度统计资料》，2016 年。
6. 中华人民共和国国家统计局，《中国统计年鉴》，2000-2016 年；《中华人民共和国 2016 年国民经济和社会发展统计公报》。
7. 中国石油化工集团公司，《年度统计资料》，2000-2016 年。

南非

南非国家交通运输集团有限公司。

脚注：

俄罗斯

(2) 指运营中的铺有路面的公共道路 (包括高速公路) 的里程。数据为年末数。

(3) 初步数据。

印度

(1) 表中数据为当年 3 月 31 日数据。公路仅包括国家和邦一级的公路 (不包括乡村道路、工程道路和城市道路等)。

(6) 为财年数据，即当年 4 月至下年 3 月。

(7) 包括原油和天然气管道。

中国

(4) 自 2013 年，因分类改变，故 2013 年和 2014 年数据无法与之前数据比较。

(5) 自 2013 年，管道运输统计口径在原中国石油天然气集团公司、中国石油化工集团公司基础上增加中国海洋石油总公司。

(8) 所有方式：包括铁路、公路、水路和航空。

(9) 所有方式：包括铁路、公路、水路、航空和管道。

表 11.2.1　交通运输——巴西

	2000	2006	2007	2008	2009	2010
交通运输量						
公路客运量(亿人公里)	…	0.28	0.28	0.27	…	…
铁路旅客周转量(亿人公里)	4.16	4.64	4.44	4.58	4.21	4.38
铁路货物周转量(亿吨公里)	1557	2381	2571	2670	2453	2779
航空旅客周转量(亿人公里)(1)	480	570	610	690	760	940
航空货物周转量(亿吨公里)(1)	61	69	70	74	80	100
石油管道运输量(亿吨)(2)	…	2.51	…	…	…	…
每万平方公里土地上运营的铁路长度(公里)(2)	**34**	**34**	**34**	**36**	**35**	**33**
汽车拥有量						
汽车登记量(万辆)	1997	2787	2985	3206	…	…
乘用汽车和公共汽车(万辆)	2023	2822	3023	…	…	…
涉及人员伤亡的道路交通事故						
事故数(起)	378811	424137	508186	…	…	…
受伤人数(人)	358762	404385	484900	…	…	…
死亡人数(人)	20049	19752	23286	…	…	…
国际航线数(次)(3)	**30416**	**27535**	**29912**	**33934**	**34787**	**33611**

	2011	2012	2013	2014	2015	2016
交通运输量						
公路客运量(亿人公里)	…	…	…	…	…	…
铁路旅客周转量(亿人公里)	4.22	4.21	3.92	…	…	…
铁路货物周转量(亿吨公里)	2932	3017	2986	…	…	…
航空旅客周转量(亿人公里)(1)	1080	1130	1160	…	…	…
航空货物周转量(亿吨公里)(1)	117	121	125	130	…	…
石油管道运输量(亿吨)	…	…	…	…	…	…
每万平方公里土地上运营的铁路长度(公里)(2)	**34**	**34**	**35**	**35**	**…**	**…**
汽车拥有量	**…**	**…**	**…**	**…**	**…**	**…**
汽车登记量(万辆)	…	…	…	…	…	…
乘用汽车和公共汽车(万辆)	…	…	…	…	…	…
涉及人员伤亡的道路交通事故	**…**	**…**	**…**	**…**	**…**	**…**
事故数(起)	…	…	…	…	…	…
受伤人数(人)	…	…	…	…	…	…
死亡人数(人)	…	…	…	…	…	…
国际航线数(次)(3)	**36901**	**36240**	**39041**	**39058**	**44848**	**46160**

资料来源：

1. 巴西陆路运输局。
2. 巴西民航局。
3. 国家交通运输基础设施部，《2013 年全国运输系统》。

脚注：

(1) 指付费的国内和国际运输量。

(2) 估计数。

(3) 单位是货运和客运数量。国际航线是出发或者到达地点至少一方在国外的国际航班。例如，8108 号国际航班在一月份每天都要起飞，那么一月份该航班的国际航线统计次数就是 31 次。具体见可持续发展指标 (SDGS) 9.1.2 - Website: https://unstats.un.org/sdgs/metadata/files/Metadata-09-01-02.pdf.

表 11.2.2　交通运输——俄罗斯

	2000	2006	2007	2008	2009	2010
交通运输量						
公路旅客周转量(亿人公里)(1)	1737	1360	1499	1521	1415	1406
公路货物周转量(亿吨公里)(2)	1527	1988	2058	2163	1801	1993
铁路旅客周转量(亿人公里)	1671	1778	1741	1759	1515	1389
铁路货物周转量(亿吨公里)	13732	19508	20903	21162	18653	20113
航空旅客周转量(亿人公里)	534	939	1110	1226	1125	1471
航空货物周转量(亿吨公里)	25	29	34	37	36	47
石油管道运输量(万吨)	29500	46100	46200	45600	47400	49200
公路里程(万公里)(3)	**53**	**60**	**62**	**63**	**65**	**67**
每万平方公里土地上运营的铁路长度(公里)	**50**	**…**	**50**	**…**	**50**	**…**
汽车拥有量(4)						
卡车登记量(万辆)	440	493	517	535	532	541
乘用汽车和公共汽车(万辆)	2099	2762	3029	3292	3398	3525
涉及人员伤亡的道路交通事故						
事故数(起)	157596	229140	233809	218322	203618	199431
受伤人数(人)	179401	285362	292206	270883	255484	250635
死亡人数(人)(5)	29594	32724	33308	29936	27659	26567

	2011	2012	2013	2014	2015	2016
交通运输量						
公路旅客周转量(亿人公里)(1)	1386	1333	1260	1271	1263	1243
公路货物周转量(亿吨公里)(2)	2228	2489	2501	2468	2325	2345(6)
铁路旅客周转量(亿人公里)	1398	1446	1385	1300	1206	1246
铁路货物周转量(亿吨公里)	21278	22224	21962	23005	23059	23441
航空旅客周转量(亿人公里)	1668	1958	2252	2414	2268	2156
航空货物周转量(亿吨公里)	50	51	50	52	56	66
石油管道运输量(万吨)	54400	52300	52500	53200	54300	54300
公路里程(万公里)(3)	**73**	**93**	**99**	**102**	**105**	**105**
每万平方公里土地上运营的铁路长度(公里)	**50**	**50**	**50**	**50**	**50**	**…**
汽车拥有量(4)						
卡车登记量(万辆)	555	575	605	624	623	623
乘用汽车和公共汽车(万辆)	3732	3972	4231	4430	4513	4604
涉及人员伤亡的道路交通事故						
事故数(起)	199868	203597	204068	199723(7)	184000	173694
受伤人数(人)	251848	258618	258437	251793(7)	231197	221140
死亡人数(人)(5)	27953	27991	27025	26958(7)	23114	20308

资料来源：

1. 俄罗斯联邦统计局。
2. 俄罗斯联邦内务部。
3. 俄罗斯联邦航空运输局。

脚注：

(1) 指为了商业目的由法人企业和个体企业（包括小企业）运送的旅客。

(2) 所有组织机构的货物周转量。

(3) 铺有路面的公共道路，年末数。

(4) 自然人和法人作为物质财产而拥有的小汽车数量。

(5) 从 2009 年起为事故后 30 天内死亡的人数；2009 年之前为事故后 7 天内死亡的人数。

(6) 初步数据。

表 11.2.3　交通运输——印度

	2000	2006	2007	2008	2009	2010
交通运输量						
铁路旅客周转量(亿人公里)	4570	6948	7700	8380	9035	9785
铁路货物周转量(亿吨公里)	3155	4834	5232	5520	6013	6265
民航客运量(亿人)	0.18	0.43	0.53	0.50	0.57	0.67
航空旅客周转量(亿人公里)	262	639	779	784	894	1032
航空货物周转量(亿吨公里)	5.49	8.60	10.41	11.96	14.27	16.47
公路旅客周转量(亿人公里)(5)	20760	46570	54820	61820	71920	84090
公路货物周转量(亿吨公里)(6)	4940	8260	9340	10220	11440	12870
航空运输时间(万小时)	35	92	114	121	125	136
飞机飞行距离(亿公里)	2	5	7	7	7	8
机动车生产量(万辆)(1)	476	1109	1085	1117	1406	1792
乘用车和公共汽车登记数量(万辆)(2)	671	1252	1400	1538	1680	1864
小汽车拥有量(万辆)(3)	530	911	1015	1120	1237	1375
每万平方公里土地上运营的铁路长度(公里)	**192**	**193**	**192**	**195**	**195**	**196**
涉及人员伤亡的道路交通事故						
事故数(起)	391449	460920	479216	484704	486384	499628
受伤人数(人)	399265	496481	513340	523193	515458	527512
死亡人数(人)	78911	105749	114444	119860	125660	134513

表 11.2.3 交通运输——印度

(续表)

	2011	2012	2013	2014	2015
交通运输量					
铁路旅客周转量(亿人公里)	10465	10981	11404	11472	11430
铁路货物周转量(亿吨公里)	6686	6506	6667	6626	6556
民航客运量(亿人)	0.75	0.69	0.76	0.87	1.04
航空旅客周转量(亿人公里)	1128	1000	1140	1269	1458
航空货物周转量(亿吨公里)	18	309	1159	1156(4)	1256(4)
公路旅客周转量(亿人公里)(5)	94780	103930	117560	133830	…
公路货物周转量(亿吨公里)(6)	14080	15080	16540	18220	…
航空运输时间(万小时)	146	125	142	150	169
飞机飞行距离(亿公里)	8.30	7.19	8.15	8.98	10.77
机动车生产量(万辆)(1)	2038	2065	2150	2337	…
乘用车和公共汽车登记数量(万辆)(2)	2084	2325	2587	2789	3058
小汽车拥有量(万辆)(3)	1547	1757	2050	2167	2381
每万平方公里土地上运营的铁路长度(公里)	**197**	**199**	**200**	**201**	**203**
涉及人员伤亡的道路交通事故					
事故数(起)	497686	490383	486476	489400	501423
受伤人数(人)	511394	509667	494893	493474	500279
死亡人数(人)	142485	138258	137572	139671	146133

资料来源：

1. 印度铁道部，《印度铁路年度统计报表》(各期)。
2. 印度道路运输和公路部，《印度基本公路统计》(各期)，以及印度道路运输及公路部，《印度基本道路统计》(各期)以及《运输年鉴》。
3. 印度石油和天然气部，《财年印度石油和天然气统计》(各期)。
4. 印度民航部民航总局，《航空运输统计》(各期)。

脚注：

铁路和民航数据以及汽车生产量按财年统计，即当年 4 月至下年 3 月。车辆登记数量和拥有量为 3 月 31 日数据，有关事故、受伤和死亡的数据按公历年度统计。

(1) 包括乘用汽车、商用汽车、三轮车和两轮车。

(2) 包括小汽车、吉普车、出租车和公交车。

(3) 印度汽车登记数量为当年 3 月 31 日数据，但 2000 年数据为 2001 年 3 月 31 日数据。

(4) 2014/2015 年数据不包括印度最大的快递公司——蓝色飞镖快递公司数据。

(5) 2006/07 年至 2014/15 年的 公路运输数据为估计数。

(6) 2007/08 年至 2014/2015 年的公路运输数据为估计数。

表 11.2.4　交通运输——中国

	2000	2006	2007	2008	2009	2010
交通运输量						
公路旅客周转量(亿人公里)[6]	6657	10131	11507	12476	13511	15021
公路货物周转量(亿吨公里)[6]	6129	9754	11355	32868	37189	43390
铁路旅客周转量(亿人公里)	4533	6622	7216	7779	7879	8762
铁路货物周转量(亿吨公里)	13770	21954	23797	25106	25239	27644
航空旅客周转量(亿人公里)	971	2371	2792	2883	3375	4039
航空货物周转量(亿吨公里)	50	94	116	120	126	179
水运旅客周转量(亿人公里)[6]	101	74	78	59	69	72
水运货物周转量(亿吨公里)[6]	23734	55486	64285	50263	57557	68428
石油管道运输量(亿吨)[1]	1.9	3.3	4.1	4.4	4.5	5.0
国内定期航班航线里程(万公里)[2]	99	115	130	134	143	169
定期航班通航机场数(个)[3]	139	142	148	152	165	175
每万平方公里土地上运营的铁路长度(公里)	**72**	**80**	**81**	**83**	**89**	**95**
民用汽车拥有量						
汽车拥有量(万辆)[4]	1609	3697	4358	5100	6281	7802
小汽车拥有量(万辆)[5]	…	2395	2962	3595	4591	5862
国际航线数(条)	**133**	**268**	**290**	**297**	**263**	**302**
涉及人员伤亡的道路交通事故						
事故数(起)	616971	378781	327209	265204	238351	219521
受伤人数(人)	418721	431139	380442	304919	275125	254075
死亡人数(人)	93853	89455	81649	73484	67759	65225

表 11.2.4　交通运输——中国

（续表）

	2011	2012	2013	2014	2015	2016
交通运输量						
公路旅客周转量(亿人公里)(6)	16760	18468	11251	10997	10743	10229
公路货物周转量(亿吨公里)(6)	51375	59535	55738	56847	57956	61080
铁路旅客周转量(亿人公里)	9612	9812	10596	11242	11961	12579
铁路货物周转量(亿吨公里)	29466	29187	29174	27530	23754	23792
航空旅客周转量(亿人公里)	4537	5026	5657	6334	7283	8378
航空货物周转量(亿吨公里)	174	164	170	188	208	222
水运旅客周转量(亿人公里)(6)	75	77	68	74	73	72
水运货物周转量(亿吨公里)(6)	75424	81708	79436	92775	91772	97339
石油管道运输量(亿吨)(1)	5.7	6.2	6.5	7.4	7.6	7.3
国内定期航班航线里程(万公里)(2)	200	200	260	287	292	352
定期航班通航机场数(个)(3)	178	180	190	200	206	216
每万平方公里土地上运营的铁路长度(公里)	**97**	**102**	**107**	**116**	**126**	**129**
民用汽车拥有量						
汽车拥有量(万辆)(4)	9356	10933	12670	14598	16285	18575
小汽车拥有量(万辆)(5)	7204	8683	10313	12075	13866	16048
国际航线数(条)	**443**	**381**	**427**	**490**	**660**	**739**
涉及人员伤亡的道路交通事故						
事故数(起)	210812	204196	198394	196812	187781	
受伤人数(人)	237421	224327	213724	211882	199880	
死亡人数(人)	62387	59997	58539	58523	58022	

资料来源：

1. 中华人民共和国交通运输部，年度统计资料，2000-2016 年。
2. 中国民用航空局，年度统计资料，2000-2016 年。
3. 中国铁路总公司，年度统计资料，2012-2016 年。
4. 中国石油天然气集团公司，年度统计资料，2000-2016 年。
5. 中国海洋石油总公司，年度统计资料，2016 年。
6. 中华人民共和国国家统计局，《中国统计年鉴》，2000-2016 年；《中华人民共和国 2016 年国民经济和社会发展统计公报》。
7. 中华人民共和国公安部，年度统计资料，2000-2016 年。
8. 中国石油化工集团公司，年度统计资料，2000-2016 年。

脚注：

(1)2013 年，管道运输统计口径在原中国石油天然气集团公司、中国石油化工集团公司基础上增加中国海洋石油总公司。

(2) 自 2011 年起，原指标“国内民用航线里程”更名为“国内定期航班航线里程”，统计口径不发生变化。

(3) 自 2011 年起，原指标“民用机场数”更名为“定期航班通航机场数”，统计口径不发生变化。

(4) 汽车拥有量不包括三轮汽车和低速货车。

(5) 小汽车拥有量包括小型载客汽车和微型载客汽车拥有量。

(6) 自 2013 年起，因分类改变，2013 年和 2014 年数据无法与之前数据比较。

表 11.2.5 交通运输——南非

	2000	2007	2008	2009	2010
交通运输量					
公路客运量(亿人)	…	…	2.8	2.9	2.9
公路货运量(亿吨)	…	…	5.1	4.6	4.9
铁路客运量(亿人)(1)(2)	…	5.9	6.1	6.4	5.2
铁路货运量(亿吨)	…	…	1.8	1.8	1.9
石油管道运输量(亿吨)(3)(4)	…	169	172.2	177.5	…
每万平方公里土地上运营的铁路长度(公里)	…	**…**	**…**	**…**	**172(5)**
汽车拥有量					
乘用汽车和公共汽车(万辆)	…	548	560	574	593
涉及人员伤亡的道路交通事故					
死亡人数(人)	…	14920	13875	13768	13967

	2011	2012	2013	2014	2015	2016
交通运输量						
公路客运量(亿人)	3.0	3.1	2.8	3.0	3.0	2.9
公路货运量(亿吨)	5.3	5.3	5.4	5.7	5.5	5.6
铁路客运量(亿人)(1)(2)	5.2	5.4	5.6	5.4	5.1	5.1
铁路货运量(亿吨)	2.0	2.1	2.2	2.3	2.2	2.2
石油管道运输量(亿吨)(3)(4)	…	…	…	…	…	…
每万平方公里土地上运营的铁路长度(公里)	**…**	**…**	**…**	**…**	**…**	**…**
汽车拥有量						
乘用汽车和公共汽车(万辆)	617	645	672	697	719	814
涉及人员伤亡的道路交通事故						
死亡人数(人)	13954	13528	11844	12702	12944	14071

资料来源：

1. 南非统计局。
2. 南非客运铁路运输局。
3. 南非国家交通运输集团有限公司。

脚注：

(1) 南非客运铁路运输局。

(2) 仅包括地铁。

(3) 管道运输。

(4) 陆地运输调查是涵盖南非铁路和公路运输的客货运输月度调查。这项调查是从 2010 年企业抽样框 (BSF) 中抽取的样本，BSF 覆盖出于增值税目的而登记的企业。这项调查已经于 2003 年开始取代了陆地货运调查，并于 2008 年进行了重新设计。

(5) 估算数据。

图 11.1　2016 年每万平方公里土地上运营的铁路长度

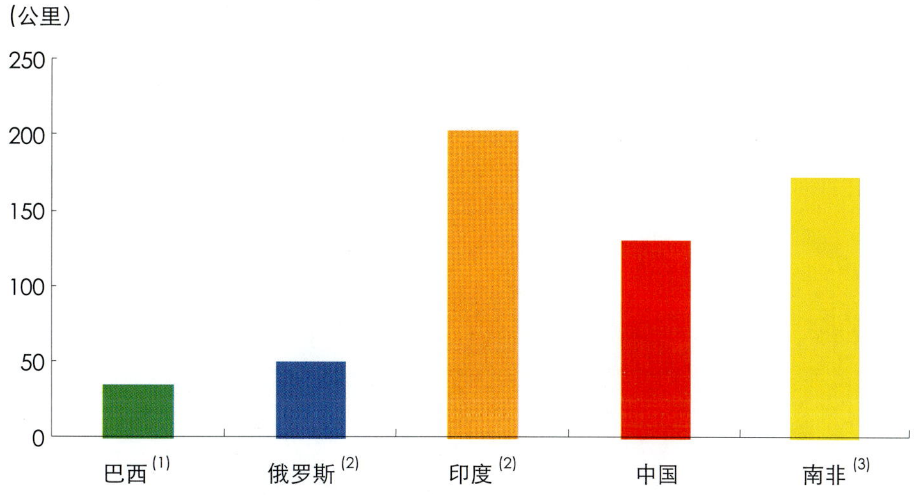

注：(1) 为 2014 年数据。

(2) 为 2015 年数据。

(3) 为 2010 年数据。

主要统计指标解释

巴西

公路里程 指联邦、州和市级的公路，不包括正在规划中的公路。

联邦公路数据在 2016 年 12 月在 www.dnit gov.br 上发布。

俄罗斯

旅客周转量（所有方式） 由各种运输工具运送旅客数量与平均运距的乘积，计量单位是“人公里”。所有方式包括铁路、公共汽车、出租车、电车、有轨电车，地铁、海运、内陆水运和空运。

货物周转量（所有方式）由各种运输工具实际完成运送货物的吨数与运送距离的乘积计算的货物运输量，计量单位是吨公里。所有方式包括铁路、汽车、管道、海运、内陆水运和空运。

公路 指作为联邦财产的联邦道路，作为俄罗斯联邦主体财产的地区和地区间道路，以及作为自治州、市和市辖区财产的地方道路。

印度

铁路营业里程 路线总公里数，包括电气化和非电气化铁路。

公路里程 不包括城市道路和工程道路。

石油管道里程 包括陆地和海上基础设施。

民航 航空运输和飞行数据包括印度的航空运输公司提供的国内和国际航线服务。

中国

铁路营业里程 又称营业长度（包括正式营业和临时营业里程），指办理客货运输业务的铁路正线总长度。

公路里程 指在一定时期内实际达到《公路工程 [WTBZ] 技术标准 JTJ01-88》规定的等级公路，并经公路主管部门正式验收交付使用的公路里程数。

管道输油（气）里程 指油品（或天然气）的实际输送距离，一般按输油（气）管道的单线长度计算。

货物(旅客)周转量 指在一定时期内，由各种运输工具运送的货物(旅客)数量与其相应运输距离的乘积之总和。

管道输油（气）里程 指油品（或天然气）的实际输送距离，一般按输油（气）管道的单线长度计算。

国内定期航班航线里程 指统计期内全部国内定期航班航线的航线总长度。

定期航班通航机场数 指供民用航空飞机起飞、降落、滑行、停放以及进行其他活动使用的划定区域数。

民用汽车拥有量 指报告期末，公安部交通管理部门按照《机动车注册登记工作规范》，已注册登记领有民用车辆牌照的全部汽车数量。

12

信息社会

表 12.1 信息通信技术(ICT)概况

	2000	2007	2008	2009	2010
每千人电话主线拥有量(条)					
巴西	186	207	214	216	217
俄罗斯	226	317	319	318	314
印度(1)	26	34	33	32	30
中国(2)	124	278	258	236	221
南非(3)	...	46	46	44	44
每千人蜂窝移动电话用户数(户)					
巴西	140	636	781	905	1047
俄罗斯(4)	22	1199	1398	1614	1664
印度(1)	2	204	300	447	632
中国	67	416	485	563	644
南非					
每千户家庭中拥有蜂窝式移动电话的家庭数(户)(5)	...	739	778	836	869
每千人蜂窝式移动电话用户数(户)(6)	...	773	847	870	886
每千人个人电脑拥有量(台)					
巴西(7)	...	...	97	127	149
俄罗斯	64	218	268	365	437
印度	...	...	...	...	...
中国(8)	...	...	...	...	...
南非(9)	...	...	...	...	...
每千人互联网用户数(户)					
巴西(7)(10)					
总人口	...	...	348	417	...
十岁和十岁以上人口	...	...	340	390	410
俄罗斯(13)	20	247	268	290	430
印度(11)	5	40	44	51	75
中国	18	160	226	289	343
南非(12)	...	...	...	24	28
日报种类(种)					
巴西	...	555	673	682	652
俄罗斯(16)	946	774	787	793	770
印度(14)	5364	7131	7710	8475	9355
中国(15)	2007	1938	1943	1937	1939
南非(17)	16	21	21	21	21

表 12.1 信息通信技术(ICT)概况

（续表）

	2011	2012	2013	2014	2015	2016
每千人电话主线拥有量(条)						
巴西	220	225	225	221	213	203
俄罗斯	309	301	289	268	248	233
印度(1)	27	25	23	22	20	19
中国(2)	213	206	196	182	168	149
南非(3)	42	39	37	37	32	28
每千人蜂窝移动电话用户数(户)						
巴西	1239	1339	1364	1380	1257	1184
俄罗斯(4)	1790	1827	1933	1908	1938	1978
印度(1)	742	708	717	754	798	880
中国	736	825	903	940	925	956
南非						
每千户家庭中拥有蜂窝式移动电话的家庭数(户)(5)	897	929	948	956	...	...
每千人蜂窝式移动电话用户数(户)(6)	1084	871	...	...	...	...
每千人个人电脑拥有量(台)						
巴西(7)	205	224	260	...	...	...
俄罗斯	...	...	...	...	...	...
印度	...	...	...	...	...	
中国(8)	...	...	160	175	183	189
南非(9)	...	54	55	60	60	64
每千人互联网用户数(户)						
巴西(7)(10)						
总人口	465	492	...	...	...	...
十岁和十岁以上人口	460	490	510	544	583	...
俄罗斯(13)	490	638	680	705	734	764
印度(11)	101	126	193	214	262	306
中国	383	421	458	479	503	532
南非(12)	27	27	28	31	29	29
日报种类(种)						
巴西	684	727	722	784	...	...
俄罗斯(16)	789	749	739	703	563	...
印度(14)	10205	10908	12109	13350	14573	15723
中国(15)	1928	1918	1915	1912	1906	
南非(17)	22	22	22	22	22	22

资料来源：

巴西

1. 巴西通信局。

2. 巴西国家地理与统计局，全国住户抽样调查，2007-2016 年。按性别和年龄分组的分量法人口预测结果，2000-2030 年。

3. 信息和通信技术研究中心 –ICT 住户调查 (2008-2015 年)。

4. 巴西国家报业协会。

俄罗斯

1. 俄罗斯联邦电信和大众传播部。

2. 俄罗斯联邦统计局。

3. 世界银行。

印度

1. 印度电信监管局。

2. 印度信息和广播部，印度报纸注册办公室，《印度出版业》(各期)。

中国

1. 中华人民共和国工业和信息化部。

2. 中华人民共和国国家统计局，中国城乡住户调查，2013-2015 年；中国城镇住户调查，2000-2012 年；中国农村住户调查，2000-2012 年。

3. 中华人民共和国新闻出版广播电影电视总局，年度统计资料，2010-2016 年。

南非

1. 南非住户调查，2002-2016 年。南非统计局。

2. 南非听众调查机构。

脚注：

巴西

(7) 指十岁及以上人口。

(10) 2012 年前数据只包括经由个人电脑访问互联网的用户数，2013 年后涵盖经由所有设备访问互联网的用户数。

俄罗斯

(4) 指无线电话 (移动) 通信用户数。年底数据。

(13) 2013 年以前，数据来自世界银行。2013 年起，该指标依据俄罗斯联邦统计局有关数据计算而得，具体为过去 12 个月中使用过互联网的 15-72 岁人口在 15-72 岁总人口中所占比例。

(16) 周发行三次以上报纸种类。

印度

(1)2000 年为 2000 财年末 (即 2001 年 3 月 31 日) 数据，其他年份为日历年末数据。电话主线指有线线路，而蜂窝移动电话指无线用户。

(11)2000-2012 年数据来自国际电信联盟数据库，2013-2015 年数据为印度电信监管局截至当年 12 月 31 日的数据。

(14) 除 2000 年为当年 12 月 31 日数据外，其他年份均为 3 月 31 日数据。

中国

(2) 包括小灵通。

(8) 从 2013 年起 , 国家统计局开展了全国住户调查，与 2013 年前的分城镇和农村住户抽样调查的调查范围、调查方法、指标口径有所不同。

(15) 各种报纸的种类。

南非

家计调查相关问题如下：

(3) 本住户是否接入电话线？计算方法为，有电话的住户个数 / 总人口 ×1000，调查数据。

(5) 本住户是否拥有蜂窝式移动电话？计算方法为，至少有一部移动电话的住户个数 / 住户总数 × 1000，调查数据。

(6) 与运营商签约的移动电话用户数 (数据可从南非独立通信监管局网络上获得)/ 总人口 ×1000。

(9) 本住户是否有计算机 (2005 年、2012 年和 2013 年)。

(12) 本住户住宅是否接入互联网 (2009-2013 年数据)。

(17) 当前报纸数量，包括不在周末和公共假日发行的报纸。

表 12.2.1　信息通信技术(ICT)——巴西

	2000	2007	2008	2009	2010	2011	2012	2013	2014	2015
每100居民的固定电话线(条)	30.9	20.7	21.4	21.6	21.7	22.0	22.5	22.5	22.1	21.3
每100居民中的移动蜂窝电话用户(户)	17.0	63.6	78.5	90.5	104.7	123.9	132.8	136.4	138.0	125.7
每100居民中的固定互联网用户(户)	...	4.4	5.6	6.5	7.8	8.7	9.9	11.0	11.8	12.4
每100居民中的固定宽带互联网用户(户)	0.2	4.4	5.6	6.5	7.8	8.7	9.9	11.0	11.8	13.2
每100居民中的移动宽带用户(户)		...	1.0	3.7	9.9	19.8	29.6	51.2	77.8	88.7
拥有收音机的家庭比例(%)	87.9	88.0	88.9	87.9	81.4	83.4	80.9	75.7	72.1	69.2
拥有电视机的家庭的比例(%)	87.2	94.4	95.1	95.7	95.1	96.9	97.2	97.2	97.1	97.1
拥有电话的家庭的比例(%)	...	76.8	82.1	84.3	0.0	89.9	91.2	92.5	93.5	93.3
拥有个人电脑的家庭比例(%)	10.6	26.5	31.2	34.7	38.3	42.9	46.4	48.9	48.5	46.2
在过去的3个月(在任何地点)使用了计算机的个人比例(%)	...	40.0	38.0	43.0	44.0	48.0	51.0	51.0	50.0	46.5
在家中拥有互联网接入的家庭比例(%)	...	20.0	23.8	27.4	30.7	36.5	40.3	42.4	42.1	40.5
在过去的3个月中(在任何地点)使用过互联网的个人比例(%)	...	34.0	34.8	41.6	46.0	46.5	49.2	49.4	54.4	58.3
按上网地点分类，过去3个月中个人使用互联网的比例(%)										
家中	...	40.0	42.0	48.0	56.0	68.0	74.0	78.0	89.0	89.5
工作中	...	24.0	21.0	22.0	22.0	31.0	30.0	34.0	33.0	38.0
教育地点	...	15.0	14.0	14.0	14.0	16.0	15.0	17.0	15.0	19.3
其他人家	...	24.0	22.0	26.0	27.0	27.0	26.0	25.0	30.0	56.0
社区互联网接入设施	...	6.0	4.0	4.0	4.0	6.0	4.0	5.0	8.0	14.3
商业互联网接入设施	...	49.0	48.0	45.0	35.0	27.0	19.0	18.0	11.0	11.7
个人使用蜂窝移动电话的比例(%)	...	...	53.8	57.6	...	69.1	72.8	75.2	77.9	78.3
按上网频率分类，个人过去3个月中使用互联网的比例(%)										
至少一天一次	...	53.0	53.0	58.0	60.0	67.0	69.0	71.0	80.0	81.8
至少一星期一次，但不是每天	...	34.0	35.0	30.0	30.0	24.0	23.0	22.0	15.0	14.2
一星期不到一次	...	13.0	12.0	12.0	10.0	8.0	8.0	6.0	5.0	4.0
有电的家庭比例(%)	94.5	98.2	98.6	98.9	98.7	99.3	99.5	99.6	99.7	99.7
使用计算机的企业比例(%)	...	95.0	94.0	97.0	97.0	99.0	98.0	97.0	97.0	98.6
使用互联网的企业比例(%)	...	92.0	91.0	93.0	95.0	98.0	97.0	96.0	96.0	97.9
利用网络宣传推广的企业比例(%)	...	46.0	53.0	51.0	56.0	60.0	55.0	56.0	62.0	57.4
具有内联网的企业比例(%)	...	37.0	32.0	24.0	31.0	42.0	32.0	31.0	34.0	34.3
通过互联网接收订单的企业比例(%)	...	...	...	...	32.9	12.0	16.0	16.0	21.0	20.8
通过互联网发出订单的企业比例(%)	...	...	...	...	55.0	60.0	59.0	58.0	62.0	63.5
拥有局域网(LAN)的企业比例(%)	...	77.0	83.0	79.0	81.0	88.0	86.0	84.0	85.0	84.0
拥有外联网的企业比例(%)	...	24.0	21.0	18.0	21.0	34.0	28.0	28.0	27.0	26.5

资料来源：

巴西

1. 巴西通信局。
2. 巴西国家地理与统计局，全国住户抽样调查，2007-2015 年。按性别和年龄分组的分量法人口预测结果，2000-2030 年。
3. 信息和通信技术研究中心 ICT 住户调查 (2007-2015 年)。

表 12.2.2 信息通信技术(ICT)——俄罗斯

	2000	2007	2008	2009	2010	2011	2012	2013	2014	2015	2016
每100居民电话主线拥有量(条)	**23**	**32**	**32**	**32**	**31**	**31**	**30**	**29**	**27**	**25**	**…**
每100居民中的移动蜂窝电话用户(户)	**2**	**120**	**140**	**161**	**166**	**179**	**183**	**193**	**191**	**194**	**198**
每100居民中的互联网用户(户)(1)	**2**	**25**	**27**	**29**	**43**	**49**	**64**	**68**	**71**	**73**	**76**
拥有下述设备或接入的机构占比											
个人电脑(占全部观测机构的比例)(%)	…	93.3	93.7	93.7	93.8	94.1	94.0	94.0	93.8	92.3	…
邮件(占全部观测机构的比例)(%)	…	69.1	74.4	78.5	81.9	83.1	85.2	86.5	84.2	84.0	…
互联网(占全部观测机构的比例)(%)	…	67.8	73.7	78.3	82.4	84.8	86.9	88.1	89.0	88.1	…
网站(占全部观测机构的比例)(%)	…	19.8	22.8	24.1	28.5	33.0	37.8	41.3	40.3	42.6	…
每百名员工拥有的个人电脑(在全部观测机构中)(台)	…	29	32	35	36	39	43	44	47	49	…
拥有下述设备或接入的住户占比(2)											
个人电脑(%)	…	…	…	...	54.5	60.1	66.6	71.4	74.7	72.5	74.3
互联网接入(%)	…	23.6	33.5	40.1	48.4	56.8	63.8	69.1	73.5	72.1	74.8

资料来源：

1. 俄罗斯联邦统计局。

脚注：

(1) 2013 年以前，数据来自世界银行。2013 年起，该指标依据俄罗斯联邦统计局有关数据计算而得，具体为过去 12 个月中使用过互联网的 15-72 岁人口在 15-72 岁总人口中所占比例。

(2) 住户预算抽样调查数据。年底数。从 2014 年起，采用有关信息技术和信息与电信网络使用的人口调查数据。

表 12.2.3　信息通信技术(ICT)——印度

	2000	2007	2008	2009	2010	2011	2012	2013	2014	2015	2016
每100居民中的互联网用户数[1](户)	**...**	**0.82**	**0.97**	**1.17**	**1.37**	**1.65**	**1.89**	**1.77**	**...**	**...**	**...**
每100居民中的固定互联网(固定宽带+有线窄带)用户(户)[2]											
总计	...	...	...	...	...	...	...	1.48	1.51	1.58	1.68
农村	...	...	...	...	...	...	...	0.14	0.21	0.21	...
城市	...	...	...	...	...	...	...	4.52	4.41	4.60	...
每100居民中的固定宽带互联网用户(户)[2]											
总计	...	0.21	0.34	0.54	0.75	1.00	1.14	1.18	1.22	1.30	1.42
农村	...	...	...	...	...	...	...	0.14	0.15	0.15	...
城市	...	...	...	...	...	...	...	3.52	3.64	3.86	...
每100居民中的有线窄带用户(户)[2]											
总计	...	...	...	...	...	...	...	0.31	0.28	0.27	0.26
农村	...	...	...	...	...	...	...	...	0.06	0.06	...
城市	...	...	...	...	...	...	...	1.00	0.77	0.74	...
每100居民中的移动宽带用户(户)[2]											
总计	...	...	...	...	...	...	...	3.26	5.59	9.44	16.97
农村	...	...	...	...	...	...	...	0.39	2.37	3.41	...
城市	...	...	...	...	...	...	...	9.74	12.80	22.78	...
每100居民中的固定有线窄带用户(户)[2]											
总计	...	...	...	...	...	...	...	0.04	0.04	0.04	0.02
农村	...	...	...	...	...	...	...				...
城市	...	...	...	...	...	...	...	0.12	0.11	0.12	...
每100居民中的移动有线窄带用户(户)[2]											
总计	...	...	...	...	...	...	...	14.53	14.23	15.13	11.87
农村	...	...	...	...	...	...	...	3.39	9.02	9.23	...
城市	...	...	...	...	...	...	...	39.72	25.88	28.20	...
平均每个居民国际互联网带宽(千比特/秒/居民)[2]	**...**	**...**	**...**	**...**	**...**	**...**	**...**	**1.03**	**1.18**	**1.54**	**1.66**
每100居民的电话用户数[2](户)											
总计	...	...	...	...	66.16	70.86	73.34	74.02	77.58	81.83	89.90
农村	...	...	...	...	31.18	37.48	39.85	42.67	46.09	49.94	53.27
城市	...	...	...	...	147.88	167.85	149.90	144.95	148.06	152.45	170.15

资料来源：

印度

1. 印度电信监管局。
2. 印度信息和广播部。

脚注：

(1) 当年 3 月 31 日数据。

(2) 当年 12 月 31 日数据。

表 12.2.4 信息通信技术(ICT)——中国

	2000	2007	2008	2009	2010
ICT基础设施和接入核心指标					
每100居民中的宽带互联网用户数(户)	...	5.03	6.24	7.79	9.42
每100居民中的移动宽带用户数(户)	...	...	...	0.92	3.51
平均每个居民国际互联网带宽(比特/秒/居民)(1)	2	293	506	681	859
每100户家庭中的移动蜂窝电话用户(户)	...	...	...	...	...
城市	...	...	...	...	...
农村	...	...	...	...	...
拥有个人电脑的家庭所占比例(%)	...	...	...	...	...
城市	...	...	...	...	...
农村	...	...	...	...	...
ICT发展情况					
固定宽带互联网用户(万户)	...	6641	8288	10398	12629
固定宽带互联网接入时长(亿分钟)	...	...	...	...	...
移动互联网接入流量(千G)	...	...	...	...	...
光缆线路长度(万公里)	121	578	678	830	996
长途光缆线路长度(万公里)	29	79	80	83	82
移动电话基站(万个)	8	55	69	111	140
互联网宽带接入端口(万个)	…	8539	10890	13836	18781
网站数(万个)	27	150	288	323	191

	2011	2012	2013	2014	2015	2016
ICT基础设施和接入核心指标						
每100居民中的宽带互联网用户数(户)	11.13	12.94	13.88	14.66	18.88	21.49
每100居民中的移动宽带用户数(户)	9.53	17.19	29.51	42.59	51.37	68.04
平均每个居民国际互联网带宽(比特/秒/居民)(1)	1081	1471	2625	3157	4113	5036
每100户家庭中的移动蜂窝电话用户(户)	...	...	203	216	225	235
城市	...	...	206	217	224	231
农村	...	...	200	215	226	241
拥有个人电脑的家庭所占比例(%)	...	...	42.3	45.9	48.2	50.1
城市	...	...	60.8	64.6	66.8	68.2
农村	...	...	18.7	22.1	24.2	26.2
ICT发展情况						
固定宽带互联网用户(万户)	15000	17518	18891	20048	25947	29721
固定宽带互联网接入时长(亿分钟)	...	...	...	414350	499630	575000
移动互联网接入流量(千G)	...	...	...	2061936	4187533	9678635
光缆线路长度(万公里)	1212	1479	1745	2061	2486	3042
长途光缆线路长度(万公里)	84	87	89	93	97	99
移动电话基站(万个)	175	207	241	351	466	559
互联网宽带接入端口(万个)	23239	32108	35945	40546	57709	71277
网站数(万个)	230	268	320	335	423	482

资料来源：

中国

1. 中华人民共和国工业和信息化部，中国互联网络信息中心。

2. 中华人民共和国国家统计局，《中国统计年鉴》，2016 年；《中华人民共和国 2016 年国民经济和社会发展统计公报》。

脚注：

(1) 平均每个居民国际互联网带宽（比特 / 秒 / 居民）采用互联网国际出口带宽指标。

表 12.2.5 信息通信技术(ICT)——南非

	2000	2007	2008	2009	2010	2011	2012	2013	2014	2015	2016
每千人电话主线拥有量(条)	...	46	46	44	44	42	39	37	37	32	28
每千人蜂窝移动电话用户数(户)	...	189	202	221	234	246	260	270	278	285	291
每千人互联网用户数(人)(1)	...	...	...	24	28	27	27	28	31	29	29
每千人电脑拥有量(台)(2)	...	...	...	...	...	...	54	55	60	60	64
每百户居民拥有电视机家庭数(家庭数)	...	17.0	18.1	...	20.4	21.4	22.1	22.6	23.5	23.8	24.4

资料来源：

1. 南非统计局，2002-2016 年住户调查数据。

图 12.1 每千人蜂窝移动电话用户数

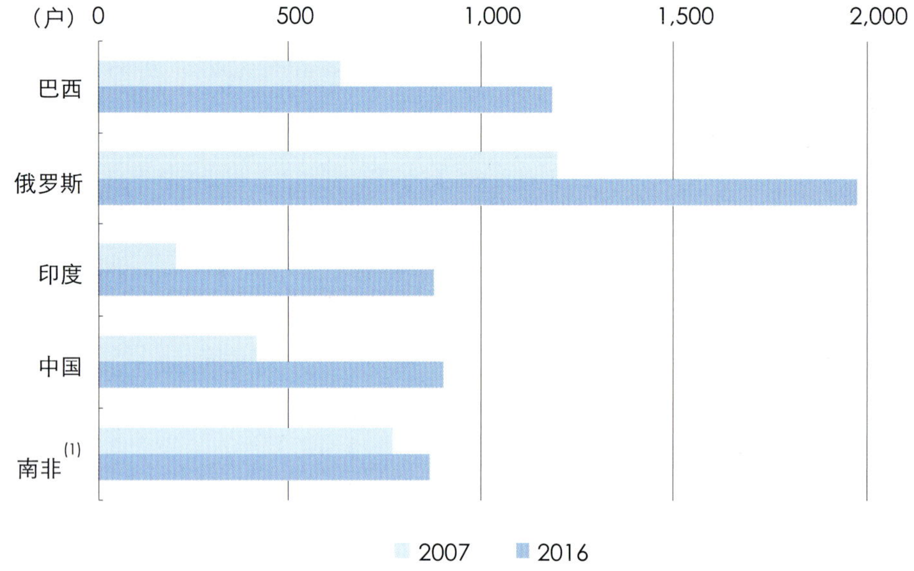

注：（1） 2012 年数据代替 2016 年数据。

主要统计指标解释

国家解释

巴西

参考时期 根据国际国际手册推荐，调查问卷询问近期三个月内用户使用 ICT 情况。

每千人互联网用户数 是指 10 岁及以上的居民。其中：

互联网用户 是指 10 岁及以上的、在某地（自己家、工作场所、免费或付费上网中心、别人家或者其他任何地方）通过个人电脑台式机或便携式电脑（笔记本电脑、掌中宝、袖珍电脑或手提电脑）在过去三个月的参考期内至少上过一次网的用户。

俄罗斯

电话主线 是指在公用电话亭拥有独立号码的电话机或是公用的共用主线的电话机。这些电话主线在公共网络上进行过转换，并提供本地、城际和国际通信服务。

蜂窝通信 是指移动无线和电话通信。

移动通信 是指为移动通信用户和公共电话网络用户提供通信工具的技术方法（无线电和通信设备、通信主线和通信构造）的综合设施。

机构使用个人电脑和其他信息通信技术情况 是指统计观测覆盖到的机构（不包括小型企业）使用 ICT 情况。

印度

电话主线 是一种有线通信的方式，例如将用户的终端设备与网络相连接的固定电话线获得的通信，它包括无线本地环路（将固定电话线连接到公共电话交换网络）。

蜂窝移动电话用户 包括无线通信用户。

互联网用户数据 包括固定电话线和无线（移动电话）网络用户数据。

日报 包括使用各种各样语言的报纸以及双语和多语报纸。

互联网用户总数——包括窄带用户和宽带用户。也包括有线互联网用户与无线互联网用户。

中国

（固定）电话主线 是指将用户终端设备与公众交换网进行连接的并在电话交换设备上拥有专门端口的（固定）电话线，包括综合业务数字网（ISDN）信道数，还包括无线市话用户（PHS）数。

蜂窝移动电话用户 是指使用蜂窝技术向公众交换电话网（PSTN）提供接入的公众移动电话业务付费用户，包括模拟和数字蜂窝。

互联网用户（网民） 是指过去半年内使用过互联网的 6 岁及以上中国居民。

日报 是指报纸，即有中国统一刊号的各种报纸。

固定互联网宽带接入用户 指报告期末在电信企业登记注册，通过 xDSL、FTTx+LAN、FTTH/O 以及其他宽带接入方式和普通专线接入公众互联网的用户。互联网宽带接入用户按行政区划分为城市宽带接入用户和农村宽带接入用户；按客户类别分为家庭宽带接入用户和单位宽带接入用户。

固定互联网宽带接入时长 指报告期内本企业固定互联网宽带接入用户通过固定宽带网络接入公共互联网发生的实际使用时长。

移动互联网接入流量 指本企业移动电话用户（含无线上网卡用户）通过移动通信网络接入公共互联网或 WAP 网站发生的计费流量，包括上行流量和下行流量。

光缆线路长度 指报告期末本地网中继光缆线路长度、接入网光缆线路长度、长途光缆线路长度合计。

长途光缆线路长度 指用以实现光信号传输的长途光缆线路的实际长度。架空的光缆按实际杆路长度统计；埋设于地下、管道、水底、海底的光缆按沟长统计。

移动电话基站 指报告期末为小区服务的无线收发信设备，处理基站与移动台之间的无线通信，在移动交换机与移动台之间起中继作用，监视无线传输质量的全套设备数。

互联网宽带接入端口 指用于接入互联网用户的各类实际安装运行的宽带接入端口的数量，不包括窄带拨号接入端口。按照目前互联网宽带接入的主要技术方式，分别包括 xDSL 用户端口、LAN 用户端口和 FTTH/O 端口。

网站数 指以域名本身或者“WWW.+ 域名”为网址的 web 站点，其中包括中国的国家顶级域名 .CN 和类别顶级域名（gTLD）下的 web 站点，该域名的注册者位于中国境内。

南非

家计调查相关问题如下：

本住户是否接入电话线；

本住户是否拥有蜂窝式移动电话；

本住户是否拥有计算机（2005 年，2012 年和 2013 年）；

本住户是否接入互联网（此问题在 2005 年、2009 年和 2010 年被问及，2009-2013 年有数据）；

上述问题仅仅问及本住户，外在接入源不予考虑。

13

财政和金融

表 13.1 财政和金融概况

	2000	2007	2008	2009	2010	2011	2012	2013	2014	2015	2016
政府财政盈余/赤字占GDP的比重(%)											
巴西(1)(2)	-3.8	-2.2	-2.3	-3.2	-2.8	-2.9	-2.7	-3.5	-6.2	-10.6	-8.9
俄罗斯(3)	1.4	5.4	4.1	-6.0	-3.9	0.7	-0.1	-0.5	-0.4	-2.4	-3.4
印度(4)(5)	-6.6	-0.2	-4.3	-5.7	-3.2	-4.2	-3.5	-3.3	-3.0	-2.5	-2.1
中国	-2.5	0.6	-0.4	-2.2	-1.7	-1.1	-1.6	-1.8	-1.8	-3.4	-2.9
南非(6)	-1.0	-0.9	-1.4	0.7	-4.2	-3.7	-4.4	-3.8	-3.4	-3.1	-3.1
所得税占财政收入的比重(%)											
巴西(7)	…	19.4	20.5	19.9	…	…	…	…	…	…	…
俄罗斯(8)	8.3	9.5	10.4	12.2	11.2	9.6	9.6	10.2	10.1	10.4	10.7
印度(4)(9)	11.3	23.6	21.3	20.5	20.7	20.1	20.2	21.4	19.9	20.5	21.7
中国	12.4	23.3	24.3	22.6	21.3	22.0	21.7	22.4	22.8	23.5	24.4
南非(6)	42.3	43.3	44.4	46.6	44.0	41.2	41.5	41.1	40.7	40.5	40.0
M2 供应量(年末)(亿美元)											
巴西(10)	1552	4011	5841	5857	7741	9661	9028	9060	9134	6846	6809
俄罗斯(11)	409	5242	4417	5049	6566	7517	8945	9519	5620	4827	6333
印度(4)(12)	825	2903	2483	3311	3681	3400	3493	3489	3737	…	…
中国(13)	16261	55231	69524	88783	109601	135154	154984	181490	200748	214408	223449
南非(14)	627	2058	1679	2156	2534	2212	2203	1958	1924	1568	1909

资料来源：

巴西

1. 巴西中央银行。
2. 巴西财政部。

俄罗斯

1. 俄罗斯联邦统计局。
2. 俄罗斯财政部。
3. 俄罗斯中央银行。

印度

1. 印度财政部，《印度国家预算》(各期)。
2. 印度储备银行。

中国

1. 中华人民共和国财政部。
2. 中国人民银行。
3. 中华人民共和国国家统计局。

南非

南非储备银行。

脚注：

巴西

(1) 政府包括联邦政府，州政府和地方政府，但不包括巴西中央银行和公共企业。

(2) 名义盈余。

(7) 总税收收入等于总财政负担。

(10) 所采用的年平均汇率可在表 13.2.1 和 14.1 中查到。

俄罗斯

(3) 联邦政府政府财政盈余 / 赤字占 GDP 的比重。

(8) 个人所得税占收入的比重。根据俄罗斯联邦财政部数据计算。

(11) 根据俄罗斯中央银行的数据计算。

印度

(4) 所有数据指财政年度数据 (例如每年 4 月到下年的 3 月)。例如，2000-2001 年数据指 2000 年 4 月到 2001 年 3 月的数据。此规则适用于本行所有数据。

(5) 一般政府包括中央政府和邦政府。GDP 为现价计算的市场价。2011 到 2015 年数据根据 GDP 新序列计算 (2011-2012=100 为基期)。2014 年以后数据为临时数据。

(9) 收入包括一般政府收入和资本收入。所得税只包括个人所得税和公司税。所得税只由中央政府征集。

(12) 包括流通货币、活期存款和邮政储蓄银行存款。M2 供应量 (年末) 用该财政年度年末汇率换算成美元。

中国

(13) M_2 根据国家外汇管理局公布的年末汇率计算。

南非

(6) 指财政年度：从当年的 4 月 1 日至下年的 3 月 31 日。

(14) 日历年：从每年的 1 月 1 日开始到 12 月 31 日结束。使用年末汇率。

M_2 包括三部分：货币部门之外的流通中的纸币和硬币；支票和转账存款；其他活期存款和不超过 6 个月的中短期定期存款。以年底月平均汇率计算。

表 13.2.1 财政和金融——巴西

	2000	2007	2008	2009	2010
财政支出(亿雷亚尔)[1]	**3154**	**8385**	**9691**	**11369**	**11156**
合并预算支出结构(%)					
一般公共服务	5.3	4.4	4.2	3.9	4.5
外交	0.2	0.2	0.2	0.1	0.2
国防	3.4	2.3	2.3	2.3	2.9
公共安全	0.7	0.6	0.6	0.6	0.8
教育	3.4	2.6	2.6	2.9	3.9
科学技术	0.4	0.5	0.5	0.5	0.7
文化体育与传媒	0.1	0.3	0.2	0.2	0.2
社会保障和就业	33.0	33.2	31.9	31.0	35.5
医疗卫生	6.4	5.4	5.1	5.0	5.4
环境保护	0.4	0.4	0.4	0.3	0.3
城乡社区事务	1.0	1.4	1.2	1.2	1.0
农林水事务	1.6	1.3	1.0	1.2	1.3
交通运输	1.0	1.5	1.3	1.4	1.8
工业商业金融等事务	0.7	0.7	0.6	0.5	0.5
其他支出[2]	42.4	45.6	47.9	48.7	41.0
年平均汇率(1美元折合本币，雷亚尔)	**1.8**	**1.9**	**1.8**	**2.0**	**1.8**
M_0发行量(年末，亿雷亚尔)	**477**	**1466**	**1476**	**1661**	**2069**
M_0发行量(年末，亿美元)	**261**	**753**	**803**	**833**	**1176**
M_1发行量(年末，亿雷亚尔)	**744**	**2314**	**2234**	**2502**	**2801**
M_1发行量(年末，亿美元)	**407**	**1188**	**1216**	**1256**	**1593**
M_2发行量(年末，亿雷亚尔)	**2838**	**7813**	**10730**	**11674**	**13624**
M_2发行量(年末，亿美元)	**1552**	**4011**	**5841**	**5857**	**7741**
中央银行贴现率(%)	**15.8**	**11.3**	**12.8**	**8.8**	**10.8**
存贷款利率(%)	**15.8**	**11.5**	**12.6**	**9.9**	**11.5**

表 13.2.1　财政和金融——巴西

（续表）

	2011	2012	2013	2014	2015	2016
财政支出（亿雷亚尔）(1)	**11796**	**15196**	**14404**	**16520**	**23820**	**…**
合并预算支出结构（%）						
一般公共服务	4.2	3.5	3.8	3.5	2.9	…
外交	0.2	0.1	0.1	0.1	0.1	…
国防	2.7	2.4	2.6	2.4	1.7	…
公共安全	0.6	0.5	0.6	0.5	0.4	…
教育	4.5	4.3	5.3	5.2	4.4	…
科学技术	0.6	0.5	0.7	0.5	0.4	…
文化体育与传媒	0.2	0.2	0.3	0.3	0.2	…
社会保障和就业	37.4	32.8	40.0	38.5	28.6	…
医疗卫生	6.0	5.2	5.8	5.6	4.3	…
环境保护	0.3	0.4	0.4	0.4	0.2	…
城乡社区事务	0.9	0.9	1.1	0.6	0.4	…
农林水事务	1.3	1.0	1.4	1.1	0.9	…
交通运输	1.6	1.5	1.4	1.3	0.7	…
工业商业金融等事务	0.5	0.4	0.5	0.4	0.3	…
其他支出(2)	39.2	46.4	36.0	39.7	54.6	…
年平均汇率（1美元折合本币，雷亚尔）	**1.7**	**2.0**	**2.2**	**2.4**	**3.3**	**3.5**
M_0发行量（年末，亿雷亚尔）	**2142**	**2334**	**2495**	**2635**	**2553**	**2703**
M_0发行量（年末，亿美元）	**1280**	**1194**	**1155**	**992**	**765**	**776**
M_1发行量（年末，亿雷亚尔）	**2854**	**3250**	**3445**	**3516**	**3344**	**3478**
M_1发行量（年末，亿美元）	**1705**	**1663**	**1595**	**1493**	**1002**	**999**
M_2发行量（年末，亿雷亚尔）	**16175**	**17646**	**19568**	**21507**	**22857**	**23717**
M_2发行量（年末，亿美元）	**9661**	**9028**	**9060**	**9134**	**6846**	**6809**
中央银行贴现率（%）	**10.9**	**7.3**	**9.9**	**11.6**	**14.1**	**13.6**
存贷款利率（%）	**10.3**	**7.7**	**11.5**	**12.0**	**15.2**	**11.9**

资料来源：

1. 巴西中央银行。
2. 巴西财政部。

脚注：

(1) 数据仅指联邦政府。

(2)“其他支出”所占比重最大，因为包括对州和市的转移支付以及债务管理支出。

表 13.2.2 财政和金融——俄罗斯

	2000	2007	2008	2009	2010	2011	2012	2013	2014	2015	2016
合并后的政府财政收支											
收入(亿卢布)[1]	**20977**	**133683**	**160039**	**135997**	**160319**	**208554**	**234351**	**244427**	**267661**	**269220**	**281815**
合并预算收入构成(%)											
机构利润税(所得税)(%)	19.0	16.2	15.7	9.3	11.1	10.9	10.1	8.5	8.9	9.7	9.8
个人所得税(%)	8.3	9.5	10.4	12.2	11.2	9.6	9.6	10.2	10.1	10.4	10.7
自然资源使用税(%)	...	9.2	10.9	7.9	9.0	10.0	10.6	10.6	11.0	12.1	10.5
对外经济活动收入(%)	...	18.0	22.4	19.7	20.1	22.4	21.2	20.5	20.4	12.2	9.2
支出(亿卢布)[1]	**19601**	**113786**	**139918**	**160483**	**176167**	**199946**	**231747**	**252909**	**276117**	**297415**	**313237**
预算支出构成(%)											
中央和地方政府(%)[2]	4.7	10.3	9.2	8.2	8.2	6.8	6.2	6.0	5.9	6.2	5.9
国民经济(%)	...	13.7	16.1	17.3	13.2	14.0	14.1	13.0	16.5	12.7	12.4
社会文化活动(%)	27.4	51.2	50.9	52.8	57.5	56.2	57.0	58.0	54.9	57.7	57.3
M_0发行量(年末)(亿卢布)[3]	**4189**	**37022**	**37948**	**40381**	**50627**	**59386**	**64301**	**69856**	**71715**	**72391**	**77148**
M_0发行量(年末)(亿美元)[4]	**149**	**1508**	**1292**	**1335**	**1661**	**1844**	**2117**	**2134**	**1275**	**993**	**1272**
M_2发行量(年末)(亿卢布)[3]	**11506**	**128690**	**129759**	**152676**	**200119**	**242048**	**271646**	**311556**	**316157**	**351797**	**384180**
M_2发行量(年末)(亿美元)[4]	**409**	**5242**	**4417**	**5049**	**6566**	**7517**	**8945**	**9519**	**5620**	**4827**	**6333**
中央银行贴现率(年末, %)[3]	**25.00**	**10.00**	**13.00**	**8.75**	**7.75**	**8.00**	**8.25**	**8.25**	**8.25**	**8.25**	**10.00**
利率(%)[3][5]											
存款利率(%)	6.51	5.14	5.76	8.58	6.01	4.44	5.53	5.59	6.04	9.20	6.97
贷款利率(%)	24.43	10.03	12.23	15.31	10.82	8.46	9.10	9.47	11.14	15.72	12.60

资料来源：

1. 俄罗斯联邦统计局。
2. 俄罗斯联邦财政部。
3. 俄罗斯中央银行。

脚注：

(1) 俄罗斯联邦财政部数据。2005 年俄罗斯采用了新的预算分类。2005 年起包括各州的预算外资金。

(2) 从 2005 年起采用新的预算分类，因此与之前的数据不严格可比。2011 年起不包括州级和市级的债务偿还。

(3) 数据来自俄罗斯中央银行。

(4) 根据俄罗斯中央银行数据计算。

(5) 自 2016 起，指关键利率。

表 13.2.3 财政和金融——印度

	2000	2008	2009	2010	2011	2012	2013	2014	2015	2016[5]
合并后的一般政府财政收入和支出										
总收入(亿卢比)[1]	**59790**	**156480**	**184581**	**215356**	**245406**	**276900**	**297670**	**348360**	**379760**	**197810[1]**
财政收入(%)[1]	63.4	71.4	65.6	73.3	69.0	71.2	73.6	74.9	75.2	69.6[1]
税收(%)[1]	51.1	59.2	53.3	58.0	58.8	61.0	61.9	59.9	61.1	53.3[1]
非税收(%)[1]	12.3	12.2	12.2	15.3	10.2	10.2	11.7	15.0	14.1	16.3[1]
合并后的一般政府预算总支出(亿卢比)[1]	**59560**	**159968**	**185212**	**214515**	**242177**	**269490**	**297600**	**352150**	**381510**	**237620[1]**
政府部门支出及构成(亿卢比)[2]	**32560**	**88400**	**102450**	**119730**	**130440**	**141040**	**155945**	**166370**	**179080**	**197810**
农业和农村发展(%)	4.5	6.9	7.7	6.3	5.0	6.0	5.6	5.8	5.6	6.7
国防(%)	18.5	17.8	16.2	16.4	15.6	15.2	16.3	17.1	16.4	17.2
健康服务(%)	1.6	2.0	2.0	2.1	2.0	2.2	1.9	1.9	2.0	2.0
教育(%)	2.4	3.7	4.3	4.6	4.7	4.8	4.6	4.1	3.8	3.7
石油和天然气(%)	0.1	1.6	3.2	5.4	6.8	3.9	5.5	3.6	1.8	1.5
科技和信息技术(%)	0.5	0.7	0.8	0.7	0.6	0.7	0.6	0.9	0.7	0.8
运输(%)	3.6	2.1	2.0	3.8	3.7	3.8	4.1	3.9	4.7	5.3
经济事务(集中规定)(%)	35.2	23.5	22.3	24.2	26.0	26.0	33.0	32.7	31.8	30.2
国内事务(%)	3.2	3.4	3.3	3.5	3.4	3.4	3.4	3.6	4.5	4.5
消费者事务、食品和公共分配(%)	3.8	5.7	5.9	5.7	6.1	5.5	6.0	7.1	7.9	7.2
其它(%)	26.6	32.6	32.3	27.3	26.1	28.5	19.2	19.2	21.0	21.1

	2000	2008	2009	2010	2011	2012	2013	2014	2015	2016
货币存量(亿卢比)										
M_1	37943	125967	149067	164077	173739	189753	206452	229240	261057	269440
M_2	38826	128236	151606	166992	177052	193538	210754	233983	267134	278750
M_3	131320	479478	560270	650411	738483	838982	951936	1055017	1165434	1283910
M_4	134762	490885	571959	662395	748900	852866	967727	1072390	1186195	1309330
外币资产(财年末数)(亿美元)	**396**	**2414**	**2547**	**2743**	**2601**	**2597**	**2764**	**3173**	**3361**	**3463**
特别提款权(万)	**200**	**100**	**500600**	**456900**	**446900**	**432800**	**446400**	**398500**	**150200**	**144700**
在国际货币基金组织的储备头寸(RTP)(财年末数)(亿美元)	**-**	**10**	**14**	**29**	**28**	**23**	**18**	**13**	**25**	**23**
不包括黄金在内的外汇储备(财年末数)(亿美元)	**396**	**2424**	**2611**	**2818**	**2674**	**2664**	**2827**	**3226**	**3401**	**3501**
黄金外汇储备(财年末数)(亿美元)	**27**	**96**	**180**	**230**	**270**	**257**	**216**	**190**	**201**	**199**

表 13.2.3　财政和金融——印度

(续表)

	2000	2008	2009	2010	2011
利率结构					
存款利率(年率，%)(3)					
储蓄(4)	4.0	3.5	3.5	3.5	4.0
定期存款					
1到3年	8.50–9.50	8.00-8.75	6.00-7.00	8.25-9.00	9.25
3到5年	9.50–10.00	8.00-8.50	6.50-7.50	8.25-8.75	9.00-9.25
5年以上	8.50–10.00	7.75-8.50	7.00-7.75	8.50-8.75	8.50-9.25
贷款利率(年率，%)(3)	11.00–12.00	11.50-16.75	11.00-15.75	8.25-9.50	10.00-10.75

	2012	2013	2014	2015	2016
利率结构					
存款利率(年率，%)(3)					
储蓄(4)	4.0	4.0	4.0	4.0	4.0
定期存款					
1到3年	8.75-9.00	8.75-9.25	8.50-8.75	7.25-7.50	7.20-7.50
3到5年	8.75-9.00	8.75-9.10	8.50-8.75	7.00-7.50	7.00-7.50
5年以上	8.50-9.00	8.5-9.10	8.25-8.50	7.00-7.30	7.00-7.30
贷款利率(年率，%)(3)	9.70-10.25	10.00-10.25	10.00-10.25	9.30-9.70	8.90-9.15

资料来源：

1. 印度财政部，《印度国家预算》(各期)。
2. 印度储备银行，《印度经济统计手册》和《货币存量统计公报》(各期)。

脚注：

该表所有数据均为财政年度数据，即当年 4 月 1 日到下年 3 月 31 日。外汇储备数据指财政年度年末数据，即下年的 3 月 31 日的数据。

(1) 总收入和总支出是指中央政府的收支。该数据与上一年数据不可比，因为上一年份的包含中央和邦政府合并的收支。财政岁入包含税收收入和非税收收入。

(2) 中央和地方部门的支出数据(预算和非预算)包括州预算支出。

(3) 2011/2012 年，存款利率和基准利率指五家主要国有银行到 2010 年 7 月 31 日为止的利率。2010 年 7 月 1 日后，印度使用了新的利率基准系统，之后年份相应的数据反映了五个主要的国有银行的基准利率。2010-2011 年利率为 2010 年 4 月到 7 月的利率均值。

(4) 2011/2012 财年以后的储蓄存款利率指存款额在 10 万卢比以上的存款利率。自 2011 年 10 月 25 日起，对存款利率的管制被取消。

(5) 预算估计数。

表 13.2.4 财政和金融——中国

	2000	2007	2008	2009	2010
政府财政收支构成					
财政收入(亿元人民币)[1]	**13395**	**51322**	**61330**	**68518**	**83102**
预算收入结构(%)					
税收收入	…	88.9	88.4	86.9	88.1
国内增值税	…	30.1	29.3	27	25.4
国内消费税	…	4.3	4.2	6.9	7.3
进口货物增值税、消费税	…	12	12.1	11.3	12.6
出口货物退增值税、消费税	…	-11	-9.6	-9.5	-8.8
营业税	…	12.8	12.4	13.2	13.4
企业所得税	…	17.1	18.2	16.8	15.5
个人所得税	…	6.2	6.1	5.8	5.8
资源税	…	0.5	0.5	0.5	0.5
城市维护建设税	…	2.3	2.2	2.3	2.3
房产税	…	1.1	1.1	1.2	1.1
印花税	…	4.4	2.1	1.3	1.3
证券交易印花税	…	3.9	1.6	0.7	0.7
城镇土地使用税	…	0.8	1.3	1.3	1.2
土地增值税	…	0.8	0.9	1.1	1.5
车船税	…	0.1	0.2	0.3	0.3
船舶吨位税	…				
车辆购置税	…	1.7	1.6	1.7	2.2
关税	…	2.8	2.9	2.2	2.4
耕地占用税	…	0.4	0.5	0.9	1.1
契税	…	2.4	2.1	2.5	3
烟叶税	…	0.1	0.1	0.1	0.1
其他税收收入	…				
非税收入	…	11.1	11.6	13.1	11.9
专项收入	…	2.4	2.5	2.4	2.5
行政事业性收费	…	3.7	3.5	3.4	3.6
罚没收入	…	1.6	1.5	1.4	1.3
其他收入	…	3.4	4.1	5.9	4.5

表 13.2.4 财政和金融——中国

(续表1)

	2011	2012	2013	2014	2015	2016
政府财政收支构成						
财政收入(亿元人民币)[1]	**103874**	**117254**	**129210**	**140370**	**152269**	**159605**
预算收入结构(%)						
税收收入	86.4	85.8	85.5	84.9	82.0	81.7
国内增值税	23.4	22.5	22.3	22.0	20.4	25.5
国内消费税	6.7	6.7	6.4	6.3	6.9	6.4
进口货物增值税、消费税	13.1	12.6	10.8	10.3	8.2	8.0
出口货物退增值税、消费税	-8.9	-8.9	-8.1	-8.1	-8.5	-7.6
营业税	13.2	13.4	13.3	12.7	12.7	7.2
企业所得税	16.1	16.8	17.4	17.6	17.8	18.1
个人所得税	5.8	5.0	5.1	5.3	5.7	6.3
资源税	0.6	0.8	0.8	0.8	0.7	0.6
城市维护建设税	2.7	2.7	2.6	2.6	2.6	2.5
房产税	1.1	1.2	1.2	1.3	1.3	1.4
印花税	1.0	0.8	1.0	1.1	2.3	1.4
证券交易印花税	0.4	0.3	0.4	0.5	1.7	0.8
城镇土地使用税	1.2	1.3	1.3	1.4	1.4	1.4
土地增值税	2.0	2.3	2.5	2.8	2.5	2.6
车船税	0.3	0.3	0.4	0.4	0.4	0.4
船舶吨位税			0.0	0.0	0.0	
车辆购置税	2.0	1.9	2.0	2.1	1.8	1.7
关税	2.5	2.4	2.0	2.0	1.7	1.6
耕地占用税	1.0	1.4	1.4	1.5	1.4	1.3
契税	2.7	2.5	3.0	2.9	2.6	2.7
烟叶税	0.1	0.1	0.1	0.1	0.1	0.1
其他税收收入			0.0	0.0	0.0	
非税收入	13.6	14.2	14.5	15.1	18.0	18.3
专项收入	2.9	2.8	2.7	2.6	4.6	4.3
行政事业性收费	3.9	3.9	3.7	3.7	3.2	3.1
罚没收入	1.3	1.3	1.3	1.2	1.2	1.2
其他收入	5.5	6.2	6.7	7.5	8.9	1.1

表 13.2.4 财政和金融——中国

(续表2)

	2000	2007	2008	2009	2010
财政支出(亿元人民币)[1]	**15887**	**49781**	**62593**	**76300**	**89874**
预算支出结构(%)					
一般公共服务	…	17.1	15.8	12.0	10.4
外交	…	0.4	0.4	0.3	0.3
国防	…	7.1	6.7	6.5	5.9
公共安全	…	7.0	6.5	6.2	6.1
教育	…	14.3	14.4	13.7	14.0
科学技术	…	3.6	3.4	3.6	3.6
文化体育与传媒	…	1.8	1.8	1.8	1.7
社会保障和就业	…	10.9	10.9	10.0	10.2
医疗卫生	…	4.0	4.4	5.2	5.3
节能环保	…	2.0	2.3	2.5	2.7
城乡社区事务	…	6.5	6.7	6.7	6.7
农林水事务	…	6.8	7.3	8.8	9.0
交通运输	…	3.8	3.8	6.1	6.1
资源勘探信息等支出	…	…	…	3.8	3.9
商业服务业等支出	…	…	…	…	1.6
金融支出	…	…	…	1.2	0.7
援助其他地区支出	…	…	…	…	…
国土海洋气象等支出	…	…	…	…	1.5
住房保障支出	…	…	…	1.0	2.6
粮油物资储备支出	…	…	…	2.9	1.3
政府付息支出	…	…	…	2.0	2.1
债务发行费用支出	…	…	…	…	…
其他支出	…	5.9	5.8	4.2	3.0
M_0发行量(年末)(亿元人民币)	**14653**	**30375**	**34219**	**38246**	**44628**
M_0发行量(年末)(亿美元)[2]	**1770**	**4158**	**5007**	**5601**	**6739**
M_1发行量(年末)(亿元人民币)	**53147**	**152560**	**166217**	**220002**	**266622**
M_1发行量(年末)(亿美元)[2]	**6420**	**20885**	**24320**	**32220**	**40259**
M_2发行量(年末)(亿元人民币)	**134610**	**403442**	**475167**	**606225**	**725852**
M_2发行量(年末)(亿美元)[2]	**16261**	**55231**	**69524**	**88783**	**109601**
存款利率(年末)(%)[3]	**2.25**	**4.14**	**2.25**	**2.25**	**2.75**
贷款利率(年末)(%)[3]	**5.85**	**7.47**	**5.31**	**5.31**	**5.81**

表 13.2.4　财政和金融——中国

(续表3)

	2011	2012	2013	2014	2015	2016
财政支出(亿元人民币)[1]	**109248**	**125953**	**140212**	**151786**	**175878**	**187755**
预算支出结构(%)						
一般公共服务	10.1	10.1	9.8	8.7	7.7	7.9
外交	0.3	0.3	0.3	0.2	0.3	0.3
国防	5.5	5.3	5.3	5.5	5.2	5.2
公共安全	5.8	5.6	5.6	5.5	5.3	5.9
教育	15.1	16.9	15.7	15.2	14.9	15.0
科学技术	3.5	3.5	3.6	3.5	3.3	3.5
文化体育与传媒	1.7	1.8	1.8	1.8	1.7	1.7
社会保障和就业	10.2	10.0	10.3	10.5	10.8	11.5
医疗卫生	5.9	5.8	5.9	6.7	6.8	7.0
节能环保	2.4	2.4	2.4	2.5	2.7	2.5
城乡社区事务	7.0	7.2	8.0	8.5	9.0	9.8
农林水事务	9.1	9.5	9.5	9.3	9.9	9.9
交通运输	6.9	6.5	6.7	6.9	7.0	5.6
资源勘探信息等支出	3.7	3.5	3.5	3.3	3.4	3.1
商业服务业等支出	1.3	1.1	1.0	0.9	1.0	0.9
金融支出	0.6	0.4	0.3	0.3	0.5	0.7
援助其他地区支出	1.4	0.1	0.1	0.1	0.1	0.2
国土海洋气象等支出		1.3	1.4	1.4	1.2	1.0
住房保障支出	3.5	3.6	3.2	3.3	3.3	3.6
粮油物资储备支出	1.2	1.1	1.2	1.3	1.5	1.2
政府付息支出	2.2	2.1	2.2	2.4	2.0	2.7
债务发行费用支出	…	…	…	…	…	…
其他支出	2.7	2.0	2.3	2.1	2.1	1.0
M_0发行量(年末)(亿元人民币)	**50748**	**54660**	**58574**	**60260**	**63217**	**68304**
M_0发行量(年末)(亿美元)[2]	**8054**	**8696**	**9607**	**9848**	**9735**	**9846**
M_1发行量(年末)(亿元人民币)	**289848**	**308664**	**337291**	**348056**	**400953**	**486557**
M_1发行量(年末)(亿美元)[2]	**46001**	**49107**	**55322**	**56881**	**61746**	**70139**
M_2发行量(年末)(亿元人民币)	**851591**	**974149**	**1106525**	**1228375**	**1392278**	**1550067**
M_2发行量(年末)(亿美元)[2]	**135154**	**154984**	**181490**	**200748**	**214408**	**223449**
存款利率(年末)(%)[3]	**3.50**	**3.00**	**3.00**	**2.75**	**1.50**	**1.50**
贷款利率(年末)(%)[3]	**6.56**	**6.00**	**6.00**	**5.60**	**4.35**	**4.35**

资料来源：

1. 中华人民共和国财政部。
2. 中国人民银行。

脚注：

(1) 2009 年开始政府财政支出分类有所变化，因此数据与以前年份不可比。

(2) 以美元为单位的货币发行量数据根据国家外汇管理局公布的年末汇率计算。

(3) 这里的存款利率和贷款利率是指金融机构法定人民币一年期存贷款利率。

表 13.2.5　财政和金融——南非

	2000	2007	2008	2009	2010
合并后的政府财政收支(3)					
收入(亿兰特)	**2743**	**6465**	**7470**	**8223**	**8175**
预算收入构成(%)					
税收总收入	79.2	81.0	81.5	80.4	78.8
国内增值税	13.5	22.4	23.0	22.8	23.9
国内消费税	...	...	...	...	...
进口增值税和消费税	10.2	14.0	14.0	13.9	10.9
出口货物增值税和消费税退税	0.0	0.0	0.0	0.0	0.0
营业税	0.0	0.0	0.0	0.0	0.0
企业所得税	10.8	21.4	21.8	22.8	18.7
个人所得税	31.5	21.9	22.7	23.8	25.3
资源税	0.0	0.0	0.0	0.0	0.0
城市维护建设税	0.0	0.0	0.0	0.0	0.0
房产税	3.9	2.5	2.8	2.6	3.2
印花税	0.0	0.0	0.0	0.0	0.0
证券交易印花税	1.3	1.5	1.5	1.0	1.0
契税	0.7	1.0	1.0	0.6	0.6
烟叶税	0.1	1.1	1.1	1.1	1.2
其他税收收入(1)	1.8	0.5	0.1	0.1	0.0
非税收入	20.8	18.4	17.8	19.0	20.6
专项收入	1.7	1.7	1.9	2.0	2.2
行政事业性收费	61.7	51.4	14.1	2.0	0.7
罚没收入	0.6	0.3	0.5	0.4	0.3
其他非税收收入	5.6	7.2	13.6	16.8	18.5
支出(亿兰特)	**2837**	**6290**	**7170**	**8409**	**9234**
预算支出构成 (%)					
一般公共服务	28.7	25.8	23.7	22.7	21.6
其中：国债交易	16.8	8.9	8.0	6.9	6.6
国防	4.5	4.5	4.2	4.1	3.4
治安与安全	9.7	10.5	11.0	10.7	11.2
经济事务	9.8	10.3	11.2	12.2	10.4
其中：农业、林业、渔业、狩猎	1.4	1.7	2.0	1.9	1.6
燃料和能源	0.2	0.6	0.7	0.7	0.7
采矿、制造和建造	0.6	0.8	1.0	0.8	0.6
运输	5.0	4.8	5.1	6.3	5.0
通信	0.2	0.3	0.3	0.3	0.3
其他行业	0.0	0.4	0.3	0.3	0.3
环境保护	1.9	0.7	0.7	0.8	0.8
住房和社区设施	2.3	3.9	4.3	4.4	4.4
卫生	9.7	9.9	10.3	10.4	11.5
其中：门诊服务	0.0	0.0	0.0	0.0	0.0
医院服务	0.0	4.2	4.2	4.1	4.8
公共卫生	0.0	4.8	5.2	5.4	5.6
娱乐、文化和宗教	1.6	2.2	2.5	2.8	3.0
教育类	20.3	18.1	18.1	18.3	19.6
其中：学前教育和初等教育	8.3	6.4	6.2	6.3	7.0
中等教育	6.5	4.8	4.8	4.9	5.2
高等教育	5.2	4.1	4.2	4.1	4.4
社会保障	11.4	14.1	14.0	13.6	14.2
支出总额	100.0	100.0	100.0	100.0	100.0

表 13.2.5 财政和金融——南非

（续表1）

	2011	2012	2013	2014	2015	2016
合并后的政府财政收支[3]						
收入（亿兰特）	**9264**	**10512**	**11687**	**12519**	**13855**	**15164**
预算收入构成（%）						
税收总收入	78.0	78.8	79.0	78.1	77.1	76.9
国内增值税	22.3	21.4	21.8	21.1	20.7	19.6
国内消费税	...	...	...	...	...	...
进口增值税和消费税	11.8	13.2	13.5	14.0	12.8	13.0
出口货物增值税和消费税退税	0.0	0.0	0.0	0.0	0.0	0.0
营业税	0.0	0.0	0.0	0.0	0.0	0.0
企业所得税	16.5	17.0	16.2	15.8	15.0	14.3
个人所得税	24.8	24.4	24.9	24.9	25.5	25.7
资源税	0.0	0.0	0.0	0.0	0.0	0.0
城市维护建设税	0.0	0.0	0.0	0.0	0.0	0.0
房产税	3.3	3.3	3.2	3.3	3.4	3.4
印花税	0.0	0.0	0.0	0.0	0.0	0.0
证券交易印花税	0.9	0.7	0.7	0.7	0.8	0.9
契税	0.6	0.4	0.4	0.4	0.5	0.5
烟叶税	1.1	1.1	1.0	0.9	0.9	0.9
其他税收收入[1]	0.0	0.0	0.0	0.0	0.0	0.0
非税收入	21.0	22.2	20.9	22.1	23.5	23.9
专项收入	2.0	1.8	2.0	2.0	1.7	1.6
行政事业性收费	5.1	5.2	1.7	5.2	1.1	0.0
罚没收入	0.4	0.3	0.3	0.5	0.5	0.4
其他非税收收入	17.8	18.7	18.3	18.3	20.4	21.1
支出（亿兰特）	**10263**	**11661**	**12413**	**13712**	**15057**	**...**
预算支出构成（%）						
一般公共服务	20.6	22.3	24.2	23.9	26.1	...
其中：国债交易	7.2	7.2	7.4	7.8	8.2	...
国防	3.7	3.3	3.1	3.3	3	...
治安与安全	11.4	10.9	10.9	10.6	10.2	...
经济事务	10.0	10.2	9.3	9.7	9.4	...
其中：农业、林业、渔业、狩猎	1.7	1.6	1.6	1.6	1.4	...
燃料和能源	0.5	0.5	0.4	0.5	0.5	...
采矿、制造和建造	0.6	0.6	0.6	0.6	0.6	...
运输	5.0	5.3	4.7	4.5	4.7	...
通信	0.2	0.2	0.1	0.2	0.1	...
其他行业	0.3	0.3	0.3	0.3	0.3	...
环境保护	0.8	0.8	0.8	0.8	0.7	...
住房和社区设施	4.5	4.6	4.7	4.8	4.6	...
卫生	11.8	11.7	11.5	11.3	11.2	...
其中：门诊服务	0.0	0.0	0.0	0.0	0.0	...
医院服务	4.9	6.8	6.6	6.4	6.5	...
公共卫生	5.8	3.9	3.8	3.7	3.7	...
娱乐、文化和宗教	2.9	3.0	3.3	3.1	2.7	...
教育类	20	19.9	19.4	19.3	19	...
其中：学前教育和初等教育	7.0	6.6	6.4	6.1	5.7	...
中等教育	5.4	5.2	4.9	4.8	4.6	...
高等教育	4.6	4.6	4.6	4.7	4.7	...
社会保障	14.2	13.3	12.9	13.2	13.1	...
支出总额	100.0	100.0	100.0	100.0	100.0	...

表 13.2.5　财政和金融——南非

(续表2)

	2000	2007	2008	2009	2010
M_0发行量(年末)(亿兰特)	436	1101	1205	1269	1360
M_0发行量(年末)(亿美元)	58	161	121	169	199
M_1发行量(年末)(亿兰特)	2744	7383	7537	8063	8629
M_1发行量(年末)(亿美元)	363	1081	757	1076	1263
M_2发行量(年末)(亿兰特)	4748	13963	15624	15893	16784
M_2发行量(年末))(亿美元)	627	2045	1569	2122	2457
M_3发行量(年末)(亿兰特)(2)	5207	16676	19150	19493	20842
M_3发行量(年末)(亿美元)(2)	688	2442	1924	2602	3051
中央银行贴现率(%)	12.00	11.00	11.50	7.00	5.50
存贷款利率(%)(3)	14.50	15.00	15.00	10.50	9.00

	2011	2012	2013	2014	2015	2016
M_0发行量(年末)(亿兰特)	1587	1769	1939	2096	2259	2405
M_0发行量(年末)(亿美元)	194	205	187	183	151	176
M_1发行量(年末)(亿兰特)	9473	10351	11320	12413	14285	16069
M_1发行量(年末)(亿美元)	1159	1198	1092	1083	956	1179
M_2发行量(年末)(亿兰特)	17989	18691	20497	22265	24415	26012
M_2发行量(年末))(亿美元)	2200	2163	1977	1942	1635	1909
M_3发行量(年末)(亿兰特)(2)	22567	23734	25123	26939	29759	31565
M_3发行量(年末)(亿美元)(2)	2760	2747	2423	2350	1992	2316
中央银行贴现率(%)	5.50	5.00	5.00	5.75	6.25	7.00
存贷款利率(%)(3)	9.00	8.50	8.50	9.25	9.75	10.50

资料来源：

南非储备银行。

脚注：

政府财政数据为财政年度数据，即从当年 4 月 1 日到下年 3 月 31 日。

(1) 有些税种无定义，因此，该数据为其他税种之外的税收数据，即总税收收入减去有分类的税收和增值税数据，这个数据还包括南非海关做出的调整。

(2) M_3 是在南非官方使用的广义货币供应总量指标。

(3) 优惠透支利率用作市场参考利率或基准利率，但不能决定利率。

图 13.1 政府财政盈余 / 赤字占 GDP 的比重

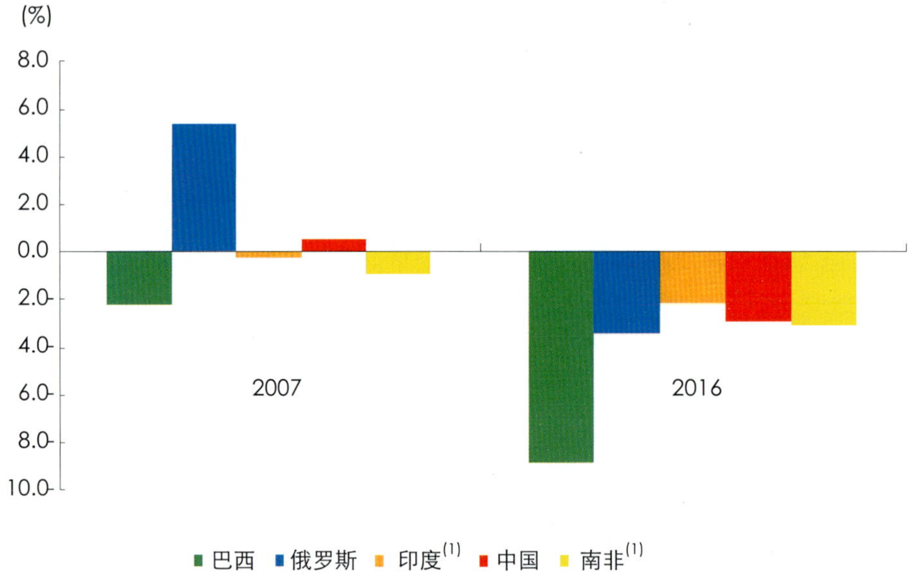

注：（1）指财政年度，即当年 4 月 1 日至次年 3 月 31 日。

图 13.2 所得税占财政收入的比重

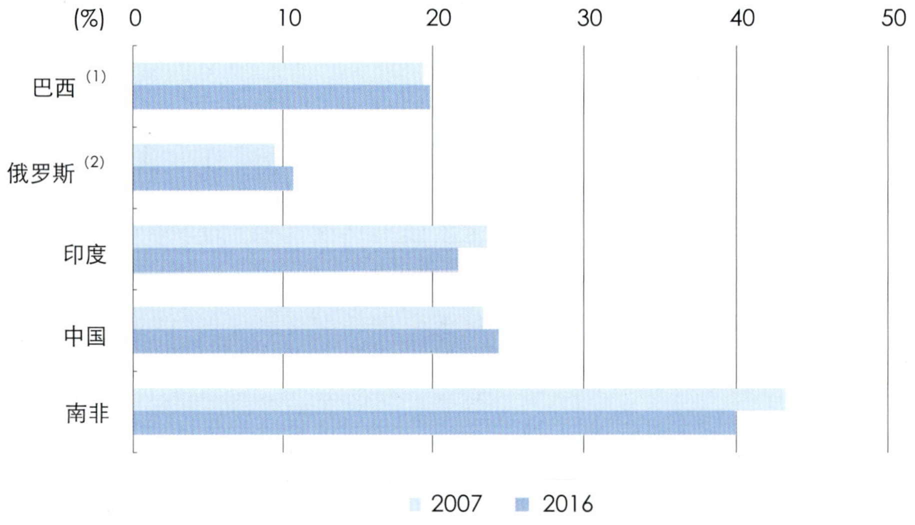

注：（1）2016 年数据以 2009 年数据代替。

（2）个人所得税占财政收入的比重。

主要统计指标解释

巴西

一般政府财政盈余／赤字占 GDP 的比重 一般政府包括联邦政府，州政府和地方政府，但不包括巴西中央银行和公共企业。数据为名义值。

所得税占财政收入的比重 总税收收入等于总财政负担。

M_2 发行量（年末） 表 13.2.1 和 14.1 用年平均汇率计算。

支出 数据仅包括联邦政府。

其他支出 是最大的项目，因为它包括如转移到州政府和地方政府支出交易和债务管理。

俄罗斯

预算收入 用于预算的各项货币基金，但不包括按照俄罗斯联邦预算法用于弥补预算赤字的基金。

预算支出 从预算基金中用于支付的各项货币基金，但不包括按照俄罗斯联邦预算法用于弥补预算赤字的基金。

存款利率 是在信贷机构（包括俄罗斯 OAO 储蓄银行）的 1 年以内期限个人储蓄存款平均利率。

贷款利率 是信贷机构（包括俄罗斯联邦储蓄银行）贷款给企业客户的 1 年以内期限贷款平均利率。

年利率 为各月利率的平均值。

印度

一般政府 包括中央政府和州政府。

所得税 1961 年收入税法案规定征收包括个人以及印度教未分开的家庭、公司或者合作团体（非公司）和信托公司（确认为与人相关的个人团体）或者法人的所得税。在印度，个人总收入中的特殊收入是根据他的居住身份决定的。主要有三种居住身份：（1）经常居住的居民；（2）不经常居住的居民；（3）非居民。可以通过几个步骤确定居民的个人身份。所有居民包括印度外所得收入的全部收入均应缴纳所得税。

M_1= 流通货币 + 活期存款。

M_2=M_1+ 邮政储蓄银行存款

M_3=M_2+ 银行定期存款

M_4=M_3+ 总邮政存款

中国

财政收入 指国家财政参与社会产品分配所取得的收入，是实现国家职能的财力保证。国家财政收入的范围曾数次调整。

财政支出 指国家财政将筹集起来的资金进行分配使用，以满足经济建设和各项事业的需要。

财政赤字／盈余占 GDP 的比重 =（国家财政收入 – 国家财政支出）/GDP

财政收入构成主要包括：

各项税收 包括国内增值税、国内消费税、进口货物增值税和消费税、出口货物退增值税和消费税、营业税、企业所得税、个人所得税、资源税、城市维护建设税、房产税、印花税、城镇土地使用税、土地增值税、车船税、船舶吨税、车辆购置税、关税、耕地占用税、契税、烟叶税等。

非税收入 包括专项收入、行政事业性收费、罚没收入和其他收入。

财政支出构成 主要包括：一般公共服务支出、外交支出、国防支出、公共安全支出、教育支出、科学技术支出、文化教育与传媒支出、社会保障和就业支出、医疗卫生支出、环境保护支出、城乡社区事务支出、农林水事务支出、交通运输支出、工业商业金融等事务支出等。

南非

M_0= 货币机构在中央银行的存款以及在中央银行以外流通的纸币和硬币。

M_1= 流通中的纸币和硬币以及支票和转账存款加上国内私人部门在货币机构的其他活期存款。

M_2=M_1 加上国内私人部门持有的其他短期和中期存款。

M_3=M_2 加上国内私人部门持有的长期存款。

14

对外经济关系

表 14.1　对外经济概况

	2000	2007	2008	2009	2010	2011	2012	2013	2014	2015	2016
货物和服务进出口总额(亿美元)											
巴西	1370	3414	4476	3540	4757	5945	5849	6052	5829	4670	4209
俄罗斯	1690	6741	8897	5903	7628	9835	10345	10616	9914	6747	5982
印度(1)	1259	5566	6470	6232	8261	10158	10176	9952	9980	8822	…
中国(2)	4774	22061	26418	22793	29849	38358	41183	44758	47045	43624	41459
南非	702	1904	2092	1647	2101	2506	2414	2353	2252	1964	1784
货物和服务进口总额(亿美元)											
巴西	729	1580	2203	1743	2437	3020	3038	3256	3188	2431	2032
俄罗斯	585	2837	3662	2473	3210	4101	4447	4697	4289	2816	2661
印度(1)	651	3031	3557	3484	4503	5675	5715	5289	5295	4656	…
中国(2)	2243	9490	11465	10296	13809	18269	19432	21202	22416	20023	19480
南非	331	972	1069	818	1027	1236	1236	1220	1157	999	890
货物和服务出口总额(亿美元)											
巴西	641	1834	2273	1797	2320	2925	2811	2796	2641	2239	2178
俄罗斯	1105	3904	5234	3430	4418	5734	5898	5920	5626	3932	3322
印度(1)	608	2535	2913	2748	3758	4483	4461	4662	4684	4166	…
中国(2)	2531	12571	14953	12497	16039	20089	21751	23556	24629	23602	21979
南非	371	932	1023	830	1074	1270	1178	1133	1096	965	894
经常账户盈余/赤字占GDP的比重(%)											
巴西	-3.8	0.0	-1.8	-1.6	-3.4	-3.0	-3.0	-3.0	-4.3	-3.3	-1.3
俄罗斯	18.0	5.5	5.8	3.8	4.1	4.8	3.3	1.5	2.8	5.1	1.7
印度(1)(3)	-0.6	-1.3	-2.3	-2.8	-2.8	-4.2	-4.8	-1.7	-1.3	-1.1	…
中国	1.7	9.9	9.1	4.8	3.9	1.8	2.5	1.5	2.3	2.8	1.7
南非	-0.1	-5.4	-5.5	-2.7	-1.5	-2.2	-5.1	-5.9	-5.3	-4.4	-3.3
货物和服务出口与货物和服务进口比率(%)											
巴西	87.9	116.1	103.2	103.1	95.2	96.8	92.5	85.9	82.8	92.1	107.2
俄罗斯	189.0	137.6	142.9	138.7	137.7	139.8	132.6	126.0	131.2	139.6	124.9
印度(1)	93.4	83.6	81.9	78.8	83.4	79.0	78.1	88.1	88.5	89.5	…
中国	112.8	132.5	130.4	121.4	116.2	110.0	111.9	111.1	109.9	117.9	112.8
南非	111.9	95.9	95.6	101.5	104.5	102.7	95.3	92.8	94.7	96.5	100.5
货物出口与货物进口比率(%)											
巴西	97.2	131.5	113.6	119.4	110.1	112.1	107.7	100.2	97.1	110.2	132.3
俄罗斯	235.5	155.3	161.5	161.6	159.8	161.8	157.1	152.9	161.4	177.0	147.0
印度(1)	88.2	64.8	61.0	62.0	67.9	62.5	61.2	69.8	69.3	68.8	…
中国	115.9	138.0	136.3	127.6	119.9	114.5	118.7	120.1	124.1	136.8	133.0
南非	117.2	96.8	98.0	105.0	109.8	106.9	96.3	93.2	93.6	96.8	101.3
FDI流入额(亿美元)											
巴西	330	446	507	315	885	1012	866	692	969	747	782
俄罗斯(4)	…	559	748	366	432	551	506	692	220	69	330
印度(1)(5)	40	348	419	377	360	466	343	360	451	556	…
中国(6)	407	748	924	900	1057	1160	1117	1176	1196	1263	1260
南非(7)	9	65	92	75	36	42	46	83	58	17	23

表 14.1 对外经济概况

(续表)

	2000	2007	2008	2009	2010	2011	2012	2013	2014	2015	2016
FDI流出额(亿美元)											
巴西	25	171	261	-46	268	161	52	149	260	135	78
俄罗斯[4]	…	448	557	433	526	669	488	865	571	221	226
印度[1][5]	8	188	194	151	172	109	71	92	40	89	…
中国[6][8]	…	265	559	565	688	747	878	1078	1231	1457	…
南非[9]	-3	-30	31	-12	1	3	-30	-67	-77	-57	-34
外汇储备(亿美元)											
巴西[10]	330	1803	1938	2385	2886	3520	3731	3588	3636	3565	3650
俄罗斯[11]	243	4664	4107	4058	4329	4412	4731	4564	3277	3094	3080
印度[12]	380	1992	3097	2520	2791	3048	2944	2920	3042	3416	3602
中国	1656	15282	19460	23992	28473	31811	33116	38213	38430	33304	30105
南非	75	330	341	397	438	489	507	496	491	458	474[13]
外债余额占GDP的比重(%)											
巴西	36.6	14.1	12.0	12.2	12.0	11.8	13.3	12.7	14.4	18.6	17.9
俄罗斯[11]	61.7	34.3	34.2	36.3	32.1	28.8	28.4	32.6	42.6	45.5	36.2
印度[12]	22.0	17.5	18.0	20.3	18.2	18.2	21.1	22.4	23.8	23.8	23.7
中国[14]	...	11.0	8.5	8.4	9.0	9.2	8.6	9.0	17.0	12.9	13.2
南非	27.1	25.8	26.1	27.9	29.6	28.3	35.8	37.2	41.3	39.1	...
国际投资头寸(亿美元)											
巴西[15]	…	-4955	-2431	-5591	-9062	-8205	-8065	-7405	-7751	-4603	-6933
俄罗斯[16] [17]	…	-148	-1486	2502	1029	184	1495	1423	1317	3101	3351
印度[12]	-768	-624	-512	-666	-1592	-2070	-2647	-3267	-3408	-3642	-3611
中国	…	11881	14938	14905	16880	16884	18665	19960	16028	16728	18005
南非	-107	-944	-177	-574	-990	-436	-557	-147	-261	-409	…
年平均汇率											
巴西(1美元兑换雷亚尔)	1.8	1.9	1.8	2.0	1.8	1.7	2.0	2.2	2.4	3.3	3.5
俄罗斯(1美元兑换卢布)	28.1	25.6	24.8	31.7	30.4	29.4	31.1	31.8	38.0	60.7	66.9
印度(1美元兑换卢比)[1]	45.7	40.2	45.9	47.4	45.6	47.9	54.4	60.5	61.1	65.5	…
中国(1美元兑换人民币)	8.3	7.6	6.9	6.8	6.8	6.5	6.3	6.2	6.1	6.2	6.6
南非(1美元兑换兰特)	6.9	7.1	8.3	8.4	7.3	7.3	8.2	9.7	10.8	12.8	14.7
年末汇率											
巴西(1美元兑换雷亚尔)	2.0	1.8	2.3	1.7	1.7	1.9	2.0	2.3	2.7	3.9	3.3
俄罗斯(1美元兑换卢布)	28.2	24.6	29.4	30.2	30.5	32.2	30.4	32.7	56.3	72.9	60.7
印度(1美元兑换卢比)[12]	46.6	43.6	40.0	50.9	45.1	44.6	51.2	54.4	60.1	62.6	66.3
中国(1美元兑换人民币)	8.3	7.3	6.8	6.8	6.6	6.3	6.3	6.1	6.1	6.5	6.9
南非(1美元兑换兰特)	7.6	6.8	9.3	7.4	6.6	8.1	8.5	10.5	11.6	15.6	13.6

资料来源：

巴西

1. 巴西中央银行。
2. 巴西工业发展及外贸部。

俄罗斯

1. 俄罗斯联邦统计局。
2. 俄罗斯中央银行。
3. 国际货币基金组织。

印度

1. 印度商工部商业司的“进出口数据库”以及工业政策和促进司的《外商直接投资统计》(各期)。
2. 印度储备银行，《印度经济统计手册》。
3. 印度财政部，《印度外债报告》(各期)。

中国

1. 国家外汇管理局。

2. 中华人民共和国商务部。

南非

南非储备银行。

脚注：

巴西

(10) 指现金。

(15) 2015 年 4 月开始，巴西直接投资数据与 IMF 编制的第六版《国际收支和国际投资头寸手册》(BPM6) 中的概念和标准一致，数据包括了 2010 年以来再投资收益流量。根据 BPM6，外国直接投资 (FDI) 被“直接投资 - 负债”替代。

俄罗斯

(4) 俄罗斯国际收支方法计算，与国际收支手册中资产、负债标准一致，负号代表减少。

(11) 年底数。

(16) 年初数。

(17) 数据与 IMF 编制的第六版《国际收支和国际投资头寸手册》(BPM6) 中的概念和标准一致。

印度

(1) 为财政年度数据，即当年 4 月 1 日至下年 3 月 31 日。

(3) 此处的 GDP 数据是按现价 (市场价格) 核算的 (基年改为 2011/12 年 =100)。

(5) 2013-2014 年度数据为临时数据。

(12) 数据截至当年的 3 月 31 日。

中国

(2) 进口和出口货物和服务数据来自国家外汇管理局。

(6) 外商直接投资数据来自中华人民共和国商务部。

(8) 2003-2006 年 FDI 流出额为非金融类直接投资数据，2007 年以后为全行业对外直接投资数据。

(14) 自 2015 年起，国家外汇管理局按国际货币基金组织数据公布特殊标准 (SDDS) 调整外债统计口径，并公布全口径外债数据，新旧口径数据不可比。原口径外债数据只公布到 2014 年，2015 年后不再公布。新的全口径外债数据仅有 2014 年和 2015 年数据。鉴于此，请斟酌采用何口径数据为宜。

南非

(7) 为负债增加和资产减少的净值。

(9) 为负债减少和资产增加的净值。

(13) 包括黄金。

表 14.2.1 货物进出口贸易——巴西

单位：亿美元

	2000	2006	2007	2008	2009	2010
从主要贸易伙伴的进口[(1)]	**559**	**914**	**1206**	**1730**	**1277**	**1818**
中国	12	80	126	200	159	256
美国	129	147	187	256	200	270
阿根廷	68	81	104	133	113	144
德国	44	65	87	120	99	126
尼日利亚	7	39	53	67	48	59
韩国	14	31	34	54	48	84
印度	3	15	22	36	22	42
意大利	22	26	33	46	37	48
日本	30	38	46	68	54	70
法国	19	28	35	47	36	48
墨西哥	8	13	20	31	28	39
智利	10	29	35	40	27	42
西班牙	11	14	18	25	20	28
玻利维亚	1	14	16	29	16	22
沙特阿拉伯	8	16	17	29	16	21
对主要贸易伙伴的出口[(1)]	**551**	**1378**	**1606**	**1979**	**1530**	**2019**
中国	11	84	107	165	210	308
美国	132	245	251	274	156	193
阿根廷	62	117	144	176	128	185
荷兰	28	57	88	105	82	102
日本	25	39	43	61	43	71
德国	25	57	72	89	62	81
智利	12	39	43	48	27	43
印度	2	9	10	11	34	35
委内瑞拉	8	36	47	52	36	39
意大利	21	38	45	48	30	42
韩国	6	20	20	31	27	38
俄罗斯	4	34	37	47	29	42
英国	15	28	33	38	37	46
墨西哥	17	45	43	43	27	37

表 14.2.1　货物进出口贸易——巴西

单位：亿美元(续表1)

	2011	2012	2013	2014	2015	2016
从主要贸易伙伴的进口(1)	**2262**	**2232**	**2397**	**2291**	**1715**	**1376**
中国	328	343	373	373	307	234
美国	340	324	360	350	265	238
阿根廷	169	164	165	141	103	91
德国	152	142	152	138	104	91
尼日利亚	84	80	96	95	46	13
韩国	101	91	95	85	54	54
印度	61	50	64	66	43	25
意大利	62	62	67	63	47	37
日本	79	77	71	59	49	36
法国	55	59	65	57	45	37
墨西哥	51	61	58	54	44	35
智利	45	42	43	40	34	29
西班牙	33	35	45	39	35	26
玻利维亚	29	34	40	38	25	13
沙特阿拉伯	31	32	32	33	19	13
对主要贸易伙伴的出口(1)	**2560**	**2426**	**2420**	**2251**	**1911**	**1853**
中国	443	412	460	406	356	351
美国	258	267	247	270	241	232
阿根廷	227	180	196	143	128	134
荷兰	136	150	173	130	100	103
日本	95	80	80	67	48	46
德国	90	73	66	66	52	49
智利	54	46	45	50	40	41
印度	32	56	31	48	36	32
委内瑞拉	46	51	48	46	30	13
意大利	54	46	41	40	33	33
韩国	47	45	47	38	31	29
俄罗斯	42	31	30	38	25	23
英国	52	45	41	38	29	28
墨西哥	40	40	42	37	36	38

表 14.2.1　货物进出口贸易——巴西

单位：亿美元(续表2)

	2000	2006	2007	2008	2009	2010
主要进口商品(1)	**559**	**914**	**1206**	**1730**	**1277**	**1818**
原油	32	91	120	164	92	101
柴油		17	30	51	17	51
汽车发动机，1500<气缸排量(立方厘米)≦3000，最多6名乘客	8	13	20	31	33	49
石化用石脑油	...	...	...	...	...	...
气态天然气	1	13	15	27	16	21
液化天然气	0	...	...	0	1	8
电台广播和电视接收器装置、其他部件等	3	5	7	14	9	27
其他氯化钾	6	9	15	38	21	22
电话/电报装置和设备	...	...	13	15	8	8
其他柴油发动机，重量≤5t	4	5	7	8	10	15
烟煤(非烧结)	1	3	2	4	14	22
其它小麦与黑麦混合物，不包括种子	...	...	...	...	...	...
涡轮喷气或涡轮螺桨发动机部件	3	5	7	9	10	9
其他汽油，不包括航空用油	...	...	...	...	...	...
其他杀虫剂(非常态包装)	...	...	...	3	4	5
主要出口商品	**551**	**1378**	**1606**	**1979**	**1530**	**2019**
大豆，包括原大豆和碾磨后大豆，不包括种子	...	...	...	...	...	...
铁矿石(非烧结、非汰选)	19	58	71	111	106	214
原油	2	69	89	137	94	163
其他蔗糖	...	...	...	...	...	...
大豆乳(固态)	16	24	30	44	46	47
咖啡(未烘焙或未脱去咖啡因，颗粒状)	16	29	34	41	38	52
非松木化学木质纸浆(氢氧化钠/硫化钠液蒸，半化学，漂白)	15	24	29	38	31	44
冷冻牛肉，去骨	3	25	27	37	26	34
冷冻家禽切块及内脏	4	20	28	36	29	35
玉米，颗粒状，不包括种子	...	5	19	13	13	21
铁矿石(烧结、汰选)	12	32	34	55	27	76
燃料油	...	19	18	25	15	22
其他飞机，重量>15000千克	6	24	38	44	31	30
机上消费品及飞机用油和润滑剂	4	11	13	19	10	15
冷冻家禽(整装)	4	9	14	22	19	23
飞机和轮船食品	9	25	28	46	26	36

表 14.2.1 货物进出口贸易——巴西

单位：亿美元(续表3)

	2011	2012	2013	2014	2015	2016
主要进口商品(1)	**2262**	**2232**	**2397**	**2291**	**1715**	**1376**
原油	141	134	163	155	74	29
柴油	74	66	83	87	34	29
汽车发动机，1500<气缸排量(立方厘米)≦3000，最多6名乘客	70	58	54	45	30	15
石化用石脑油	…	40	45	44	26	24
气态天然气	27	33	40	38	26	13
液化天然气	3	15	28	31	28	8
电台广播和电视接收器装置、其他部件等	31	30	32	29	20	12
其他氯化钾	35	35	33	29	25	20
电话/电报装置和设备	10	12	21	28	23	19
其他柴油发动机，重量≤5t	17	21	25	22	15	14
烟煤(非烧结)	34	23	20	19	18	15
其它小麦与黑麦混合物，不包括种子	…	17	24	18	12	13
涡轮喷气或涡轮螺桨发动机部件	11	11	14	18	19	21
其他汽油，不包括航空用油	…	29	21	16	10	9
其他杀虫剂(非常态包装)	7	9	13	15	12	8
主要出口商品	**2560**	**2426**	**2420**	**2251**	**1911**	**1853**
大豆，包括原大豆和碾磨后大豆，不包括种子	…	172	228	233	210	193
铁矿石(非烧结、非汰选)	319	238	260	200	104	116
原油	216	203	130	164	118	101
其他蔗糖	…	98	92	74	59	83
大豆乳(固态)	55	62	61	61	50	43
咖啡(未烘焙或未脱去咖啡因，颗粒状)	80	57	46	60	56	48
非松木化学木质纸浆(氢氧化钠/硫化钠液蒸，半化学，漂白)	46	43	48	49	53	51
冷冻牛肉，去骨	35	37	45	49	40	36
冷冻家禽切块及内脏	45	43	42	45	40	40
玉米，颗粒状，不包括种子	26	53	62	39	49	37
铁矿石(烧结、汰选)	100	72	65	37	37	17
燃料油	33	48	36	31	13	6
其他飞机，重量>15000千克	32	36	29	27	30	32
机上消费品及飞机用油和润滑剂	23	26	25	26	16	11
冷冻家禽(整装)	26	25	28	24	23	20
飞机和轮船食品	48	49	41	40	24	19

资料来源：

巴西工业发展及外贸部。

脚注：

进出口数据按离岸价格计算。

(1) 仅指货物贸易，不包括服务贸易。

表14.2.2.1 货物进出口贸易——俄罗斯

单位：亿美元

	2000	2007	2008	2009	2010	2011	2012	2013	2014	2015	2016
从主要贸易伙伴的进口											
德国	39.0	265.3	341.2	212.3	267.0	376.8	383.1	379.2	329.8	204.4	194.5
荷兰	7.4	38.6	48.2	35.9	44.4	59.3	59.8	58.6	52.9	31.0	30.2
中国	9.5	244.2	347.8	228.0	389.6	482.0	516.3	530.7	507.7	349.5	381.1
意大利	12.1	85.4	110.0	78.9	100.4	134.0	134.3	145.6	127.3	83.2	78.4
土耳其	3.5	41.8	61.5	32.2	48.7	63.6	68.6	72.7	66.4	40.6	21.6
美国	26.9	94.7	137.9	91.7	111.0	145.8	153.7	165.4	185.0	114.5	107.0
法国	11.9	77.7	100.2	84.3	100.4	132.8	138.0	130.1	106.3	59.2	84.9
印度	5.6	13.1	17.1	15.3	21.4	27.9	30.4	30.9	31.7	22.6	24.0
巴西	3.9	41.1	46.7	34.8	40.7	43.9	33.6	34.9	39.7	29.2	25.2
南非	0.7	2.7	4.4	3.2	4.7	4.7	6.9	7.8	6.9	5.7	5.2
对主要贸易伙伴的出口											
德国	92.3	263.5	331.6	187.1	256.6	341.6	350.0	370.5	371.3	253.5	212.6
荷兰	43.5	428.8	569.7	364.1	539.7	627.0	768.9	701.1	680.4	408.5	292.6
中国	52.5	159.0	211.4	166.9	203.3	350.3	357.7	356.2	374.9	286.0	280.2
意大利	72.5	275.3	420.0	251.0	274.8	326.6	323.0	387.8	352.3	222.9	119.7
土耳其	31.0	185.3	276.6	163.8	203.2	253.5	274.2	254.4	249.4	192.9	135.8
美国	46.4	83.4	133.6	91.3	123.2	164.3	128.7	111.1	105.8	94.3	92.7
法国	19.0	86.8	122.0	87.3	124.2	148.6	105.4	90.0	75.8	57.1	47.8
印度	10.8	40.1	52.3	59.4	63.9	60.8	75.6	69.8	63.4	55.8	53.1
巴西	2.6	11.3	20.4	10.8	18.0	21.3	23.0	19.8	23.7	19.2	17.9
南非	0.3	0.1	0.4	2.0	0.5	1.2	2.8	2.9	2.9	2.7	2.0
主要进口商品(1)											
新鲜和冷冻肉类(包括禽肉)	9.7	47.0	66.1	58.2	56.7	60.3	63.3	59.1	50.9	28.5	20.9
药品	11.5	55.5	75.1	71.4	93.5	109.6	107.8	118.1	102.1	68.8	70.7
乘用车	4.5	213.3	302.6	85.1	115.4	200.4	202.2	169.9	131.6	64.9	60.4
主要出口商品(1)											
原油	252.8	1215.0	1611.5	1005.9	1347.6	1817.6	1809.3	1736.7	1539.0	895.9	737.1
原油产品	109.4	522.3	798.7	481.4	700.9	960.3	1036.2	1094.1	1158.1	674.5	461.1
天然气	166.4	448.4	691.1	419.7	475.8	639.3	617.7	659.7	546.9	417.8	312.8

资料来源：

俄罗斯联邦海关总署。

脚注：

(1) 数据来自俄罗斯联邦海关总署以及与白俄罗斯共和国的对外贸易数据，但由于自 2010 年 7 月开始，俄罗斯与哈萨克斯坦共和国之间产品边境清关取消，所以从 2010 年 12 月起，数据不包括两国双边贸易。

表 14.2.2.2 货物进出口贸易——俄罗斯(2016年)

单位：万美元

商品	巴西	印度	中国	南非	所有国家[(1)]
进口					
全部	**252400**	**239800**	**3810500**	**52200**	**18226700**
1.新鲜和冷冻肉(包含家禽)	111300	1920	-	-	209250
2.柑橘类水果	250	120	13780	10997	117255
3.茶	-	14500	4770	-	54800
4.大豆	41300	-	30	-	97700
5.镍矿石及其精矿	-	-	-	5990	5990
6.药品	130	45000	1830	-	706579
7.液化空气或气体的机器	-	160	361600	-	478488
8.计算机器及其零部件	-	110	230100	-	382400
9.电话和电报通信设备	140	2280	433300	10	671500
10.汽车零部件	700	7890	83300	566	572000
出口					
全部					
1.小麦和杂麦	-	770	7	11900	421600
2.硬煤	6490	16100	80500	-	890660
3.原油	-	8010	1482500	-	7371200
4.石油产品	29986	11969	198465	1020	4610570
5.肥料	124100	34400	74800	1050	663700
6.合成橡胶	3450	14700	15590	620	129300
7.处理后的木材	-	270	149900	10	320100
8.宝石、贵金属及其制品	…	94690	9540	-	890690
9.铝制品	430	1360	3299	970	567400
10.非照射燃料元件	-	16379	4910	-	122100

资料来源：

俄罗斯联邦海关总署。

脚注：

(1) 包括与白俄罗斯及哈萨克斯坦的贸易。

表 14.2.3.1 货物进出口贸易(主要贸易伙伴)——印度
(2016年4月1日至2017年3月31日)

单位：亿美元

国家和地区	进口	国家和地区	出口
中国	613.1	美国	423.3
美国	221.0	阿联酋	312.6
沙特阿拉伯	214.7	中国香港	141.6
阿联酋	199.6	中国	102.0
瑞士	172.6	新加坡	95.7
印尼	134.3	英国	85.8
韩国	125.8	德国	72.5
伊拉克	117.0	孟加拉国	67.0
德国	114.8	沙特阿拉伯	51.4
尼日利亚	76.6	斯里兰卡	39.2

资料来源：

印度商工部，“进出口数据库”。

脚注：

所有数据为初步数据。

表 14.2.3.2 货物进出口贸易(金砖国家)——印度

单位：亿美元

	2000	2007	2008	2009	2010	2011	2012	2013	2014	2015	2016
进口											
巴西	…	9.50	11.86	34.38	35.49	42.71	48.26	37.21	54.01	40.40	41.15
俄罗斯	5.18	24.78	43.28	35.67	36.00	47.64	42.32	38.94	42.49	45.96	55.64
中国	15.02	271.46	324.97	308.24	434.80	553.14	522.48	510.35	604.13	617.02	613.11
南非	10.22	36.05	55.14	56.75	71.41	109.72	88.88	60.75	64.97	59.07	58.14
出口											
巴西	…	25.26	26.51	24.14	40.24	57.70	60.49	55.52	59.64	26.50	24.08
俄罗斯	8.89	9.41	10.96	9.81	16.89	17.78	22.96	21.21	20.97	15.88	19.33
中国	8.31	108.71	93.54	116.18	154.83	180.77	135.35	148.24	119.34	90.28	102.03
南非	3.11	26.61	19.80	20.59	39.12	47.31	51.07	50.74	53.02	35.88	35.54

资料来源：

印度商工部，“进出口数据库”。

脚注：

2016 年数据为初步数据。

该表所有数据均为财政年度数据，即 4 月 1 日到下年 3 月 31 日数据。例如：2016 年数据指 2016 年 4 月 1 日到 2017 年 3 月 31 日。

表 14.2.3.3 货物进出口贸易(主要商品)——印度

单位：亿美元

	2000-2001	2006-2007	2007-2008
主要出口商品			
服装及其配饰，针织或钩织	17.9	36.2	42.7
服装及其配饰，非针织或钩织	37.9	52.9	54.2
电气机械和设备及其零件；录音机、扬声器，电视图像录像机及其零件	12.9	41.1	53.6
矿砂，矿渣及矿灰	4.6	49.0	70.0
塑料和塑料产品	7.0	27.4	27.9
食品厂的残渣和废料、加工动物饲料	4.6	12.5	20.8
大型和小型船只以及其他漂浮构造	0.5	10.4	17.5
不含铁路和索道用车的车辆及其零件和配件	9.3	37.7	44.8
医药产品	9.5	31.8	41.6
其他产品	341.4	965.2	1258.2
主要进口商品			
核反应堆锅炉，机械及机械用具及其零件	42.4	186.3	253.4
钢铁	9.6	61.4	90.9
钢铁产品	3.1	25.4	33.0
有机化学产品	16.0	60.4	81.2
肥料	4.4	26.7	46.1
塑料及其制品	6.6	29.6	41.2
矿物燃料，矿物油及其蒸馏产品，烟煤，矿物蜡	175.45	617.79	863.84
电气机械和设备及其零件；录音机、扬声器，电视图像录像机、录音机及其零件	26.8	145.8	200.9
天然或养殖珍珠、宝石或准宝石、贵金属、镀金产品、仿首饰、硬币	97.1	226.2	262.9

表 14.2.3.3　货物进出口贸易(主要商品)——印度

单位：亿美元(续表1)

	2008-2009	2009-2010	2010-2011
主要出口商品			
服装及其配饰，针织或钩织	50.5	45.9	47.7
服装及其配饰，非针织或钩织	59.0	61.3	64.5
电气机械和设备及其零件；录音机、扬声器，电视图像录像机及其零件	95.4	72.3	108.4
矿砂，矿渣及矿灰	54.6	66.5	58.2
塑料和塑料产品	25.4	27.5	39.5
食品厂的残渣和废料、加工动物饲料	23.2	17.4	24.6
大型和小型船只以及其他漂浮构造	37.2	25.5	52.7
不含铁路和索道用车的车辆及其零件和配件	60.0	61.7	113.0
医药产品	50.8	51.9	65.4
其他产品	1396.8	1357.4	1937.4
主要进口商品			
核反应堆锅炉，机械及机械用具及其零件	266.4	239.9	290.1
钢铁	102.7	88.1	110.1
钢铁产品	36.7	27.9	36.2
有机化学产品	86.1	94.1	126.4
肥料	120.1	59.9	61.8
塑料及其制品	44.8	55.2	75.7
矿物燃料，矿物油及其蒸馏产品，烟煤，矿物蜡	1039.3	963.2	1159.3
电气机械和设备及其零件；录音机、扬声器，电视图像录像机、录音机及其零件	252.1	220.7	272.1
天然或养殖珍珠、宝石或准宝石、贵金属、镀金产品、仿首饰、硬币	439.3	463.2	770.5

表 14.2.3.3　货物进出口贸易(主要商品)——印度

单位：亿美元(续表2)

	2011-2012	2012-2013	2013-2014
主要出口商品			
服装及其配饰，针织或钩织	57.8	55.5	66.6
服装及其配饰，非针织或钩织	79.6	74.1	83.4
电气机械和设备及其零件；录音机、扬声器，电视图像录像机及其零件	115.3	108.6	103.0
矿砂，矿渣及矿灰	54.3	23.8	22.0
塑料和塑料产品	53.0	51.5	56.3
食品厂的残渣和废料、加工动物饲料	25.3	32.4	30.5
大型和小型船只以及其他漂浮构造	81.0	38.4	37.2
不含铁路和索道用车的车辆及其零件和配件	109.3	121.9	129.3
医药产品	84.8	100.6	111.4
其他产品	2399.3	2397.1	2504.2
主要进口商品			
核反应堆锅炉，机械及机械用具及其零件	375.5	352.4	306.7
钢铁	136.5	136.2	91.1
钢铁产品	45.3	41.0	36.0
有机化学产品	144.4	157.0	170.4
肥料	92.2	74.1	53.5
塑料及其制品	84.5	96.1	101.0
矿物燃料，矿物油及其蒸馏产品，烟煤，矿物蜡	1727.5	1813.5	1813.8
电气机械和设备及其零件；录音机、扬声器，电视图像录像机、录音机及其零件	328.7	298.2	291.5
天然或养殖珍珠、宝石或准宝石、贵金属、镀金产品、仿首饰、硬币	910.8	839.0	584.6

表 14.2.3.3　货物进出口贸易(主要商品)——印度

单位：亿美元(续表3)

	2014-2015	2015-2016	2016-2017[1]
主要出口商品			
服装及其配饰，针织或钩织	76.5	76.7	82.7
服装及其配饰，非针织或钩织	91.9	93.2	912.1
电气机械和设备及其零件；录音机、扬声器，电视图像录像机及其零件	87.0	80.0	82.4
矿砂，矿渣及矿灰	9.8	6.9	18.6
塑料和塑料产品	50.8	52.4	53.2
食品厂的残渣和废料、加工动物饲料	16.3	8.0	11.1
大型和小型船只以及其他漂浮构造	53.5	30.9	45.3
不含铁路和索道用车的车辆及其零件和配件	144.7	143.6	150.2
医药产品	115.8	129.1	129.7
其他产品	2456.9	2002.1	2097.6
主要进口商品			
核反应堆锅炉，机械及机械用具及其零件	317.3	328.7	321.0
钢铁	123.4	112.5	82.4
钢铁产品	39.8	37.4	34.7
有机化学产品	177.5	156.2	154.8
肥料	63.9	70.7	42.9
塑料及其制品	116.9	114.1	115.7
矿物燃料，矿物油及其蒸馏产品，烟煤，矿物蜡	1564.0	969.5	1030.7
电气机械和设备及其零件；录音机、扬声器，电视图像录像机、录音机及其零件	331.5	359.6	385.7
天然或养殖珍珠、宝石或准宝石、贵金属、镀金产品、仿首饰、硬币	623.8	565.4	537.7

资料来源：

印度商工部“进出口数据库”。

脚注：

为财政年度数据，例如：2013 年数据指 2013 年 4 月 1 日到 2014 年 3 月 31 日。每个财政年度包括 12 个月，从当年 4 月 1 日起。

(1) 2016-17 年数据是指 2016 年 4 月到 2017 年 2 月。

表 14.2.4.1 货物进出口贸易——中国

单位：亿美元

	2000	2007	2008	2009	2010	2011
从主要贸易伙伴的进口						
中国香港	94.3	128.0	129.2	87.0	122.6	154.9
印度	13.5	146.2	202.6	137.3	208.5	233.7
日本	415.1	1339.4	1506.0	1309.2	1767.4	1945.6
韩国	232.1	1037.5	1121.4	1025.5	1383.5	1627.1
中国台湾	254.9	1010.3	1033.4	857.2	1157.4	1249.1
南非	10.4	66.2	92.4	87.1	149.0	321.1
德国	104.1	453.8	557.9	557.2	742.6	927.4
俄罗斯	57.7	196.9	238.3	212.3	259.2	403.7
巴西	16.2	183.4	298.6	282.8	381.3	523.9
美国	223.6	693.9	813.6	774.6	1021.0	1221.3
澳大利亚	50.2	258.4	374.4	394.9	611.2	826.7
东盟(2)	221.8	1083.9	1170.0	1067.5	1547.0	1930.2
欧盟(2)	308.4	1109.4	1326.3	1276.9	1683.7	2111.6
对主要贸易伙伴的出口						
中国香港	445.2	1844.4	1907.3	1662.3	2183.0	2679.8
印度	15.6	240.1	315.9	296.6	409.2	505.4
日本	416.5	1020.1	1161.3	978.7	1210.4	1482.7
韩国	112.9	561.0	739.3	536.7	687.7	829.2
中国台湾	50.4	234.6	258.8	205.0	296.7	351.1
南非	10.1	74.3	86.2	73.7	108.0	133.6
德国	92.8	487.1	592.1	499.2	680.5	764.0
俄罗斯	22.3	284.7	330.8	175.2	296.1	389.0
巴西	12.2	113.7	188.1	141.2	244.6	318.4
美国	521.0	2326.8	2523.8	2208.0	2832.9	3244.5
澳大利亚	34.3	179.9	222.5	206.4	272.2	339.1
东盟(2)	173.4	941.5	1143.2	1062.6	1381.6	1700.7
欧盟(2)	381.9	2451.8	2931.5	2362.0	3112.2	3559.7

表 14.2.4.1　货物进出口贸易——中国

单位：亿美元（续表1）

	2012	2013	2014	2015	2016 [1]
从主要贸易伙伴的进口					
中国香港	178.8	162.1	126.2	127.5	168.5
印度	188.0	169.7	163.6	133.7	117.6
日本	1778.3	1622.5	1629.2	1429.0	1455.3
韩国	1687.4	1830.7	1901.1	1745.1	1588.7
中国台湾	1322.0	1564.0	1520.1	1432.0	1392.2
南非	446.7	483.9	445.7	301.5	224.9
德国	919.2	941.6	1050.1	876.2	860.7
俄罗斯	441.6	396.7	415.9	332.6	322.3
巴西	523.3	543.0	516.5	440.9	457.4
美国	1329.0	1523.4	1590.6	1478.1	1344.0
澳大利亚	846.2	989.5	976.3	735.1	706.7
东盟[2]	1958.9	1995.6	2082.4	1944.7	1962.2
欧盟[2]	2120.8	2199.4	2441.6	2087.7	2079.7
对主要贸易伙伴的出口					
中国香港	3234.3	3844.9	3630.8	3304.6	2877.2
印度	476.8	484.3	542.2	582.3	583.9
日本	1516.2	1501.3	1493.9	1356.2	1292.6
韩国	876.8	911.6	1003.3	1012.9	937.1
中国台湾	367.8	406.3	462.8	448.9	403.7
南非	153.2	168.3	157.0	158.6	128.5
德国	692.1	673.4	727.0	691.5	652.1
俄罗斯	440.6	495.9	536.8	347.6	373.3
巴西	334.2	359.0	348.9	274.1	219.8
美国	3517.8	3684.1	3960.6	4092.1	3850.8
澳大利亚	377.3	375.5	391.5	403.1	372.9
东盟[2]	2042.5	2440.4	2720.5	2772.9	2559.9
欧盟[2]	3339.6	3389.5	3708.4	3558.2	3390.5

表 14.2.4.1　货物进出口贸易——中国

单位：亿美元（续表2）

	2000	2007	2008	2009	2010	2011
主要出口商品						
电机、电气、音像设备及其零附件	460.7	3002.6	3420.8	3011.2	3887.5	4457.6
核反应堆、锅炉、机械器具及零件	268.2	2285.5	2686.7	2358.5	3098.1	3537.6
家具；寝具等；灯具；活动房	70.2	359.4	428.3	389.3	505.8	593.4
针织或钩编的服装及衣着附件	134.2	613.3	608.8	538.1	667.1	801.6
非针织或非钩编的服装及衣着附件	188.7	473.2	524.9	467.3	543.6	630.7
光学、照相、医疗等设备及零附件	63.1	370.6	433.3	389.1	521.1	606.9
塑料及其制品	63.9	264.0	298.1	252.8	347.0	454.2
车辆及其零附件，但铁道车辆除外	46.1	318.0	392.7	279.3	384.0	495.4
钢铁制品	54.8	366.8	484.2	337.8	391.3	512.0
鞋靴、护腿和类似品及其零件	98.5	253.1	297.2	280.3	356.4	417.2
主要进口商品						
电机、电气、音像设备及其零附件	507.4	2568.3	2665.1	2437.3	3143.1	3509.5
矿物燃料、矿物油及其产品；沥青等	206.8	1049.9	1692.5	1240.5	1890.1	2758.1
核反应堆、锅炉、机械器具及零件	344.3	1241.7	1388.0	1235.4	1721.6	1993.0
矿砂、矿渣及矿灰	31.3	540.4	859.4	701.0	1095.1	1506.4
光学、照相、医疗等设备及零附件	72.8	695.3	777.1	669.9	899.2	991.4
珠宝、贵金属及制品；仿首饰；硬币	24.2	62.6	75.5	65.5	108.5	149.1
车辆及其零附件，但铁道车辆除外	36.1	221.3	269.6	283.7	495.1	654.7
塑料及其制品	144.6	453.2	488.6	485.2	637.0	702.0
有机化学品	83.3	384.3	392.4	361.7	482.6	631.3
油籽；子仁；工业或药用植物；饲料	30.7	122.7	231.8	210.0	270.6	320.4

表 14.2.4.1 货物进出口贸易——中国

单位：亿美元（续表3）

	2012	2013	2014	2015	2016 [1]
主要出口商品					
电机、电气、音像设备及其零附件	4873.2	5612.9	5709.2	5943.3	5534.8
核反应堆、锅炉、机械器具及零件	3758.9	3831.5	4008.3	3642.8	3437.9
家具；寝具等；灯具；活动房	778.9	864.1	933.7	985.3	874.7
针织或钩编的服装及衣着附件	870.4	967.9	919.9	837.9	744.1
非针织或非钩编的服装及衣着附件	612.2	682.5	814.5	784.4	720.7
光学、照相、医疗等设备及零附件	726.3	745.3	740.0	736.8	675.7
塑料及其制品	551.9	617.5	667.9	656.8	623.5
车辆及其零附件，但铁道车辆除外	551.1	585.5	641.9	626.0	601.5
钢铁制品	561.6	573.5	606.4	605.2	518.9
鞋靴、护腿和类似品及其零件	468.1	507.6	562.5	535.1	471.9
主要进口商品					
电机、电气、音像设备及其零附件	3815.2	4394.2	4243.2	4286.9	4128.9
矿物燃料、矿物油及其产品；沥青等	3131.3	3152.3	3167.9	1986.0	1762.9
核反应堆、锅炉、机械器具及零件	1819.8	1705.7	1793.8	1570.4	1477.0
矿砂、矿渣及矿灰	1338.7	1487.7	1346.6	937.2	938.9
光学、照相、医疗等设备及零附件	1061.5	1075.9	1058.1	996.4	926.4
珠宝、贵金属及制品；仿首饰；硬币	132.2	183.4	423.3	965.9	799.4
车辆及其零附件，但铁道车辆除外	706.0	741.5	895.1	696.3	715.0
塑料及其制品	694.2	723.9	751.9	655.5	610.0
有机化学品	608.6	658.8	603.1	477.6	438.7
油籽；子仁；工业或药用植物；饲料	386.0	426.3	458.9	397.1	383.0

资料来源：

中华人民共和国海关总署。

脚注：

(1) 初步数据。

(2) 东盟和欧盟为当年实有成员范围，所以在年度比较时应注意成员国的变化。

表 14.2.4.2　中国对其他金砖国家出口前10位的商品(2016年)

巴西 商品	金额[1] (亿美元)	比上年增长 (%)	印度 商品	金额[1] (亿美元)	比上年增长 (%)
1.电机、电气、音像设备及其零附件	56.9	1.9	1.电机、电气、音像设备及其零附件	169.0	26.3
2.核反应堆、锅炉、机械器具及零件	29.9	-26.0	2.核反应堆、锅炉、机械器具及零件	103.7	1.7
3.有机化学品	16.8	1.1	3.有机化学品	56.7	-4.6
4.光学、照相、医疗等设备及零附件	11.2	-27.0	4.塑料及其制品	22.5	5.5
5.塑料及其制品	7.6	-18.7	5.光学、照相、医疗等设备及零附件	16.9	10.1
6.车辆及其零附件，但铁道车辆除外	6.5	-15.5	6.家具；寝具等；灯具；活动房	16.5	-15.8
7.化学纤维长丝	5.6	13.0	7.肥料	15.4	-56.5
8.家具；寝具等；灯具；活动房	5.5	-42.7	8.钢铁	15.0	-33.8
9.非针织或非钩编的服装及衣着附件	4.8	-56.8	9.钢铁制品	13.1	-7.3
10.皮革制品；旅行箱包；动物肠线制品	4.4	-25.8	10.车辆及其零附件，但铁道车辆除外	11.7	0.8

俄罗斯 商品	金额[1] (亿美元)	比上年增长 (%)	南非 商品	金额[1] (亿美元)	比上年增长 (%)
1.核反应堆、锅炉、机械器具及零件	77.6	48.4	1.电机、电气、音像设备及其零附件	24.5	-19.2
2.电机、电气、音像设备及其零附件	54.4	6.3	2.核反应堆、锅炉、机械器具及零件	19.0	-15.6
3.毛皮、人造毛皮及其制品	25.6	30.8	3.非针织或非钩编的服装及衣着附件	6.3	-20.4
4.非针织或非钩编的服装及衣着附件	19.7	-24.0	4.针织或钩编的服装及衣着附件	6.3	-17.6
5.鞋靴、护腿和类似品及其零件	19.0	3.1	5.鞋靴、护腿和类似品及其零件	5.4	-24.4
6.针织或钩编的服装及衣着附件	18.5	-14.3	6.家具；寝具等；灯具；活动房	5.3	-28.5
7.钢铁制品	12.7	25.3	7.塑料及其制品	4.9	-12.2
8.车辆及其零附件，但铁道车辆除外	12.5	10.6	8.车辆及其零附件，但铁道车辆除外	4.5	-14.8
9.塑料及其制品	11.5	2.2	9.钢铁制品	3.8	-27.0
10.家具；寝具等；灯具；活动房	8.4	-20.0	10.有机化学品	3.3	-5.6

资料来源：

中华人民共和国海关总署。

脚注：

(1) 初步数据。

表 14.2.4.3　中国从其他金砖国家进口前10位的商品(2016年)

巴西 商品	金额[1] (亿美元)	比上年增长 (%)	印度 商品	金额[1] (亿美元)	比上年增长 (%)
1.油籽；子仁；工业或药用植物；饲料	155.5	-7.9	1.珠宝、贵金属及制品；仿首饰；硬币	25.0	27.2
2.矿砂、矿渣及矿灰	132.5	4.7	2.棉花	12.7	-44.2
3.矿物燃料、矿物油及其产品；沥青等	60.2	13.6	3.矿砂、矿渣及矿灰	12.6	93.2
4.木浆等纤维状纤维素浆；废纸及纸板	25.9	5.5	4.铜及其制品	10.0	-39.4
5.肉及食用杂碎	20.0	102.1	5.有机化学品	9.1	-17.8
6.船舶及浮动结构体	12.0	719284.8	6.盐；硫磺；土及石料；石灰及水泥等	7.4	-12.4
7.糖及糖食	7.0	-25.4	7.核反应堆、锅炉、机械器具及零件	5.2	-7.4
8.生皮(毛皮除外)及皮革	6.8	-16.3	8.电机、电气、音像设备及其零附件	4.6	28.2
9.钢铁	5.4	-14.8	9.动、植物油、脂、蜡；精制食用油脂	3.0	-6.9
10.铜及其制品	5.1	-19.2	10.生皮(毛皮除外)及皮革	2.7	-20.9

俄罗斯 商品	金额[1] (亿美元)	比上年增长 (%)	南非 商品	金额[1] (亿美元)	比上年增长 (%)
1.矿物燃料、矿物油及其产品；沥青等	190.0	-5.9	1.珠宝、贵金属及制品；仿首饰；硬币	142.9	-32.2
2.木及木制品；木炭	36.8	17.8	2.矿砂、矿渣及矿灰	49.5	-7.2
3.镍及其制品	21.2	-6.8	3.钢铁	13.9	-18.0
4.鱼及其他水生无脊椎动物	13.6	16.0	4.木浆等纤维状纤维素浆；废纸及纸板	3.0	-13.4
5.矿砂、矿渣及矿灰	8.9	-0.9	5.铜及其制品	2.0	-32.8
6.木浆等纤维状纤维素浆；废纸及纸板	7.8	-6.2	6.羊毛等动物毛；马毛纱线及其机织物	2.0	-1.0
7.肥料	7.4	-14.4	7.镍及其制品	1.8	13.6
8.铜及其制品	4.5	-30.9	8.食用水果及坚果；甜瓜等水果的果皮	1.6	-6.9
9.核反应堆、锅炉、机械器具及零件	4.2	8.0	9.药品	1.2	66.3
10.珠宝、贵金属及制品；仿首饰；硬币	3.3	7.9	10.生皮(毛皮除外)及皮革	1.0	-22.6

资料来源：

中华人民共和国海关总署。

脚注：

(1) 初步数据。

表 14.2.5 货物进出口贸易——南非(2016年)

单位：万兰特

商品	巴西	俄罗斯	印度	中国	所有国家
进口					
活动物	165361	1853	40440	93031	300685
蔬菜	115563	194503	246430	101127	657623
动物或植物脂肪	7072	…	7891	3141	18104
制备食品	176801	2868	65009	179828	424506
矿产品	54413	5559	1040475	332670	1433117
化学品	188478	57348	941826	1243841	2431493
塑料和橡胶	53363	17390	127264	991831	1189847
生皮和皮革	16877	30	32887	238931	288725
木制品	30460	3699	2543	85011	121713
木材制浆和纸	90009	8229	44267	232957	375462
纺织品	9443	1316	233253	1998530	2242542
鞋类	11700	54	41364	837611	890728
玻璃石材	17204	310	28772	469169	515455
贵金属	479	3192	90926	49422	144020
钢铁	249799	51026	212578	1688454	2201856
机械	211396	26066	375312	9062330	9675104
车辆、飞机和船只	256768	2941	870450	492329	1622488
摄影及医疗设备	8757	1762	44631	426806	481955
玩具及运动服装	5949	40	39192	994253	1039434
艺术作品	37	10	635	1667	2349
其他未分类商品	1212	295	234	5779	7520
设备部件	390444		77535	379716	847695

表 14.2.5 货物进出口贸易——南非(2016年)

单位：万兰特(续表)

商品	巴西	俄罗斯	印度	中国	所有国家
出口					
活动物	1440	243	884	17435	20001
蔬菜	5021	162878	21996	94849	284744
动物或植物脂肪	14	1	79	802	896
制备食品	7745	47959	2933	127324	185961
矿产品	114995	73662	3423343	6033505	9645505
化学品	131484	6026	185181	140917	463608
塑料和橡胶	20795	2042	10894	47258	80989
生皮和皮革	246	104	1803	88535	90688
木制品	42	45	54546	13469	68102
木材制浆和纸	2684	51	282412	424424	709571
纺织品	4308	269	17773	314926	337277
鞋类	337	3	28	1108	1477
玻璃石材	3371	57	16703	14111	34242
贵金属	17	41	99689	266682	366429
钢铁	197087	92149	359741	2349872	2998849
机械	19955	19786	234024	65616	339381
车辆、飞机和船只	37976	5141	21329	17250	81697
摄影及医疗设备	4636	1406	34480	3854	44376
玩具及运动服装	1103	51	299	459	1912
艺术作品	74	528	195	1074	1871
其他未分类商品	315	129	25530	529	26503
设备部件	…	…	…	1	1

资料来源：

南非税务局。

表 14.3.1　直接投资(净负债)(1)——巴西

单位：亿美元

按来源地分的直接投资	2000	2007	2008	2009	2010	2011	2012	2013	2014	2015	2016
荷兰	22.28	81.29	46.39	65.15	67.02	175.82	122.13	105.11	87.91	115.73	105.24
卢森堡	…	28.57	59.37	5.37	88.19	18.67	59.65	50.67	66.59	65.99	73.95
美国	53.98	60.73	70.47	49.02	61.44	89.09	123.10	90.24	85.80	68.66	65.44
英国	…	10.53	6.93	10.32	10.30	27.49	19.78	12.03	17.26	16.49	35.96
西班牙	95.92	22.02	38.51	34.24	15.24	85.93	25.23	22.46	59.62	65.70	34.89
意大利	…	3.13	3.85	2.32	3.00	4.57	9.86	9.02	8.68	17.20	28.35
法国	19.09	12.33	28.80	21.41	34.79	30.86	21.55	14.89	29.45	28.41	27.78
挪威	…	2.84	2.07	6.71	15.40	10.73	9.36	4.05	5.54	24.45	21.86
德国	3.74	18.01	10.86	24.73	5.38	11.25	8.26	10.11	15.74	34.53	18.26
英属维尔京群岛	…	3.71	10.48	4.03	10.59	11.38	8.57	2.65	7.72	7.64	16.37
日本	3.84	5.01	40.99	16.73	25.02	75.36	14.71	25.16	37.80	28.78	14.12
瑞士	3.06	9.05	8.03	3.80	64.45	11.94	43.33	23.33	19.73	11.26	9.65
中国	..	0.24	0.38	0.83	3.95	1.79	1.85	1.10	8.40	2.32	8.79
智利	0.29	7.17	2.64	10.27	9.41	8.30	20.13	29.63	12.73	10.24	8.46
墨西哥	2.24	4.09	2.20	1.67	1.43	2.97	3.86	5.34	1.25	5.73	8.07
比利时	…	0.91	0.78	0.93	0.75	4.20	6.56	4.73	3.47	9.89	6.14
爱尔兰	…	0.64	0.75	0.08	0.15	1.84	4.26	1.53	1.21	3.70	5.92
加拿大	1.92	8.19	14.42	13.72	7.51	17.89	19.50	12.15	9.12	9.78	5.43
韩国	…	2.65	6.28	1.32	10.45	10.75	8.75	5.44	4.05	2.73	5.40
瑞典	…	0.64	0.55	2.14	3.87	4.67	4.76	4.08	6.74	4.22	3.78
开曼群岛	…	16.04	15.56	10.92	4.06	6.12	6.19	1.76	5.81	5.38	3.64
乌拉圭	…	2.12	4.24	1.98	2.75	3.01	5.67	1.30	1.83	3.18	2.92
百慕大群岛	…	14.97	10.38	3.80	8.54	8.00	1.51	1.69	0.92	2.37	2.66
葡萄牙	25.14	5.17	10.51	3.84	12.03	4.91	5.51	5.96	31.61	3.86	2.47
新加坡	…	0.24	0.91	0.91	0.38	2.52	9.99	2.71	2.19	2.67	2.27
塞浦路斯	…	0.05	0.45	0.70	0.41	1.34	1.20	2.12	0.23	0.08	2.08
香港	…	0.13	0.35	0.34	0.83	20.77	5.08	1.36	4.38	5.55	1.92
丹麦	…	1.22	1.71	0.47	2.95	1.51	4.83	3.38	2.86	3.29	1.65
巴哈马群岛	…	6.03	11.01	0.52	1.09	0.96	1.38	5.62	1.87	1.78	1.25
秘鲁	…	0.01	4.29	0.45	0.89	1.41	1.15	0.07	1.00	1.55	1.16
阿根廷	1.12	0.70	1.27	0.80	1.00	0.97	2.62	0.82	0.76	0.39	1.08
澳大利亚	…	4.94	11.54	7.07	5.56	10.79	5.18	3.29	3.56	1.80	1.02
奥地利	…	1.16	0.93	0.48	34.20	15.08	1.08	0.89	2.97	0.61	0.91
芬兰		0.88	1.85	0.56	0.42	0.56	0.19	0.45	0.49	1.65	0.76
巴拿马	…	1.41	0.96	1.32	1.32	2.48	2.28	3.12	2.35	2.64	0.76
哥伦比亚	…	1.67	0.54	1.52	1.88	0.47	1.56	0.69	1.01	1.35	0.40
毛里求斯	…	0.02	0.05	0.09	3.36	1.20	0.22	0.03	0.09	0.10	0.24
荷属安的列斯群岛	…	0.29	4.77	0.06	0.11	0.04	5.80	0.01	0.01	0.04	0.12
新西兰	…	0.04	0.19	0.03	0.01	0.21	0.22	7.52	0.10	0.09	0.11
匈牙利	…	0.00	1.06	0.61	1.83	0.13	0.40	0.06	0.08	0.04	0.11
哥斯达黎加	…	0.00	0.03	0.02	0.03	0.01	0.00	0.00	0.02	0.01	0.03
其他国家和地区	…	4.51	7.20	5.52	3.83	7.28	8.15	16.91	8.05	9.42	5.33

资料来源：

巴西中央银行。

脚注：

(1) 包括直接投资的股市资本总流入，不包括直接投资的债务资本。

表 14.3.2 外国直接投资(FDI)——俄罗斯

单位：亿美元

	2007	2008	2009	2010	2011	2012	2013	2014	2015	2016
FDI流入额(按资金来源地划分)	**558.74**	**747.83**	**365.83**	**431.68**	**550.84**	**505.88**	**692.19**	**220.31**	**68.53**	**329.76**
新加坡	0.19	0.07	0.00	0.03	0.51	5.77	-5.02	1.62	1.85	162.74
巴哈马	3.54	-5.24	17.31	22.82	18.29	21.11	27.91	36.38	51.08	58.02
百慕大群岛	83.69	99.59	22.43	4.36	5.94	-3.20	4.04	17.77	22.39	24.14
法国	4.15	6.04	6.96	25.92	11.07	12.32	21.21	22.24	16.86	20.18
瑞士	3.86	5.69	19.25	-0.01	7.41	4.01	10.86	24.72	2.03	18.42
奥地利	3.28	6.36	8.85	13.53	15.63	11.35	-3.26	8.41	4.07	10.71
英属维尔京群岛	39.62	55.19	17.61	21.39	72.25	24.75	93.79	31.23	23.74	9.62
泽西岛	1.04	0.08	0.68	1.26	7.75	6.42	5.09	-7.17	21.22	6.08
英国	6.56	10.07	6.99	11.42	20.07	0.46	189.27	1.20	11.12	4.30
瑞典	5.29	18.92	18.63	18.31	20.25	13.22	-12.03	1.66	1.22	4.05
美国	18.60	21.61	22.96	4.35	2.76	2.85	4.85	7.08	2.09	4.03
哈萨克斯坦	0.87	0.14	1.14	0.46	0.56	2.77	2.08	3.57	4.33	3.51
中国	1.12	-0.49	2.31	3.36	1.26	4.50	5.97	12.71	6.45	3.50
FDI流出额(按资金流出目的地划分)	**448.01**	**556.63**	**432.81**	**526.16**	**668.51**	**488.22**	**865.07**	**570.82**	**220.85**	**225.81**
阿塞拜疆	411.59	521.00	393.92	512.77	624.21	466.05	842.77	562.01	196.70	207.94
亚美尼亚	147.00	155.24	152.88	183.09	229.30	209.20	76.71	235.46	42.49	99.24
白俄罗斯	13.45	39.62	23.01	18.34	38.61	73.95	622.23	7.18	33.01	18.64
格鲁吉亚	36.42	35.63	38.90	13.38	44.30	22.17	22.29	8.82	24.15	17.86
哈萨克斯坦	14.04	24.26	18.06	17.50	37.19	0.76	13.58	69.27	2.03	14.33
吉尔吉斯斯坦	-1.70	-0.89	3.33	4.57	4.55	4.43	5.60	7.56	10.54	12.05
摩尔多瓦	1.83	2.72	1.06	1.43	16.85	41.05	14.47	11.83	14.75	11.84
塔吉克斯坦	2.30	2.99	-4.38	11.85	5.27	5.12	2.64	0.91	4.79	11.25
土库曼斯坦	0.01	0.00	0.00	0.18	1.55	12.62	3.04	8.17	3.83	8.88
乌兹别克斯坦	119.91	46.84	33.76	70.35	99.01	25.99	-30.22	21.32	4.61	8.81
乌克兰	9.73	72.64	16.34	10.60	16.25	6.88	7.39	16.54	8.19	8.73
阿布哈兹	8.13	10.32	13.70	9.34	28.19	4.70	8.63	6.09	7.36	6.29
澳大利亚	6.73	18.60	14.88	18.80	9.71	11.18	13.34	10.16	7.38	5.59
奥地利	27.34	13.06	8.54	10.56	10.72	11.36	5.71	29.97	-2.61	5.09

资料来源：

俄罗斯中央银行。

脚注：

根据俄联邦收支平衡表方法论计算，按照资产 / 负债的原则上报。符号 (-) 意味着减少。

表 14.3.4　外国直接投资(FDI)——中国

单位：亿美元

	2000	2007	2008	2009	2010	2011	2012	2013	2014	2015	2016
FDI流入额(按资金来源地划分)											
中国香港	155.00	277.03	410.36	460.75	605.67	705.00	655.61	733.97	812.68	863.87	814.65
维尔京群岛	38.33	165.52	159.54	112.99	104.47	97.25	78.31	61.59	62.26	73.88	67.40
新加坡	21.72	31.85	44.35	36.05	54.28	60.97	63.05	72.29	58.27	69.04	60.47
韩国	14.90	36.78	31.35	27.00	26.92	25.51	30.38	30.54	39.66	40.34	47.51
开曼群岛	6.24	25.71	31.45	25.82	24.99	22.42	19.75	16.68	12.55	14.44	51.51
美国	43.84	26.16	29.44	25.55	30.17	23.69	25.98	28.20	23.71	20.89	23.86
萨摩亚	2.83	21.70	25.50	20.20	17.73	20.76	17.44	18.58	15.64	19.91	8.72
中国台湾	22.96	17.74	18.99	18.81	24.76	21.83	28.47	20.88	20.18	15.37	19.63
德国	10.41	7.34	9.00	12.17	8.88	11.29	14.51	20.78	20.71	15.56	27.10
毛里求斯	2.65	13.33	14.94	11.04	9.29	11.39	9.59	9.10	5.91	3.46	8.62
印度	0.10	0.34	0.88	0.55	0.49	0.42	0.44	0.27	0.51	0.81	0.52
巴西	0.04	0.32	0.39	0.52	0.57	0.43	0.58	0.23	0.28	0.51	0.47
南非	0.09	0.69	0.26	0.41	0.66	0.13	0.16	0.13	0.06	0.02	0.04
俄罗斯	0.16	0.52	0.60	0.32	0.35	0.31	0.30	0.22	0.41	0.13	0.73
FDI流出额(按资金流出目的地划分)(1)											
中国香港	...	137.32	386.40	356.01	385.05	356.55	512.38	628.24	708.67	897.90	
开曼群岛	...	26.02	15.24	53.66	34.96	49.36	8.27	92.53	41.92	102.13	
澳大利亚	...	5.32	18.92	24.36	17.02	31.65	21.73	34.58	40.49	34.01	
卢森堡	...	0.04	0.42	22.70	32.07	12.65	11.33	12.75	45.78	-114.53	
维尔京群岛	...	18.76	21.04	16.12	61.20	62.08	22.39	32.22	45.70	18.49	
新加坡	...	3.98	15.51	14.14	11.19	32.69	15.19	20.33	28.14	104.52	
美国	...	1.96	4.62	9.09	13.08	18.11	40.48	38.73	75.96	80.29	
加拿大	...	10.33	0.07	6.13	11.42	5.54	7.95	10.09	9.04	15.63	
中国澳门	...	0.47	6.43	4.56	0.96	2.03	0.17	3.95	5.96	10.81	
缅甸	...	0.92	2.33	3.77	8.76	2.18	7.49	4.75	3.43	3.32	
俄罗斯	...	4.78	3.95	3.48	5.68	7.16	7.85	10.22	6.34	29.61	
巴西	...	0.51	0.22	1.16	4.87	1.26	1.94	3.11	7.30	-0.63	
南非	...	4.54	48.08	0.42	4.11	-0.14	-8.15	-0.89	0.42	2.33	
印度	...	0.22	1.02	-0.25	0.48	1.80	2.77	1.49	3.17	7.05	

资料来源：

中华人民共和国商务部。

脚注：

(1) 2000-2006 年 FDI 流出额为非金融类直接投资数据，2007 年及以后年份数据为全口径 FDI 流出额。

表 14.4.1　国际收支平衡表——巴西(2015年)

单位：亿美元

项　目	差额	贷方	借方
经常项目	-588.8	2405.1	2993.9
货物差额(离岸价格)	176.7	1900.9	1724.2
服务和收入收益(净额)	-1002.8	528.1	1530.9
服务	-369.4	337.8	707.2
初次分配收入	-423.6	119.3	542.9
二次分配收入	27.2	47.1	19.9
资本和经常项目	-584.4	2410.6	2995.0
资本项目	4.4	5.5	1.1
项　目	差额	资产	负债
金融项目	-547.3	350.0	918.5
直接投资	-615.8	135.0	750.7
证券投资	-220.5	-35.5	185.0
金融衍生工具	34.5	-206.6	-241.1
其他投资	238.7	440.0	201.3
储备资产	15.7	15.7	
误差和遗漏	37.1		

资料来源：

巴西中央银行。

表 14.4.2　国际收支平衡表——俄罗斯

单位：亿美元

项目	差额		
	2014	2015	2016
经常项目	575	689	250
货物和服务	1337	1116	661
初次分配收入	-680	-369	-347
雇员报酬	-101	-51	-22
投资	-580	-318	-326
租金	1	0	0
二次分配收入	-82	-57	-64
资本项目	-420	-3	-8
金融项目	235	717	214
直接投资	351	152	-104
证券投资	399	264	-24
金融衍生工具	53	74	5
其他投资	507	209	254
储备资产	-1075	17	82
净误差与遗漏	80	31	-29

资料来源：

俄罗斯中央银行。

表14.4.3　　国际收支平衡表——印度

项　　目	2012-2013			2013-2014			2013-2014			2015-2016		
	贷方	借方	净额	贷方	借方	净额	贷方	借方	净额	贷方	借方	净额
一、经常项目												
1.货物	3065.8	5022.4	-1956.6	3186.1	4662.2	-1476.1	3165.5	4614.8	-1449.4	2663.7	3964.4	-1300.8
2.服务及其他	2240.4	1165.5	1074.9	2335.7	1182.6	1153.1	2416.5	1235.6	1180.8	2350.4	1271.2	1079.3
经常项目总额(1+2)	5306.3	6187.9	-881.6	5521.8	5844.7	-323.0	5581.9	5850.5	-268.6	5014.1	5235.6	-221.5
二、资本项目												
1.外商投资	2150.3	1683.2	467.1	2467.7	2203.8	263.9	3085.6	2351.0	734.6	2764.3	2445.4	318.9
2.贷款	1550.9	1239.6	311.2	1348.4	1270.7	77.7	1233.6	1201.7	31.8	1203.2	1249.6	-46.3
3.银行资本	837.3	671.6	165.7	1080.5	826.0	254.5	900.9	784.8	116.2	888.8	782.5	106.3
4.卢比债务支出	0.0	0.6	-0.6	0.0	0.5	-0.5	0.0	0.8	-0.8	0.0	0.7	-0.7
5.其他资本	178.6	229.1	-50.5	221.7	329.3	-107.6	289.1	278.1	11.1	244.2	211.0	33.2
资本项目总额(1至5)	4717.0	3824.0	893.0	5118.2	4630.4	487.9	5509.2	4616.3	892.9	5100.6	4689.3	411.3
三、误差与遗漏	**26.9**	**0.0**	**26.9**	**8.9**	**18.7**	**-9.8**	**10.9**	**21.1**	**-10.2**	**4.2**	**14.9**	**-10.7**
总差额(一+二+三)	10050.2	10011.9	38.3	10648.9	10493.8	155.1	11102.0	10487.9	614.1	10118.9	9939.8	179.1

资料来源：

印度储备银行，《印度经济统计手册》。

脚注：

为财政年度数据，例如：2015-2016 年数据指 2015 年 4 月 1 日到 2016 年 3 月 31 日。财政年度包括 12 个月，从当年 4 月 1 日起。

表 14.4.4 国际收支平衡表——中国

单位：亿美元

项目	2012	2013	2014	2015	2016
1. 经常账户	**2154**	**1482**	**2360**	**3042**	**1964**
贷方	23933	25927	27434	26193	24546
借方	-21779	-24445	-25074	-23151	-22583
1.A 货物和服务	**2318**	**2354**	**2213**	**3579**	**2499**
贷方	21751	23556	24629	23602	21979
借方	-19432	-21202	-22416	-20023	-19480
1.A.a 货物	**3116**	**3590**	**4350**	**5762**	**4941**
贷方	19735	21486	22438	21428	19895
借方	-16619	-17896	-18087	-15666	-14954
1.A.b 服务	**-797**	**-1236**	**-2137**	**-2183**	**-2442**
贷方	2016	2070	2191	2174	2084
借方	-2813	-3306	-4329	-4357	-4526
1.A.b.1 加工服务	256	232	213	203	184
贷方	257	233	214	204	185
借方	-1	-1	-1	-2	-2
1.A.b.2 维护和维修服务	0	0	0	23	32
贷方	0	0	0	36	52
借方	0	0	0	-13	-20
1.A.b.3 运输	-469	-567	-579	-467	-468
贷方	389	376	382	386	338
借方	-859	-943	-962	-853	-806
1.A.b.4 旅行	-519	-769	-1833	-2049	-2167
贷方	500	517	440	450	444
借方	-1020	-1286	-2273	-2498	-2611
1.A.b.5 建设	86	68	105	65	42
贷方	122	107	154	167	127
借方	-36	-39	-49	-102	-85
1.A.b.6 保险和养老金服务	-173	-181	-179	-38	-88
贷方	33	40	46	50	41
借方	-206	-221	-225	-88	-129
1.A.b.7 金融服务	0	-5	-4	-3	11
贷方	19	32	45	23	32
借方	-19	-37	-49	-26	-20
1.A.b.8 知识产权使用费	-167	-201	-219	-209	-228
贷方	10	9	7	11	12
借方	-177	-210	-226	-220	-240
1.A.b.9 电信、计算机和信息服务	108	95	94	131	127
贷方	162	171	202	245	254
借方	-55	-76	-107	-114	-127
1.A.b.10 其他商业服务	87	99	282	189	147
贷方	510	572	689	584	580
借方	-424	-473	-407	-395	-432
1.A.b.11 个人、文化和娱乐服务	-4	-6	-7	-12	-14
贷方	1	1	2	7	7
借方	6	8	9	19	21
1.A.b.12 别处未提及的政府服务	-1	0	-10	-15	-20
贷方	10	12	11	11	12
借方	-10	-12	-20	-26	-32

表 14.4.4　国际收支平衡表——中国

单位：亿美元(续表)

项目	2012	2013	2014	2015	2016
1.B 初次收入	**-199**	**-784**	**133**	**-411**	**-440**
贷方	1670	1840	2394	2232	2258
借方	-1869	-2624	-2261	-2643	-2698
1.B.1 雇员报酬	153	161	258	274	207
贷方	171	178	299	331	269
借方	-18	-17	-42	-57	-62
1.B.2 投资收益	-352	-945	-125	-691	-650
贷方	1500	1662	2095	1893	1984
借方	-1851	-2607	-2219	-2584	-2634
1.B.3 其他初次收入	0	0	0	7	3
贷方	0	0	0	8	6
借方	0	0	0	-2	-2
1.C 二次收入	**34**	**-87**	**14**	**-126**	**-95**
贷方	512	532	411	359	309
借方	-477	-619	-397	-486	-404
2. 资本和金融账户	**-1283**	**-853**	**-1692**	**-912**	**263**
2.1 资本账户	**43**	**31**	**0**	**3**	**-3**
贷方	45	45	19	5	3
借方	-3	-14	-20	-2	-7
2.2 金融账户	**-1326**	**-883**	**-1691**	**-915**	**267**
贷方	-3996	-6517	-5806	95	-2174
借方	2670	5633	4115	-1010	2441
2.2.1 非储备性质的金融账户	-360	3430	-514	-4345	-4170
贷方	-3030	-2203	-4629	-3335	-6611
借方	2670	5633	4115	-1010	2441
2.2.1.1 直接投资	1763	2180	1450	681	-466
2.2.1.1.1 资产	-650	-730	-1231	-1744	-2172
2.2.1.1.2 负债	2412	2909	2681	2425	1706
2.2.1.2 证券投资	478	529	824	-665	-622
2.2.1.2.1 资产	-64	-54	-108	-732	-1034
2.2.1.2.2 负债	542	582	932	67	412
2.2.1.3 金融衍生工具	0	0	0	-21	-47
2.2.1.3.1 资产	0	0	0	-34	-69
2.2.1.3.2 负债	0	0	0	13	22
2.2.1.4 其他投资	-2601	722	-2788	-4340	-3035
2.2.1.4.1 资产	-2317	-1420	-3289	-825	-3336
2.2.1.4.2 负债	-284	2142	502	-3515	301
2.2.2 储备资产	-966	-4314	-1178	3429	4437
2.2.2.1 货币黄金	0	0	0	0	0
2.2.2.2 特别提款权	5	2	1	-3	3
2.2.2.3 在国际货币基金组织的储备头寸	16	11	10	9	-53
2.2.2.4 外汇储备	-987	-4327	-1188	3423	4487
2.2.2.5 其他储备资产	0	0	0	0	0
3.净误差与遗漏	**-871**	**-629**	**-669**	**-2130**	**-2227**

资料来源：

国家外汇管理局。

表 14.4.5 国际收支平衡表——南非(2016年)

单位：亿美元

项目	差额	贷方	借方
经常项目	**-96.3**	**969.9**	**1066.2**
货物差额(离岸价)(1)	9.9	750.7	740.8
服务和收益(净额)	-87.5	203.0	290.5
服务	-5.6	143.4	148.9
收益	-81.9	59.7	141.6
经常性转移	-18.7	16.2	34.8
资本与金融项目(2)(3)(4)	**138.7**	**-210.9**	**-349.6**
资本项目(5)	0.2	0.3	0.1
金融项目	138.5	-211.2	-349.7
直接投资	-11.1	22.7	33.8
证券投资	173.3	104.9	-68.5
金融衍生工具	-9.4	-339.5	-330.1
其他投资	-14.4	0.7	15.1
误差与遗漏(2)(6)	**14.8**		
总差额(2)	**-27.6**		**27.6**

资料来源：

南非储备银行。

脚注：

(1) 按国际收支平衡目的对公共海关数据进行了调整。

(2) 外国人对在南非企业的投资额，在附属企业或总公司拥有至少有 10% 的投票权。

(3) 南非居民在境外企业的投资，在企业的投票权至少在 10% 以上。

(4) 经常项目、资本转移和金融项目交易。

(5) 黄金商品。1981 年之前，黄金出口净额为对国外销售的黄金净额加上南非储备银行和其他银行机构黄金持有量的变动额。

(6) 与外汇储备相关的负债包括南非储备银行的所有对外负债以及中央政府从国际组织获得的短期贷款。

图 14.1　2007 年和 2016 年货物和服务出口与货物和服务进口比率

注：(1)2016 年为 2015 年数据。

图 14.2　外债余额占 GDP 的比重

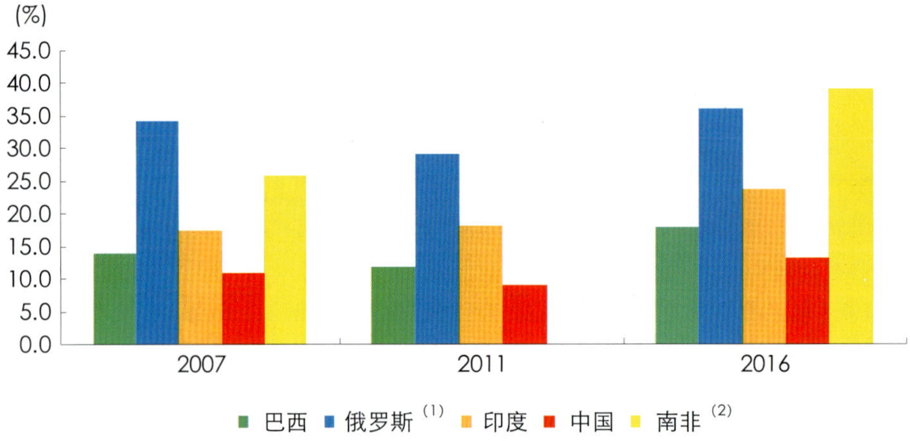

注：(1) 年末数。

(2)2016 年为 2015 年数据。

主要统计指标解释：

国家解释

巴西

2015 年 4 月开始，巴西直接投资数据与 IMF 编制的第六版《国际收支和国际投资头寸手册》（BPM6）中的概念和标准一致，采用资产和负债原则记录。数据包括了 2010 年以来再投资收益流量。根据 BPM6，外国直接投资（FDI）被“直接投资 - 负债”替代。

表 14.3.1 的标题作了改变，因为采用了第六版《国际收支和国际投资头寸手册》（BPM6）。

表 14.4.1 根据第六版《国际收支和国际投资头寸手册》（BPM6）作了调整。

俄罗斯

货物出口 是指离开俄罗斯海关、但不一定再由俄罗斯进口的货物出境，包括国内货物的出口和再出口。国内货物包括从国外进口到俄罗斯但在俄罗斯进行了很大程度的加工（货物的主要质量和技术特征有所改变）。再出口是指进口的货物再次离开俄罗斯边境，进口时无需支付关税、货物税，可获得退税，但不适用于受到禁运或限制的货物。货物出口采用离岸价格或出口国的边境价格。

货物进口 是指进入俄罗斯联邦境内的商品，不一定会再次出口国外。进口商品包括用于国内消费的商品以及再次进口的商品。再出口包括再次离开俄罗斯边境的进口货物，进口时无需支付关税、货物税，但不适用于受到禁运或限制的货物。进口采用离岸价格或进口国的边境价格（即到岸价格，包括保险费、将货物运输到进口国的费用等）。

国际收支平衡表 国际收支平衡表中的数据是按照国际货币基金组织《国际收支平衡表和国际投资头寸手册》第六版编制的。

表 14.2.2 中俄罗斯进出口数据只提供了与主要贸易伙伴和金砖国家之间的进出口数据。

印度

出口 是指作为贷方计入由出口商在货物运送单中申报的最终目的地国家的金额，无论货物是否通过海港运出。最终目的地国家是指从印度出口货物的运送目的地，无论是通过未经转运的海运或者空运运出。

进口 是根据交送货物到印度的国家来分类，而跟是直接运送到印度的国家无关。交送的国家是指货运通过陆地和海运或者仅海运或者航空运送来的地方，没有中途从一种交通工具到另一种的转运或者转让。因此运送国家不是指货物来源国家，它可能被另外一个国家的公司购买，然后运送到印度。

进口、出口和转口数据 是按照印度贸易分类进行产品分类的（基于商品名称及编码协调制度）。

外债余额占 GDP 比重 包括由于多边贷款、双边贷款、国际货币基金组织的贸易信贷、对外商业借款；非印度常住居民存款、以卢比债务及短期存款。

国际收支平衡表中的经常项目中，交易划分为有形的货物交易（出口和进口）和无形交易。无形交易可以进一步划分为三类，一是服务往来，包括旅游、运输、保险、难以划入别的类别的政府服务以及其他服务（例如通信、建筑、金融、软件、通讯社、特许使用权、管理和商业服务），二是收益，三是无任何补偿的转移（包括赠予、礼物和国外汇款等）。资本项目中，资本流入额可按金融工具（负债或股权）和资本期限（长期资本或短期资本）进行分类。资本项目主要包括外国投资、贷款和银行资本。外国投资包括外国直接投资、贷款和银行资本。外国投资和优惠外国直接投资（包括外国机构投资者投资、美国银行证券存单、全球预托证券）属于非债务负债，而外国援助贷款（外国商业借款和贸易信贷）和银行资本（包括印度侨民存款）属于负债。

中国

对外贸易统计及口径 中国的对外贸易统计由海关总署承担。统计依据是中国各地海关对进出口货物执行实际监管的进出口报关单。对外贸易统计包括中国对外贸易实际进出口货物；通过中国关境的转口贸易货物；加工贸易进出口货物；租赁期一年及以上的租赁贸易货物；外商投资企业进出口货物；国家间和国际组织无偿援助的物资以及华侨、港澳台同胞和外籍华人的捐赠品。不包括：未通过中国关境的转口贸易货物；租赁期一年以下的进出境货物；暂时进出口尚需复运出进口的货物；进出境运输工具添加的燃料和食品以及经过中国领土的直接过境货物。

进口和出口价值 进口货物统计到岸价格（CIF），出口货物统计离岸价格（FOB）。到岸价格包括货价、加上货物运抵中国关境输入地点起卸前的包装费、运费、保险费和其他劳务费等费用。离岸价格不包括货物离开中国关境后运费、保险费和其他费用。统计价格分别以人民币和美元计值。如果成交价格为其它货币，则根据国家外汇管理部门公布的折算率分别折算成人民币和美元。

贸易伙伴 进出口国家（地区） 进口货物统计原产国，出口货物统计最终目的地国。原产国指进口货物生产、开采或加工制造的国家（地区）。对经过两个以上国家（地区）加工制造的进口货物，则以最后一个对货物进行经济上可以视实质性加工的国家（地区）作为该货物的原产国。原产国确实不详时，按“国别不详”统计。最终目的地国指出口货物已知的消费、使用或进一步加工制造国家（地区），包括直接使用或进行加工的国家（地区）。最终目的地国不能确定时，按货物出口时尽可能预知的最后运往国（地区）统计。

FDI 流入 指外国企业和经济组织或个人（包括华侨、港澳台胞以及我国在境外注册的企业）按我国有关政策、法规，用现汇、实物、技术等在我国境内开办外商独资企业、与我国境内的企业或经济组织共同举办中外合资经营企业、合作经营企业或合作开发资源的投资（包括外商投资收益的再投资），以及经政府有关部门批准的项目投资总额内企业从境外借入的资金。

FDI 流出 指我国国内投资者以现金、实物、无形资产等方式在国外及港澳台地区设立、购买国（境）外企业，并以控制该企业的经营管理权为核心的经济活动。

国际收支平衡表 是特定时期居民与非居民之间的经济交易汇总表。

国际投资头寸（IIP） 是指一经济体居民对非居民的债权或作为储备资产持有的金块等金融资产，以及一经济体居民对非居民负债的价值。

15

旅 游

表 15.1　旅游(按洲划分的入境旅游人数)

单位：人次

国家和地区	2000	2007	2008	2009	2010	2011	2012	2013	2014	2015	2016
非洲											
巴西	34500	75435	75824	78110	83688	86511	92349	94832	128300	111000	81400
俄罗斯(1)	…	…	…	…	…	…	…	…	37055	39787	35225
印度	90200	157485	141750	164474	204525	232390	261428	275300	280800	293600	301400
中国	65600	379141	378401	401159	463550	488774	524882	552671	596900	580200	588800
南非	…	…	…	5089414	5741177	6136835	6656457	6856100	7279800	6746100	7501500
美洲											
巴西	3803100	2779200	2883800	2862200	3196300	3401600	3582300	3726400	4040600	4208500	4519200
俄罗斯(1)	…	…	…	…	…	…	…	…	390207	385581	383300
印度	455400	1049595	1070802	1097813	1236390	1300690	1359670	1409000	1457400	1565800	1692400
中国	1215700	2721034	2581447	2491190	2995397	3201033	3179520	3123834	3106500	3115300	3381300
南非	…	…	…	333245	457981	432890	513359	545500	434900	403800	473700
亚洲											
巴西	103800	188700	220400	159800	184300	227000	244700	247600	256700	305300	309600
俄罗斯(1)	…	…	…	…	…	…	…	…	8781735	10167554	9104871
印度	1065700	1809601	1955543	1889232	2133750	2416140	2539030	2735500	3341100	3619900	4009800
中国	6101500	16061173	14551078	13781113	16178640	16623150	16622193	16060094	16331300	16594700	17860000
南非	…	…	…	222968	282568	250472	398,300	431300	269200	251500	327900
欧洲											
巴西	1266100	1836600	1739800	1578200	1575500	1575600	1598000	1581200	1779300	1610400	1583700
俄罗斯(1)	…	…	…	…	…	…	…	…	12277971	12401241	11187081
印度	925700	1838847	1900635	1817517	1977990	2113290	2165750	2260900	2282900	2211300	2428500
中国	2489000	6216774	6123289	4591144	5697871	5937810	5948178	5688146	5514300	4916700	5471500
南非	…	…	…	763901	839874	1273212	1410400	1493600	1379300	1331300	1544000
大洋洲											
巴西	21900	43520	47000	48295	46302	44657	52815	54281	80400	55400	66100
俄罗斯(1)	…	…	…	…	…	…	…	…	50994	44526	49109
印度	67600	167063	178308	182451	210300	233200	244500	263600	286300	312100	349100
中国(2)	281800	728453	688826	672432	789331	859310	914899	863395	810100	776400	825500
南非	…	…	…	101479	128149	122784	142949	148300	132100	118900	131900
其他											
巴西	84000	102395	83257	75665	75309	97922	106724	109060	144600	153000	181000
俄罗斯(1)	…	…	…	…	…	…	…	…	3899931	3812969	3810932
印度	40500	58913	35565	16212	12757	13600	7400	23300	30700	24600	23200
中国	6800	3093	2296	2162	2096	1894	1919	2154	1800	2100	2200
南非	…	…	…	500858	623803	123161	66800	61700	53900	52200	65100

资料来源：

巴西

巴西旅游部。

俄罗斯

俄罗斯边境管理局。

印度

印度旅游部，《印度旅游统计》(各期)。

中国

1. 中华人民共和国国家统计局，《中国统计年鉴》，2000-2016 年。
2. 中华人民共和国国家旅游局，《中国旅游年鉴》，2000-2016 年。

南非

南非统计局。

脚注：

大洋洲包括澳大利亚、新西兰、新几内亚岛以及太平洋周边岛屿。

俄罗斯

(1) 指入境旅游人次。

中国

(2) 指的是大洋洲和太平洋岛屿。

表 15.2.1　外国入境旅游人数(排名前15位的来源地国家)——巴西

单位：人次

国家和地区	2001	2006	2007	2008	2009	2010
总计	**4772575**	**5017251**	**5025834**	**5050099**	**4802217**	**5161379**
阿根廷	1374461	933061	921679	1017675	1211159	1399592
美国	596844	721633	695749	625506	603674	641377
巴拉圭	285724	198958	212022	217709	180373	194340
智利	153921	176357	260439	240087	170491	200724
乌拉圭	304682	255349	226111	199403	189412	228545
法国	184759	275913	254367	214440	205860	199719
德国	320050	277182	257740	254264	215595	226630
英国	143626	169627	176970	181179	172643	167355
意大利	216038	287898	268685	265724	253545	245491
葡萄牙	165898	299211	280438	222558	183697	189065
西班牙	126928	211741	216891	202624	174526	179340
玻利维亚	107664	55169	61990	84072	83454	99359
哥伦比亚	50335	50103	45838	96846	78010	85567
秘鲁	48405	64002	96336	93693	78975	81020
墨西哥(1)	40765	70862	58804	77193	68028	67616
其他	652475	970185	991775	1057126	932775	955639

国家和地区	2011	2012	2013	2014	2015	2016
总计	**5433354**	**5676843**	**5813342**	**6429852**	**6305838**	**6578074**
阿根廷	1593775	1671604	1711491	1743930	2079823	2294900
美国	594947	586463	592827	656801	575796	570350
智利	192730	246401	268932	293841	301831	316714
乌拉圭	217200	250586	268203	336950	306331	311813
乌拉圭	261204	253864	262512	223508	267321	284113
法国	207890	218626	224078	282375	261075	263774
德国	241739	258437	236505	265498	224549	221513
英国	149564	155548	169732	217003	189269	202671
意大利	229484	230114	233243	228734	202015	181493
葡萄牙	183728	168649	168250	170066	162305	149968
西班牙	190392	180406	169751	166759	151029	147846
玻利维亚	85429	112639	95028	95300	108149	138106
哥伦比亚	91345	100324	116461	158886	118866	135192
秘鲁	86795	91996	98602	117230	113078	114276
墨西哥(1)	64451	61658	76738	109637	90361	94609
其他	1042681	1089528	1120989	1363334	1154040	1150736

资料来源：

1. 巴西联邦警察局。
2. 巴西旅游部。

脚注：

(1)2015 年墨西哥取代日本进入前 15 名。

表 15.2.2 外国人境旅游人数(排名前15位的来源地国家)——俄罗斯[1]

单位：人次

国家和地区	2014	2015	2016
总计[2]	**25437893**	**26851658**	**24570518**
芬兰	1380179	1415853	1319030
中国	873792	1121536	1288720
德国	583824	553493	566434
美国	245184	233379	238633
意大利	206807	191071	191828
以色列	149575	162046	179152
英国	214909	179674	177080
法国	198644	171436	176855
韩国	114320	136039	161267
西班牙	90851	103756	108776
日本	97779	86173	84631
伊朗	25810	41431	69916
印度	48920	50853	59311
荷兰	69888	54808	57408
奥地利	59557	50587	49026
巴西	30953	33621	27177

脚注：

前 15 位 (2016 年排名) 国家以及金砖国家参加排名。

(1) 根据俄罗斯联邦统计局 2014 年新统计方法编制。

(2) 来自所有国家的外国入境人次。

表 15.2.3　外国入境旅游人数(排名前15位的来源地国家)——印度

单位：人次

国家和地区	2001	2007	2008	2009	2010	2011	2012	2013	2014	2015	2016
总计	**2537282**	**5081504**	**5282603**	**5167699**	**5775692**	**6309222**	**6577745**	**6967601**	**7679099**	**8027133**	**8804411**
孟加拉国	431312	480240	541884	468899	431962	463543	487397	524923	942562	1133879	1380409
美国	329147	799062	804933	827140	931292	980688	1039947	1085309	1118983	1213624	1296939
英国	405472	796191	776530	769251	759494	798249	788170	809444	838860	867601	941883
斯里兰卡	112813	204084	218805	239995	266515	305853	296983	262345	301601	299513	297418
俄罗斯	15154(1)	75543(1)	91095	94945	122048	144312	177526	259120	269832	172419	227749
加拿大	88600	208214	222364	224069	242372	259017	256021	255222	268485	281306	317239
德国	80011	184195	204344	191616	227720	240235	254783	252003	239106	248314	265928
法国	102434	204827	207802	196462	225232	231423	240674	248379	246101	230854	238707
马来西亚	57869	112741	115794	135343	179077	208196	195853	242649	262026	272941	301961
日本	80634	145538	145352	124756	168019	193525	220015	220283	219516	207415	208847
澳大利亚	52691	135925	146209	149074	169647	192592	202105	218967	239762	263101	293625
中国	13901(1)	88103	98093	100209	119530	142218	168952	174712	181020	206322	251313
新加坡	42824	92908	97851	95328	107487	119022	131452	143025	150731	152238	163688
韩国	27150	84583	79802(1)	70485(1)	95587	108680	109469	112619(1)	106870(1)	102993(1)	111076
意大利	41351	93540	85766	77873	94100(1)	100889(1)	98743(1)	93951(1)	91589(1)	88091(1)	95417
尼泊尔	41135	83037(1)	78133(1)	88785	104374	119131	125375	113790	126416	154720	161097
巴基斯坦	52762	106283	85529	53137(1)	51739(1)	48640(1)	59846(1)	111794(1)	96434(1)	124924	104720
泰国	18623(1)	50037(1)	58065(1)	67309(1)	76617(1)	92404(1)	105141(1)	117136	121362	115860(1)	119663
其他	543399	1136453	1224252	1193023	1402880	1560605	1619293	1721930	1857843	1891018	2026732

资料来源：

印度旅游部，《印度旅游统计》(各期)。

脚注：

包括全年世界上所有来印度的游客。

(1) 该国家不属于当年印度入境旅游来源地排名前 15 位之列。

表 15.2.4 入境旅游人数(排名前15位的来源地国家或地区)——中国

单位：万人次

国家和地区	2000	2007	2008	2009	2010	2011	2012	2013	2014	2015	2016
总计 (1)	**1016**	**2611**	**2433**	**2194**	**2613**	**2711**	**2719**	**2629**	**2636**	**2599**	**2813**
韩国	134	478	396	320	408	419	407	397	418	444	478
日本	220	398	345	332	373	366	352	288	272	250	259
越南	108	300	312	174	237	254	243	219	205	216	234
美国	90	190	179	171	201	212	212	209	209	209	225
俄罗斯	…	65	74	83	92	101	114	137	171	158	198
蒙古	40	68	71	58	79	99	101	105	108	101	158
马来西亚	44	106	104	106	125	125	124	121	113	108	117
菲律宾	36	83	80	75	83	89	96	100	97	100	114
新加坡	40	92	88	89	100	106	103	97	97	91	93
印度	24	61	55	54	64	61	65	65	61	64	80
泰国	23	61	57	56	66	73	77	72	67	64	75
加拿大	24	58	53	55	69	75	71	68	67	68	74
澳大利亚	12	46	44	45	55	61	61	68	71	73	68
德国	24	56	53	52	61	64	66	65	66	62	63
英国	28	61	55	53	58	60	62	63	61	58	60
巴西	…	7	7	6	9	10	10	10	10	9	9
南非	…	6	5	5	6	7	7	7	7	7	7

资料来源：

中华人民共和国国家旅游局，《中国旅游统计年鉴》，2000-2016 年。

脚注：

2015 年排名前 15 位的国家和地区以及除中国以外的其他金砖国家。

(1) 数据包括所有来中国的外国游客。

表 15.2.5　外国人境旅游人数(排名前15位的来源地国家)——南非

单位：人次

国家和地区	2009	2010	2011	2012	2013	2014	2015	2016
总计	**7011865**	**8073552**	**8339354**	**9188368**	**9536568**	**9549236**	**8903773**	**10044163**
津巴布韦	1227631	1513714	1553008	1847973	1935159	2143716	1900791	2028881
莱索托	1048550	1275838	1526597	1618222	1461267	1501642	1394913	1757058
莫桑比克	983739	1051502	1076753	1104404	1116735	1283016	1200335	1268258
斯威士兰	628113	632490	700119	768728	836467	918490	838006	893618
博茨瓦纳	484258	507042	477937	452159	537131	555590	593514	679828
英国	446369	453030	420483	438023	436599	401914	407486	447840
美国	230324	282377	287614	326644	347378	309255	297226	345013
德国	196643	215800	235774	266333	300739	274571	256646	311832
纳米比亚	177863	190903	197835	200841	222028	211453	212514	214664
赞比亚	147089	157692	160302	169555	179914	176972	161259	174767
马拉维	139605	126120	135577	142063	170345	166964	135260	154017
从其他金砖国家								
印度	55203	71587	90367	106774	112100	85639	78385	95377
中国	34561	65920	84862	132327	151053	82905	84691	116946
巴西	32256	53756	54183	78376	82730	39082	29339	38814
俄罗斯	8893	11551	10487	13350	13546	10410	7244	8307
其他	**1170768**	**1464230**	**1328456**	**1522596**	**1633377**	**1387617**	**1306164**	**1508943**

资料来源：

南非统计局。

表 15.3.1 外国人境旅游人数(按大洲和地区划分)——巴西

单位：人次

大洲和地区	2001	2006	2007	2008	2009	2010
总计	**4772575**	**5017251**	**5025834**	**5050099**	**4802217**	**5161379**
北美洲	693238	855098	818536	765380	734998	773181
中美洲和南美洲	2438455	1862175	1960628	2118459	2127173	2423119
西欧(1)	1392803	1873507	1812480	1693095	1542272	1535301
东欧(2)	…	21217	24169	46666	35913	40224
非洲(3)	36352	83721	75435	75824	78110	83688
东南亚(4)						
东亚(5)	82620	136153	126620	163149	119025	128450
西亚(6)	26178	46461	62051	37813	29405	36976
南亚(7)				19456	11361	18829
大洋洲(8)	23486	31819	43520	47000	48295	46302
其他	**79443**	**107100**	**102395**	**83257**	**75665**	**75309**

大洲和地区	2011	2012	2013	2014	2015	2016
总计	**5433354**	**5676843**	**5813342**	**6429852**	**6305838**	**6578074**
北美洲	729756	716583	737175	844969	734450	735062
中美洲和南美洲	2671836	2865673	2989273	3195597	3474058	3784134
西欧(1)	1525040	1541874	1519126	1703298	1509828	1481709
东欧(2)	50601	56170	62044	76016	100542	101999
非洲(3)	86511	92349	94832	128252	110983	81391
东南亚(4)					26002	22958
东亚(5)	163855	189036	191704	187660	187846	199000
西亚(6)	41646	33523	33128	43340	64424	61382
南亚(7)	21530	22096	22719	25675	27025	26212
大洋洲(8)	44657	52815	54281	80447	55421	66116
其他	**97922**	**106724**	**109060**	**144598**	**15259**	**18111**

资料来源：

巴西旅游部。

资料来源：

(1) 包括奥地利、比利时、丹麦、芬兰、法国、德国、希腊、爱尔兰、意大利、荷兰、挪威、葡萄牙、西班牙、瑞典、瑞士和英国等。

(2) 包括匈牙利、波兰和独联体国家等。

(3) 包括埃及、埃塞俄比亚、肯尼亚、尼日利亚、南非、苏丹、坦桑尼亚和赞比亚等。

(4) 包括印度尼西亚、马来西亚、缅甸、菲律宾、新加坡和泰国等。

(5) 包括中国大陆、中国香港、日本和韩国等。

(6) 包括巴林、以色列、约旦、科威特、阿曼、卡塔尔、沙特阿拉伯、叙利亚、土耳其、阿联酋和阿拉伯也门共和国等。

(7) 包括阿富汗、伊朗、马尔代夫、尼泊尔、巴基斯坦、孟加拉国、斯里兰卡和不丹等。

(8) 包括澳大利亚、新西兰、新几内亚岛和太平洋周边岛屿。

表 15.3.2 外国人境旅游人数(按大洲和地区划分)——俄罗斯[1]

单位：人次

大洲和地区	2014	2015	2016
总计	**25437893**	**26851658**	**24570518**
北美洲	296133	274949	279044
中南美洲	94074	110632	104256
西欧	993452	905918	935092
东欧	11284519	11495323	10251989
非洲	37055	39787	35225
东南亚	92763	80634	96057
东亚	1256180	1735202	2070537
西亚	1907573	1892785	1812358
南亚	5525219	6458933	5125919
大洋洲[2]	50994	44526	49109
其他	**3899931**	**3812969**	**3810932**

资料来源：

俄罗斯边境管理局。

脚注：

地理区域的名称以及包含的国家和地区采用“联合国统计用标准国家和地区代码”。

(1) 根据俄罗斯联邦统计局2014 年新统计方法编制。

(2) 包括澳大利亚、新西兰、新几内亚岛和太平洋周边岛屿。

表 15.3.3 外国人境旅游人数(按大洲和地区划分)——印度

单位：人次

大洲和地区	2001	2006	2007	2008	2009	2010
总计	**2537282**	**4447167**	**5081504**	**5282603**	**5167699**	**5775692**
北美洲	417747	873306	1007276	1027297	1051209	1173664
中南美洲	21925	38745	42319	43505	46604	62728
西欧	819973	1487271	1686083	1709525	1634042	1750342
东欧	38863	121309	152764	191110	183475	227650
非洲	90962	142813	157485	141750	164474	204525
西亚	96424	146693	171661	215542	204843	235317
南亚	672133	908916	982428	1051846	1001401	1047444
东南亚	139975	281726	303475	332925	360191	439043
东亚	130464	282985	352037	355230	322797	411947
大洋洲(1)	66104	137436	167063	178308	182451	210275
其他	**42712**	**25967**	**58913**	**35565**	**16212**	**12757**

大洲和地区	2011	2012	2013	2014	2015	2016
总计	**6309222**	**6577745**	**6967601**	**7679099**	**8027133**	**8804411**
北美洲	1239705	1295968	1340531	1387468	1494930	1614178
中南美洲	60988	63699	68436	69926	70831	78232
西欧	1838695	1853066	1855866	1860580	1880203	2022521
东欧	274598	312686	405083	422278	331051	405986
非洲	232386	261428	275271	280754	293569	301409
西亚	278773	290996	343113	413678	417616	452927
南亚	1139659	1171499	1215035	1694857	1946207	2194555
东南亚	521755	540914	630054	685805	700298	745868
东亚	475951	535622	547305	546792	555770	616476
大洋洲(1)	233165	244511	263574	286294	312101	349108
其他	**13547**	**7356**	**23333**	**30667**	**24557**	**23151**

资料来源：

印度旅游部，《印度旅游统计》（各期）。

脚注：

(1) 包括澳大利亚、新西兰、新几内亚岛和太平洋周边岛屿。

表 15.3.4　　入境旅游人数——中国

单位：万人次

作为来源地的大洲和国家	2000	2007	2008	2009	2010	2011	2012	2013	2014	2015	2016
总计	**1016.0**	**2611.0**	**2432.5**	**2193.8**	**2612.7**	**2711.2**	**2719.2**	**2629.0**	**2636.1**	**2598.5**	**2813.0**
亚洲	**610.2**	**1606.1**	**1455.1**	**1377.9**	**1617.9**	**1662.3**	**1662.2**	**1606.0**	**1633.1**	**1659.5**	**1786.0**
朝鲜	7.6	11.4	10.2	10.6	11.6	15.2	18.1	20.7	18.4	18.8	21.0
印度	12.1	46.3	43.7	44.9	54.9	60.7	61.0	67.7	71.0	73.0	79.9
印度尼西亚	22.1	47.7	42.6	46.9	57.3	60.9	62.2	60.5	56.7	54.5	63.4
日本	220.2	397.8	344.6	331.8	373.1	365.8	351.8	287.8	271.8	249.8	259.0
马来西亚	44.1	106.2	104.1	105.9	124.5	124.5	123.6	120.7	113.0	107.5	116.5
蒙古	39.9	68.2	70.5	57.7	79.4	99.4	101.1	105.0	108.3	101.4	158.1
菲律宾	36.4	83.3	79.5	74.9	82.8	89.4	96.2	99.7	96.8	100.4	113.5
新加坡	39.9	92.2	87.6	89.0	100.4	106.3	102.8	96.7	97.1	90.5	92.5
韩国	134.5	477.7	396.0	319.8	407.6	418.5	407.0	396.9	418.2	444.4	477.5
泰国	24.1	61.2	55.4	54.2	63.6	60.8	64.8	65.2	61.3	64.1	75.3
非洲	**6.6**	**37.9**	**37.8**	**40.1**	**46.4**	**48.9**	**52.5**	**55.3**	**59.7**	**58.0**	**58.9**
南非	…	5.8	5.4	5.1	6.5	6.7	7.2	6.9	6.8	6.5	6.7
欧洲	**248.9**	**621.7**	**612.3**	**459.1**	**569.8**	**593.8**	**594.8**	**568.8**	**551.4**	**491.7**	**547.2**
英国	28.4	60.5	55.2	52.9	57.5	59.6	61.8	62.5	60.5	58.0	59.5
德国	23.9	55.7	52.9	51.9	60.9	63.7	66.0	64.9	66.3	62.3	62.5
法国	18.5	46.3	43.0	42.5	51.3	49.3	52.5	53.4	51.7	48.7	50.4
意大利	7.8	21.5	19.4	19.1	22.9	23.5	25.2	25.1	25.3	24.6	26.7
荷兰	7.6	19.4	18.1	16.7	18.9	19.8	19.6	18.9	18.0	18.2	20.0
葡萄牙	2.3	4.8	4.4	4.4	4.8	4.7	4.9	4.9	5.2	5.3	5.5
瑞典	5.4	14.5	13.8	12.6	15.5	17.0	17.2	15.9	14.2	11.8	11.5
瑞士	3.1	6.5	6.3	6.3	7.4	7.5	8.3	8.1	8.0	7.3	7.3
俄罗斯	108.0	300.4	312.3	174.3	237.0	253.6	242.6	218.6	204.6	158.2	197.7
拉丁美洲	**8.3**	**16.0**	**26.0**	**23.1**	**30.1**	**33.7**	**35.3**	**35.4**	**34.6**	**35.0**	**39.0**
巴西	…	6.7	7.5	6.4	8.5	9.8	9.9	9.6	9.5	8.5	9.3
北美洲	**113.3**	**256.2**	**232.1**	**226.0**	**269.5**	**286.4**	**282.6**	**277.0**	**276.0**	**276.6**	**299.1**
加拿大	23.7	57.7	53.5	55.0	68.5	74.8	70.8	68.4	66.7	68.0	74.1
美国	89.6	190.1	178.6	171.0	201.0	211.6	211.8	208.5	209.3	208.6	225.0
大洋洲及太平洋岛屿	**28.2**	**72.9**	**68.9**	**67.2**	**78.9**	**85.9**	**91.5**	**86.3**	**81.0**	**77.6**	**82.5**
澳大利亚	23.4	60.7	57.2	56.2	66.1	72.6	77.4	72.3	67.2	63.7	67.5
新西兰	3.8	10.9	10.5	10.0	11.6	12.1	12.8	12.9	12.7	12.5	13.6
其他	**0.7**	**0.3**	**0.2**	**0.2**	**0.2**	**0.2**	**0.2**	**0.2**	**0.2**	**0.2**	**0.2**

资料来源：

中华人民共和国国家统计局，《中国统计年鉴》，2000-2016 年。

表 15.3.5 外国人境旅游人数(按大洲和地区划分)——南非

单位：人次

大洲和地区	2009	2010	2011	2012	2013	2014	2015	2016
总计	**7011865**	**8073552**	**8339354**	**7312765**	**9536568**	**9549236**	**8903773**	**10044163**
北美洲	275715	337652	345384	393446	415966	369801	353450	406192
中南美洲	57530	120329	87506	119913	129525	65118	50304	67546
西欧	735072	793970	1230796	...	691362	655899	1273721	1489005
东欧	28829	45904	42416	...	802263	723422	57628	55021
非洲	5089414	5741177	6136835	6656457	6856052	7279814	6746114	7501512
东南亚	27346	32148	43542	...	62133	31424	27059	36869
东亚	86893	120149	138376	...	226070	129462	124350	169121
西亚	37828	37285	44547	...	1031	857	37526	1147
南亚	70901	92986	24007	...	142105	107498	102027	120753
大洋洲(1)	101479	128149	122784	142949	148316	132080	118908	131856
其他	**500858**	**623803**	**123161**	**...**	**61745**	**53861**	**12686**	**65141**

资料来源：

南非统计局。

脚注：

(1) 包括澳大利亚、新西兰、新几内亚岛和太平洋周边岛屿。

图 15.1　2016 年来自不同大洲的外国游客

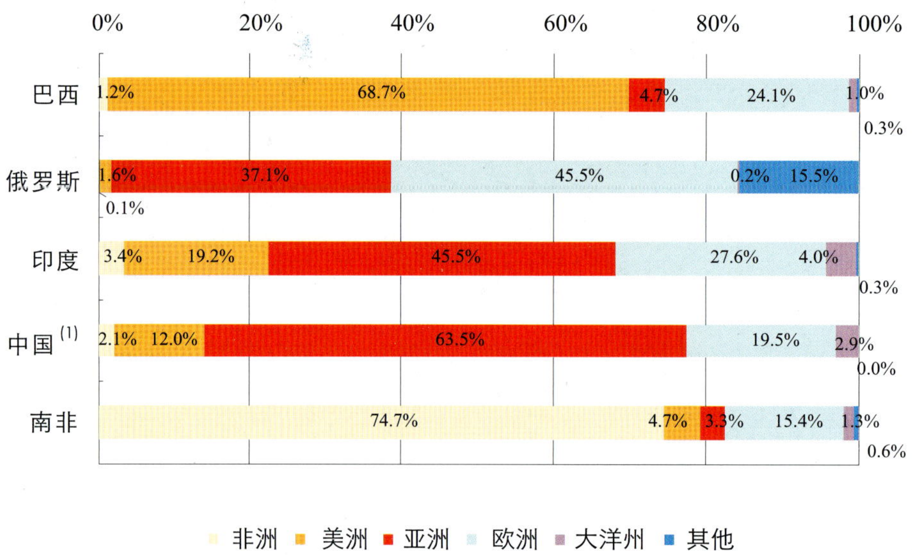

注：(1) 大洋洲亦包括太平洋岛屿。

主要统计指标解释

通用解释

1963 年罗马旅游概念共识：

国际游客 指任何持有外国护照访问这个国家的人，其访问目的既不是在此国家从事获得酬劳的活动也不是长久居留。此定义包含两种游客：旅游者和当日游客。

国家解释

巴西

外国入境游客 非本国居民越过边境到达巴西的游客（也称过夜游客），停留时间少于 1 年，停留的目的包括个人原因（度假休闲娱乐、走亲访友、教育培训、健康医疗、宗教朝圣、购物以及其他）以及工作和专业原因。但以下情况不能算作入境游客：受雇于外国机构、边境工作人员、季节性工人、其他短期或长期工作人员、流浪人员和难民、尚未进入经济或法律区域内的过境游客、公共运输方式上的工作人员、入境修建外国住所的人员、长期逗留的学生和病人及其家属、外交官、领事馆工作人员、军人及其受抚养的亲属以及待命调遣的武装部队。

俄罗斯

外国入境游客 是指出于医疗、娱乐、观光、运动、商务、宗教以及其他（不包括在俄罗斯工作却从别国领取报酬的人员）目的来到俄罗斯、并在俄罗斯逗留的时间为 24 小时至 6 个月或至少过夜的外国游客。

印度

外国入境游客 是指持有外国护照的人访问印度，在印度至少停留 24 小时，访问目的可归类为下列情况之一：

(1) 休闲度假（娱乐、假期、保健、学习，宗教和体育运动）；

(2) 公务、探亲、官方活动、会议。

中国

入境游客 指报告期内来中国（大陆）观光、度假、探亲访友、就医疗养、购物、参加会议或从事经济、文化、体育、宗教活动的外国入境人数。在统计中，每一次入境（中国大陆）算作 1 人次。

附录－Ⅰ
巴西统计体系简介

一、巴西国家地理与统计局（IBGE）的组织结构

巴西国家地理与统计局（IBGE）依据 1973 年 5 月 11 日第 5878 号法令和 2003 年 6 月 13 日第 3740 号政令履行职责。它隶属计划部，承担巴西统计体系的协调作用并作为巴西官方统计数据的主要生产者。

巴西官方统计数据主要由巴西国家地理与统计局、中央银行、各部和统计局下属的各州统计机构生产。巴西国家地理与统计局是负责统计信息（包括人口、经济和社会）、地理信息、制图信息、大地测量信息和与自然资源和环境相关信息的生产、分析和发布的官方统计机构。

除了在统计体系中的职能外，巴西国家地理与统计局还是地理科学信息的主要生产者，并负责国家制图系统的协调工作。地理科学信息生产的主要项目之一是国家空间数据基础设施（INDE）的建设。国家空间数据基础设施的目的是把来自这类数据的研究机构、生产者和资助者的空间数据编入目录，进行整合或协调，使这些数据能够便捷地用于定位、查阅和其他各种目的以及为互联网用户所使用。

巴西国家地理与统计局负责巴西空间数据基地（SIG）的建设、提供和运行，负责巴西地理空间数据理事会（DBDG）的管理，还负责为国家空间数据基础设施的运行和维护获取必要资源提出提案。

巴西国家地理与统计局所开展的项目对政府和社会都是不可或缺的基础工作。许多公共政策举措都是依据巴西国家地理与统计局立足巴西实际情况所生产的信息来确立的。

为了生产统计和地理科学信息，巴西国家地理与统计局的单位遍布全国，包括设在里约热内卢的总部以及各州市的单位，具体构成如下：

学术高级指导机构：技术委员会、理事会、董事会；

直接和即时为总统提供支持的渠道：内阁、总检察长；

部门设置的机构：内部审计、执行委员会；

具体内设机构：调查司、地理科学司、信息技术司、档案和信息传播中心、国家统计科学学院；27 个设在各州的单位（26 个州和 1 个联邦特区）以及 584 个负责收集和传播数据的机构。

统计和地理科学信息的生产由调查司和地理科学司负责。

这三个司级部门都得到信息技术司的支持，以确保计算机的硬件和软件以及数据通信等基础设施的运行。档案和信息传播中心负责局里开展的所有调查结果的发布计划及网上免费发布，包括微观数据的发布。

执行委员会负责巴西国家地理与统计局工作的规划、预算和整体协调。

调查司负责社会、经济和人口统计数据的生产，负责国民经济核算体系和社会指标综合数据的生产，

还负责国家统计体系的协调，定期召开与统计信息用户和其他生产者的会议。

地理科学司负责地理信息、大地测量信息、制图信息以及与环境资源和自然资源有关的其他信息的生产，还协调大地测量计划和基本制图计划的方方面面。

巴西国家地理与统计局管理国家统计科学学院，该学院开设以下课程：统计学理学学士课程、环境分析和土地管理学士后学位课程、人口研究和社会研究硕士课程和巴西国家地理与统计局技术人员培训项目等。

巴西国家地理与统计局设在总部的各单位负责调查的设计、结果的分析和国家层面团队工作的协调。

巴西国家地理与统计局遍布全国的分支单位负责原始统计数据的收集、审核和向总部的传送。各分支单位还开展与大地测量和制图有关的工作。

二、统计生产工作计划

为了设定未来几年的目标，2012 年巴西国家地理与统计局更新了其战略计划。因此，战略计划就是该局实施治理的主要依据。

工作计划及其时间表在并入战略计划之前必须经过技术和基础设施等各领域的讨论，并提交由巴西国家地理与统计局局长和司长组成的规划委员会评估和批准。

巴西国家地理与统计局的战略计划辅助了同期联邦政府多年计划（葡萄牙语简称为 PPA）的起草。联邦政府多年计划涵盖了政府的各个方面，明确了各部委的主要目标责任。

局内在年度内所要达到的目标在年前就要设定。局内的目标包括年内计划发布的全部内容。目标由执行委员会批准后在内部和互联网上公布，它们是局内在履行其使命时对所作业绩进行目标考核的项目之一。

巴西国家地理与统计局的工作计划要提交给各个咨询委员会。这些咨询委员会都是由在某个领域德高望重的专家组成，讨论方法问题并帮助确定优先重点。

各咨询委员会包含下列领域：人口普查、农业普查、全国消费者价格指数、死亡率统计、农业统计规划控制和评价、巴西地区账户等。

当某些信息需求没有列入预先设定的工作计划，现有资源又无法满足时，可以通过与相关为额外调查提供资金的政府机构签订协议来实现。例如，应卫生部、教育部和社会发展部的要求而开展的额外调查。

巴西国家地理与统计局还与财政部和中央银行等部门进行合作，编制国民账户。

劳工部每年都会向巴西国家地理与统计局提供《年度社会信息表》（RAIS），包含整套行政记录，用于更新中央企业名录库（CEMPRE）。该名录库用于为年度经济调查抽选企业样本，并自 20 世纪 90 年代起，取代了经济普查。为了设定长期的工作方向，巴西国家地理与统计局与社会、经济和区域信息的生产者及用户定期举行会议。这些会议的目的是，向信息生产者和用户进行动员和咨询，对《统计和地理信息总体规划》（PGIEG）进行修订和补充。这些生产者和用户包括政府机构、调查机构、非政府组织、科学协会以及对信息的生产、传播、使用感兴趣的技术人员和研究人员等。

这一举措有助于做出对公共服务领域信息生产现状的诊断，找出缺口，并确定改进条件及对新信息的需求。对社会经济信息和人口统计信息日益增加的需求，以及新出现的问题都要求频繁开展研究。

使统计机构适应新现实的办法之一就是结合信息生产源和数据库，采用系统化的构思模式。

住户调查一体化体系（SIPD）将现有的全国住户抽样调查（PNAD-C）和住户预算调查（POF）整合到一起。规划住户调查一体化体系（SIPD）还必须与信息用户和生产者进行深度交流。就此，巴西国家地理与统计局主办的研讨会和大会多次探讨了住户调查一体化体系的发展步骤。

三、社会统计委员会

社会统计委员会是根据 2007 年 12 月 6 日第 424 号部际政令而设立的，成为了讨论和评估国家社会统计体系需求的论坛。

社会统计委员会由下列各部和机构组成：社会发展部和“反饥饿”粮食计划署、教育部、计划预算和管理部、卫生部、劳动和就业部、应用经济研究所（IPEA）、司法部、国家教育研究所（INEP）和巴西国家地理与统计局（IBGE）。

社会统计委员会由管理委员会（负责制定委员会工作指南）和执行小组（负责实施工作指南）组成。

社会统计委员会的工作自 2009 年以来一直遵循下列指导方针：制订社会统计目录（特别是官方统计）并定期更新，确保和完善了信息的可比和提供；对于官方统计信息的处理、存储和提供，鼓励采用新的理念、分类和方法；填补信息缺口并扩大对数据源的整合力度；梳理信息需求并协调信息的生产和使用；调整各政府机构对现有数据库的准入，并提供便利，确保其透明度、可视性和保密性；采取措施确保委员会所制订工作的可视性；并通过官方统计的基本原则等。

执行小组已经开展了广泛的工作，如对若干机构数据库的鉴定、为巴西国家地理与统计局元数据库项目制订标准化步骤等。

管理委员会的主要目标之一是，对来自调查和行政记录的各类社会信息数据库进行整合，推动国家统计体系的有效协调和治理。

四、各市地理与统计委员会

巴西国家地理与统计局投入了很大精力，强化透明度原则，让社会知晓和跟踪其活动进展状况。

依据这一原则，巴西国家地理与统计局已经扩大了原来的市普查委员会的工作范围，而过去只在普查开展时才建立并行使职责。

各市地理与统计委员会（葡萄牙语简称为 CMGEs）在 2010 年人口普查时设立，目的是在巴西国家地理与统计局研究、调查和普通地图制定与发布中扩大当地社会的参与度。

各市地理与统计委员会的成员包括巴西国家地理与统计局的代表和市级行政、立法和司法部门的代表以及当地其他市政机构的代表等。

五、技术合作

下列全国范围的技术合作应予重点突出：卫生部、教育部、城市部、社会和农业发展部、司法部下设的妇女政策专设秘书处和人权政策专设秘书处、文化部和国家司法委员会（CNJ）等。

关于国际技术合作协议，下列工作值此一提：南方共同市场（MERCOSUR）（阿根廷、巴西、巴拉圭和乌拉圭）统计专门会议是面向南方共同市场一体化且通过统计数据的生产传播工作的开发、完善、协调、整合，强化国家和各地区机构的统计合作项目。

在 2010 － 2015 年期间，巴西国家地理与统计局一直与许多国家在人口与农业普查、社会、人口和经济统计等领域开展着技术和方法方面的国际合作。

六、与国际社会的互动

近几年，巴西国家地理与统计局积极扩大国际统计社会的参与度，比如联合国统计司（UNSD）、美洲国家统计大会（SCA）、欧洲统计大会（CES）、经济合作与发展组织（OECD）、世界旅游组织（WTO）、国际劳工组织（ILO）、葡萄牙语国家共同体（CPLP）和金砖国家等。

巴西在 2017 年 3 月 7 日举行的第 48 届联合国统计委员会上当选为主席。

七、新闻界和一般用户培训班及新闻发布会

在过去的二十年里，巴西国家地理与统计局不断拓展其与新闻界的沟通和关系，作为宣传工作并树立公众形象和公信力的另一种途径。

在记者招待会开始前，材料都准备就绪，提供给现场记者。同时，调查结果的指标和解读都发布在巴西国家地理与统计局的网站上。

除了结构性调查以外，巴西国家地理与统计局每月还发布约 10 份短期统计数据。因此，巴西国家地理与统计局每年要召开大约 100 场新闻发布会。

所谓的短期统计数据的发布受到 2007 年 11 月 5 日颁布的且由计划部签署的第 355 号政令的管束。根据该项政令，调查结果必须在上午 7 点交给政府官员，即公众获取之前两小时，正式发布在上午 9 点。至于信息准入，巴西国家地理与统计局在其网站上公布先于公众享有信息优先权的国家政府官员名单，确保整个过程的透明度。

具有专业素养的新闻记者对于提高巴西国家地理与统计局调查报道质量十分关键。近几年来，社会信息协调处（CCS）已经组织了若干针对新闻记者的培训班，并举办了处理较为复杂信息的培训班（如国民账户和普查）及快速获取统计信息的数字化工具使用培训班。

八、互联网准入和其他准入

为更好地服务公众，巴西国家地理与统计局提供了多种对其生产信息的准入方式：出版物（书籍和期刊）并配有光盘（CD-ROMs），免费电话咨询，位于里约热内卢的档案和信息传播中心的中央图书馆，与巴西国家地理与统计局设在各州首府单位下属的档案和信息传播中心的直接联络。

巴西国家地理与统计局提供的电子产品和服务构成了主要传播媒介，通过这些传播媒介，有关人口、经济、制图、大地测量、自然资源和环境等具体数据文档信息可以在网站 (http://www.ibge.gov.br) 上免费获取。

除了电子出版物以外，巴西国家地理与统计局网页有两个重要的数据库脱颖而出：汇总的统计表（葡萄牙语简称 SIDRA）- 以地区分类的信息数据库，它允许用户选择信息自己制作表格和比较数据；统计多维数据库（葡萄牙语简称 BME），它带有微观数据信息，允许用户根据选择的信息和保密限制制作表格。这一数据库需要网上订购。

附录 – II
俄罗斯统计体系简介

俄罗斯联邦统计局 (Rosstat) 作为联邦政府机构，负责生产俄罗斯联邦社会、经济、人口、生态以及其他方方面面的官方统计数据。

俄罗斯联邦的国家统计基于集中型工作原则。国家统计系统的主要任务是向各级政府机构、媒体、科学界、商业组织、公众组织和国际组织及时提供有关俄罗斯、各地区及各经济部门社会经济发展方面的全面、客观的信息。为了达到这一目标，制定了联邦统计工作计划，明确了国家社会经济和人口发展过程统计监测的主要方向。俄罗斯联邦统计局负责协同其他政府机构起草该工作计划，并经俄罗斯联邦政府正式通过。

俄罗斯联邦统计局的主要职能

（一）根据现行制度，为俄罗斯总统、俄罗斯联邦政府、俄罗斯联邦议会、包括地方权力机构在内的国家其他机构、大众传媒、法人实体和个人以及国际组织提交官方统计信息。

（二）根据现行制度，在自身的权限内，设计并审批官方统计方法，开展联邦统计调查和官方统计生产，确保具体方法符合国际标准和《联合国官方统计基本原则》。

（三）审批联邦统计调查形式及其实施指南。

（四）在编制联邦统计工作计划及其更新建议时，协调官方统计领域的各项活动。

（五）维护、提供方法支持并开展联邦统计调查，处理收集的数据。

（六）根据现行制度，设计和维护各活动领域全国技术、经济、社会数据分类。

（七）在自身权限内，确保作为统计调查结果而收集到的保密信息的保护。

（八）根据现行制度，为用户提供官方统计和其他信息。

（九）实施俄罗斯联邦作为国际组织的成员国所享有的、国际上采纳的统计实践。

一、统计体系：组织原则

国家统计体系是一个政府主体和各机构相互交织的网络，涉及统计数据的收集、处理和传播，描述国家社会经济和人口发展状况。

体系是按照行政区划演变而来的，就是确保为公众、权力机构和各级政府、媒体、科学界、企业实体、公共和国际组织提供有关俄罗斯联邦、各地区、各行业和各经济部门社会经济发展全面、客观的统计数据。

系统包括两个组织层面：以俄罗斯联邦统计局总部为代表的联邦机构和以联邦统计局区域办公室为代

表的地方机构。

二、国家统计的联邦层面

国家统计的联邦层面包括：俄罗斯联邦统计局（Rosstat）总部；主计算中心；解决社会经济统计问题的科学研究所；统计信息科学、设计和技术研究所；信息和出版中心“俄罗斯统计”。

三、国家统计的区域层面

俄罗斯联邦划分为 85 个行政主体（区域）。俄罗斯联邦统计局在每个主体（共和国、州、自治区和边疆区）都设有区域办公室。现在总共有 70 个区域办公室 (截止 2017 年 7 月)。

俄罗斯联邦统计局区域办公室负责各自区域的统计数据收集和处理；为各共和国、州和区域政府机构及其他感兴趣的用户提供统计数据。

四、官方统计活动的法律依据

俄罗斯联邦统计局的服务活动受俄罗斯联邦宪法、联邦主体法律、联邦法、俄罗斯联邦总统和政府政令、俄罗斯联邦国际条约的制约。

俄罗斯统计活动的依据是（修订的）2007 年有关《俄罗斯联邦官方统计核算和国家统计体系》联邦法。

全国人口普查和农业普查等重大统计活动的开展依照具体的联邦法律进行。

为了让俄罗斯联邦统计局获取所有必要的信息，以创建国家信息资源，俄罗斯联邦政府发布了《关于原始和行政数据义务提供条例》。

五、新挑战

就社会、经济、人口、生态和其他方方面面提供及时、准确、可靠的统计信息对于一个国家社会经济发展和治理至关重要。

当前，俄罗斯的统计体系正在国内重大社会经济变革和国际金融数据上报标准贯彻执行中逐步形成。这一转变带来了对官方统计新方法的探究，也需要建立灵活的统计信息系统，以应对社会中出现的各种变化。

统计体系的发展需要依靠进一步的技术现代化、新规划及决策方法的实施以及统计人力资源的改善。

俄罗斯统计现代化的主要标志就是统计方法的高度透明和所有用户对官方统计数据更为宽泛的获取。

新方法和为了满足社会不断增长的信息需求激发了俄罗斯联邦政府通过了在俄罗斯联邦“经济发展和创新经济”国家计划架构中至 2020 年期间“官方统计生产”辅助计划。

该辅助计划的主要任务是：

- 根据联邦统计工作计划，设计并为用户最大限度地提供统计数据；
- 准备并开展俄罗斯普查并汇总其结果，开展各种抽样调查和观察，优化统计调查并减轻统计负担；
- 编制基本投入产出表；
- 通过采用新的信息和电讯技术，实现统计数据收集、处理、存储和传播系统的现代化。

附录－III
印度统计体系简介

印度建立了联邦结构的政府，而印度统计体系则在国家的全面行政体制中行使职能。联邦政府和各邦政府之间的统计行政职权针对所有主题分为三类：中央类、联邦类和公共类。公共类即中央政府和各邦政府都可以开展的统计活动，其中包括专题统计活动。在联邦政府各部委和邦政府的各部门，根据行政职能，按主题或其主题分类再进一步划分职责。

因此，印度统计体系可以视作分散与集中的统一。遍布全国的大规模统计活动，如人口普查、经济普查、农业普查和牲畜普查，以及全国范围的抽样调查，如年度工业调查和社会经济调查，由中央机构承担。相应地，国民账户的编制、全印度价格和工业生产指数的计算也都由中央机构负责。至于各邦，则由邦统计机构负责收集和生成大量的变量数据。中央政府作为全印度统计数据提供的协调机构，即使在各邦担负统计收集主要职权的领域也不例外。各邦经济和统计委员会（DESs）履行邦一级所有统计活动的协调职责，并为维护不同层面生产和汇总的数据的统一性和一致性保持与统计和计划执行部（MOSPI）的联络。

一、中央统计体系

印度统计和计划执行部（MOSPI）是规划、促进国家统计体系一体化发展的核心机构，包括制定官方统计领域的行为准则和标准，确定概念和定义，推荐有关数据收集、处理和结果传播的方法。该部由两个部门组成，一是国家统计机构（NSO），通常称“统计部门”；二是计划执行机构，通常称“计划执行（PI）部门”。国家统计机构由包括计算中心在内的中央统计局（CSO）和国家抽样调查队（NSSO）组成。计划执行部门下设三个司，即二十要点项目司、基础设施监控司及议员地区开发司。除了统计和计划执行部生产的大量出版物外，中央统计局和计划执行部门两个机构也生产了大量的统计信息，为政策规划者、研究人员和其他用户使用。统计和计划执行部还设有一个独立机构，即印度统计学院（ISI），是一家国际上知名的统计研究和教学机构。

除国家统计机构之外，印度政府大多数平行的部委，涉及农业、水利、卫生、农村发展等各个专业，也为各自的部门设立统计机构，开展统计活动，并一般由高级统计官员牵头，方便与国家统计机构的妥善协调。大多数此类部委都会发布各自的统计数据或统计出版物。

（一）中央统计局

中央统计局（CSO）由局长牵头，总部设在新德里。它由五个核心司构成：国民经济核算司（NAD）、经济统计司（ESD）、社会统计司（SSD）、培训司及协调和出版司（CAP）。此外，中央统计局在德里附近还设有一所一流的培训机构，称为国家统计行政学院（NASA），自其 2009 年 2 月成立以来，一直实施着全国和国际统计培训计划。

中央统计局负责协调全国统计活动，确定和维护统计标准。其工作主要包括编制国民收入核算，开展经济普查，处理年度工业调查数据并编制调查报告，编制工业生产指数和消费者价格指数，开展性别统计，以及实施官方统计培训。除了传播种类繁多的统计数据外，中央统计局还为各全国和国际机构定期发布多种出版物，包括《统计年鉴》、《从数字看印度》、《能源统计》、《基础设施统计》、《环境统计》等。其他活动还包括：编制涉及统计工作的五年计划和年度计划，召开中央和各邦统计机构大会，修订国家行业分类标准，编制并实施战略计划以获取重要参数数据，提高现有数据集的质量和可靠性，提供新兴领域的全新数据集以满足不断增加的数据需求，以及缩短数据发布的时间间隔。

中央统计局下设计算中心，负责统计和计划执行部的数据处理、为统计人员提供软件培训、维护部网站 (www.mospi.gov.in) 和国家官方统计数据库。

（二）国家抽样调查队

国家抽样调查队（NSSO）在全国统计委员会的全面指导下行使职能，在国家抽样调查数据收集、处理和发布事务上具有必要的独立性和自主权。国家抽样调查队由队长兼首席执行官（DG & CEO）牵头，他也是指导委员会的成员兼主席。

国家抽样调查队除了开展对面积查点和作物估算的抽样调查以及编制为城市抽样所用的城市样本框外，还开展大规模的抽样调查，包括社会经济调查、工业年度调查、全国城乡价格数据收集等。国家抽样调查队的主要工作涉及调查设计、现场操作、国家抽样调查队的数据处理以及报告发布。

二、邦一级统计体系

在各邦或联邦属地，经济和统计委员会（DESs）作为各邦或联邦属地所有统计活动的核心协调机构。大部分邦或联邦属地政府都已经正式宣布经济和统计委员会作为邦内所有统计活动的核心机构，但少数几个邦或联邦属地还未正式公布。对于后者，经济和统计委员会继续充当邦内统计事务的协调机构。在大多数邦或联邦属地都设有地区统计办公室（DSOs），作为经济和统计委员会的实地办事处，为该地区收集和汇总统计数据。经济和统计委员会在各邦或联邦属地行使的职能与在中央一级的国家统计机构行使的职能基本相似，即公布主要统计数据、协调中央与邦统计机构的活动、传播统计数据等。

三、数据收集的法律保障

在印度，除了《1953 年数据收集法案》中对收集工业数据提供了法律支持外，大部分数据收集都是建立在自愿答复的基础之上的。该法案随后作了修订，成为新的《2008 年统计数据收集法案》，其覆盖面更广，便于各类社会经济数据的收集。该法案由统计和计划执行部负责执行。另一法案，即《1948 年普查法》则由内政部下设的总登记署负责执行，用于收集全部人口和其他人口统计特征数据。除上述两部重要法案外，其他部委也制定了众多其他的法案、法规和条例，用于收集法定的行政报表，有助于生成与本部门相关的数据。

四、新挑战

印度统计体系在促进循证决策方面发挥了重要作用，对国家规划社会经济发展做出了重大贡献。国家统计体系生产了大量种类繁多的数据，创建了内容广泛的统计数据库，既满足了国内各机构，也满足了国际机构的数据需求，其中也包括大量的个人用户和研究人员。印度统计体系正在进行平稳转变，以满足因经济全球化和自由化而出现的空前增长的数据需求。这种转变涉及中央和邦统计体系在结构和运行方面的重大调整，包括组成国家统计委员会（NSC）以改建国家统计体系，提高统计数据的公信力、及时性和准确性；除了实施广泛的计划，强化邦以下统计能力和基础建设以外，还与世界银行合作提出了全面的印度统计提升项目（ISSP），以加强邦以下统计体系的建设。

鉴于统计体系现代化的需求，为了提高统计运行和各项活动的效率，在数据收集、数据管理和数据传播中运用最先进的信息和通信技术方面面临的压力也越来越大。比如，工业和价格数据的电子方法收集已经处于运行之中；包括电子出版物在内的各类数据传播的电子系统已启动，以便于更广泛、更快捷获取这些数据。印度也正在采取措施加速电子政务进程，使广大百姓也能够直接参与数据部门的改革。确实，当前社会环境瞬息万变，印度统计体系正在不断改进，通过尽可能及时有效地提供所需统计数据，满足各利益方对数据日益强烈的渴望。同时采取恰当的措施，通过周密的培训计划并通过促进中央和各邦统计机构的协调，提高统计技术和能力。

附录－IV
中国统计体系简介

中国国家统计体系自建立以来，经过 60 多年的变革历程，在改革和调整中不断发展和完善，以适应变化着的新形势的要求。《中华人民共和国统计法》规定，国家建立集中统一的统计系统，实行“统一领导、分级负责”的统计管理体制。

中国政府统计系统主要由政府综合统计系统和部门统计系统两个部分组成。政府综合统计系统由自上而下设置的统计机构及其配备的相应统计人员组成。中央政府设立国家统计局，县以上地方各级政府设立独立的地方统计局。在乡一级政府则主要由专职或兼职的统计员来负责统计工作的具体协调管理。中国政府统计系统实行“统一领导，分级负责”的管理模式。

一、政府综合统计系统

（一）国家统计局。中国国家统计局作为国务院的直属机构，负责组织领导和协调全国的统计和国民经济核算工作。在整个国家统计体系中，国家统计局既是全国统计数据的主要提供者，又是政府部门统计和地方统计的协调者。依照《中华人民共和国统计法》规定，国家统计局的主要职能是：组织领导和协调全国统计工作，制定统计政策、规划、全国基本统计制度和国家统计标准，审批部门统计标准；会同有关部门拟订重大国情国力普查计划和方案，组织实施全国人口、经济、农业等重大国情国力普查，进行国民经济主要行业的统计调查并收集、汇总、整理和提供有关调查的统计数据，综合整理和提供全国基本统计数据；统一核定、管理、公布全国基本统计资料，定期发布全国国民经济和社会发展情况的统计信息，依法管理部门和地方统计调查项目。

中国国家统计局按专业划分和功能划分相结合的方式，设置 18 个司级行政单位、2 个参公管理事业单位、10 个在京直属事业单位和中国统计出版社。

国家统计局根据工作需要在各省（区、市）设立了调查总队，在各市（地、州、盟）和三分之一的县（市、区、旗）设立了调查队。这些调查队作为国家统计局直属派出调查机构，由国家统计局实行垂直管理，主要承担国家统计局布置的国家宏观调控和国民经济核算所需重要统计数据的调查任务，工作方式以抽样调查为主。

（二）地方统计局。县级以上地方各级政府设置独立的统计机构，乡镇政府设立统计站或配备统计员，负责完成承担的国家统计调查任务，组织领导和协调本行政区域内的地方统计工作。地方各级政府统计机构受同级政府和上级统计机构的双重领导，在统计业务上以上级统计机构的领导为主。

二、部门统计系统

中央政府各部门和地方政府的各部门，根据统计任务的需要设立统计机构或在有关机构中设置统计人员，构成部门统计系统。其主要职责是：组织、协调本部门的统计工作，完成国家统计调查和地方统计调查任务；制定和实施本部门的统计调查计划，开展部门统计调查并搜集、整理、提供为本部门和社会所需要的统计资料；对本部门、本行业的发展情况进行统计分析，实行统计监督。

国家综合统计系统作为统计工作的主系统，具有对部门统计系统统计业务上的指导权和协调权。

三、统计法律法规

不管是统计机构，还是企业事业统计组织，必须遵守国家统一制定的统计法律、法规，按照国家统计局统一制定的统计指标体系、统计制度方法进行统计调查。

中国统计法律体系由统计法律(《中华人民共和国统计法》)、行政法规(包括统计法实施条例、普查条例、海关统计条例等）、规章及规范性文件（部门统计调查项目管理办法、统计调查审批管理办法等）、地方统计法规等 5 个部分组成。《中华人民共和国统计法》规定，国家统计调查项目由国家统计局制定，或者由国家统计局和国务院有关部门共同制定，报国务院备案；重大的国家统计调查项目报国务院审批。部门统计调查项目由国务院有关部门制定，报同级统计局备案或审批。地方统计调查项目由县级以上地方政府统计机构和有关部门分别制定或共同制定，报上级统计局备案或审批。制定统计调查项目时，应当制定该项目的统计调查制度，一并报经审批或备案。统计调查制度应当对调查目的、调查内容、调查方法、调查对象、调查组织方式、调查表式、统计资料的报送和公布等做出规定。统计调查应当按照审定的统计调查制度组织实施，变更统计调查制度的内容，须报经原审批机关批准或者原备案机关备案。

四、统计调查

中国国家统计局主要通过周期性的普查和常规统计调查收集统计数据，此外还通过专项调查、典型调查以及行政记录等方法搜集、整理统计资料。目前，国家统计局组织开展的重大国情国力普查主要有人口普查、农业普查和经济普查；组织开展的经常性统计调查共 47 项，包括国民经济核算、农业、工业、能源、投资、建筑业、贸易外经、服务业、城乡住户、价格、社会科技、劳动工资等统计调查，调查内容基本涵盖了经济、社会、人口、环境与资源各个方面。

部门统计内容涉及交通、旅游、财政、金融、海关进出口、利用外资、文化、教育、卫生、科技、户籍人口、社会发展等多个方面。

五、统计数据发布与产品提供

中国国家统计局按照更多、更快、更好的原则向全社会提供中国官方统计数据和产品的目标，以多种渠道、多种形式发布统计调查数据并提供统计加工增值产品，目前已初步建立起新闻发布会发布、互联网发布、公共数据库发布、官方微信“统计微讯”发布、统计移动客户端发布，以及以年鉴为主体的纸介质发布等多种形式相互结合、互为补充的定期发布制度，使统计数据发布和产品提供的时效性更强、内容更丰富、受众更广泛。此外，全国 31 个省级和许多市、县级统计机构也建立了相应的定期发布制度，使中国统计的数据发布和产品提供形成了多层次、广覆盖的工作格局。

六、中国统计改革和发展

中国经济处于结构转型升级的重要发展时期。中国经济社会的迅速发展和深刻变化，对中国统计体系提出了更新更高的要求。从 2012 年起，中国国家统计局大力变革统计生产方式，已初步建成了真实完整、更新及时的基本单位名录库；建立了统一规范的企业一套表制度；开发了较为方便适用的数据采集处理软件；建立了较为安全高效、全国统一的企业联网直报系统。中国国家统计系统正在以开放的心态和创新的勇气，积极推进 GDP 统一核算改革，探索建立全国资产负债表和绿色发展指标测算方法。为反映经济发展新动能，展现“大众创业、万众创新”推动经济发展的良好成效，中国开展了新产业新业态新商业模式监测统计，建立健全相关统计标准，更好地服务经济社会的发展。同时，积极推进部门间信息共享，利用部门行政记录和调查数据，深入挖掘大数据宝藏，逐步发挥大数据对常规统计数据的“参考”、“补充”和“替代”作用。中国统计将通过不懈努力，不断改进统计制度方法，更加广泛应用现代信息技术，继续拓展统计服务渠道，提升服务品质，构建能够更好保障数据质量、更优服务经济社会发展的现代统计调查体系。

附录－V
南非统计体系简介

南非统计体系有将近100年的历史，但真正满足所有南非人需求的时间相对较短。1994年民主政治制度的建立为南非统计的转型提供了两种可供选择的数据生产组织模式。第一种模式是将大部分统计数据的生产集中在一个单一机构，即国家统计机构（NSO），当时称为中央统计局（CSS）。中央统计局随后又改为南非统计局（Stats SA），包括总部和省级分支机构，过了很长一段时间后，省级以下又增设了地区办公室。从集中型模式中分离出来了少量统计，主要涉及金融方面的统计，例如国际收支平衡统计。而这些统计数据则由相关机构进行生产，包括南非储备银行（SARB）和财政部（NT）。实际上，认为集中型有利于运转的看法当时无论是在南非统计局还是在国家的其他部门都普遍存在。第二种模式是统计数据分散式生产，即国家的其他部门根据自己的专业领域生产统计数据。自然，国家统计生产的各部门构成了一个需要协调的统计生产体系。最终采用的模式是通过不断演变后的一个产物。当时统计生产面临着五个方面的压力，在某些领域相互交织。一是思想观念的转变，即从种族隔离政治制度下只顾（白人）“自身利益”转变为服务于新南非全体人民和整个国家的理念。这一新理念带来了中央统计局人口统计的转变，班图斯坦统计局整合进中央统计局，以及中央统计局分省机构的建立，方便了总部数据的采集。二是新政府所面临的在政策和计划发展方面的数据缺口压力。当时，消除贫困和不平等，特别是政府服务到位，以及发展机遇的提供，乃当务之急，致使1996年人口和住房普查迫在眉睫。三是统计指标体系的合理化，使生产出来的统计数据满足全体公民的期望。除原有的经济统计之外，把社会统计生产纳入了体系之内。四是国家统计机构生产的统计数据质量提高的压力。五是统计体系生产高质量统计数据在技能方面短缺的压力。

直到现在，上述压力还不同程度地困扰着我们，压力最大的时候就是中央统计局（后来更名为南非统计局）首任局长任期内（1995-1999年）的那段时间，统计生产模式完成了向集中型的转变。然而，随着时间的推移，南非统计局在满足用户大部分统计需求方面能力极为有限逐渐显现了出来。与此同时，其他部门在填补南非统计局生产的统计数据和用户需求之间的缺口方面存在的潜能为人们广泛认同。现行《统计法》（1999年第6号）对于消除上述问题功不可没。《统计法》具体规定局长既是南非统计局的行政首长，也是国家各部门生产统计的协调人。由于《统计法》明确了国家统计局的战略和工作规划的方向并且确定了国家各部门在统计数据生产方面担当的角色，因此，其对南非这个国家的统计生产具有里程碑式的意义。巧合的是，《统计法》颁布之时，也是国家统计机构由中央统计局易名为南非统计局之际。

2000年，南非统计局新局长上任，很快开始启动南非统计生产的新愿景。尽管当时新愿景尚未正式确定，但紧紧围绕着统计生产的协调是毫无疑问的。随后，在南非统计局设立了国家统计体系司（NSSD），以梳理协调过程。国家统计体系的设想在 2002 年 1 月成了内阁会议的热议话题。尽管南非国家统计体系纳入了政府的行动规划（POA）之中，但在随后八年左右的时间里，其重要性，尤其是在南非统计局内，还显现不出来，主要原因有三点：一是统计后续能力相对不足；第二点也是最主要的一点是南非统计局一直面临着如何更加富有成效且高效率工作的压力，尤其是针对提高自己生产的统计产品的质量；三是转变管理模式的挑战。

直到 2009 年，国家统计体系的设想才影响到了南非统计局的战略方向。从此以后，南非统计局的五年战略规划以及年度工作计划都经历了战略转移，即按照《统计法》第 14 章的要求，重点是统计协调的贯彻实施。正如其新愿景和使命所表述的，南非统计局为推动国家统计发展在与其他部门的合作中承担着领导作用。除了南非统计局的统计产品之外，这一转变还把统计生产拓宽到了建立一个体系，以支撑国家的其他部门生产高质量的统计数据。建立在五年战略（2009-2014 年）获取的战略优势之上，南非统计局对 2015 – 2019 年期间的战略重点做了改变，即统计信息为透明度、问责制、循证管理和改革“服务”。

南非统计局已经设定了到 2030 年将取得的下述战略成果目标。

首先，我们的统计信息体系将全面符合国家发展计划（NDP）对信息的需求，反映与宪法赋予的使命相一致的发展和变革。

第二，国家统计体系将由一支统计能力强、多元、革新和团结的专业人士来进行推进，引领国家统计体系。国民的统计识数率和国家统计体系的统计能力将提升。学校毕业者将更加具备理解统计概念和在日常生活中统计应用能力。新一代统计领导者将会茁壮成长，挑起国家统计体系（NSS）中统计信息系统的大梁。一个实实在在的数据革命将激励我们大家。

第三，南非统计局将成为国家高效执行机构和首选雇主。技术将驱动一个贯穿始终的、强劲的统计生产体系。我们的治理和统计体系将具备灵活、有效和创新的特征，重点在于完美的治理和统计方法论。

第四，南非统计局将是国家统计体系中核心的统计权利机构。在统计局局长的引领下，在国家机关内，将确定合作伙伴关系和统计单位。统计生产现在已经成为国家机关年度考评计划的一部分，用于方方面面的决策，使政策、规划、监测和评估广为人知。用户和公众为之欣喜，并对官方统计有信心和信任感，因为通常的认知和惯例是国家统计体系生产的统计数据都是以统计质量原则和国际最佳实践为依据的。

第五，到 2020 年，统计价值链将建立在与国际标准和分类相一致的完美的统计质量原则之上，这将造就对我们产品的信任感。

为了应对主要的量度要求，包括国家和国际层面，南非统计局将修订南非统计法。

中文版后记

《金砖国家联合统计手册（2017 年）》（以下简称《手册》）是金砖国家联合统计出版物系列的第 8 卷，全面介绍了五国经济社会发展状况，是国际社会了解五国国情和发展动态的重要窗口。该《手册》的英文版是由中国国家统计局牵头，联合其他金砖国家成员国国家统计机构合作编辑的，是五国政府统计机构精诚合作的结晶。

基于《手册》英文版，中国国家统计局编辑出版了该手册中文版。在《手册》英文版和中文版的工作协调和编辑过程中，中国国家统计局局长宁吉喆给予了高度重视，提出了明确要求，局党组成员、总经济师盛来运亲自把关。国家统计局各有关单位给予了积极配合，综合司、核算司、工业司、能源司、贸经司、人口司、社科文司、农村司、城市司、住户办和服务业司等单位负责了中国相关数据的提供和审核，设管司提供了《中国统计体系简介》，国际合作司负责了英文审定工作。本书由国际统计信息中心具体负责编辑出版，同时还承担了包括新增 16 项可持续发展指标等在内的大量组织协调和对五国数据的编辑、核对、翻译等工作；中国统计出版社全力配合，承担了手册的排版、美术编辑、装帧和印刷工作。

《金砖国家联合统计手册（2017 年）》中方主编是宁吉喆，副主编是盛来运、王军、叶植材；编委会委员分别是（按姓氏笔画为序）：王萍萍、王智、王群英、叶礼奇、邢志宏、朱虹、朱维盛、刘丽萍、张军、赵云城、钟守洋、闾海琪、黄秉信、彭永涛、程子林、程学斌、察志敏；编辑部成员分别是（按姓氏笔画为序）：尹晓静、石毅华、吕璐、刘冰、刘洪波、刘晓燕、孙腾蛟、李颖雪、杨红军、杨家亮、肖宁、佘竞雄、沈赟、宋少英、张国洪、柳楠、栗瑞梅、栾尽晖、郭栋、陶然、常文莉、谢欣、潘旭华、戴宏国等。《金砖国家联合统计手册（2017 年）》的五国联系人分别是：巴西国家地理与统计局 Jacqueline Dos Santos Manhães、俄罗斯联邦统计局 Elena Kuznetzova、印度中央统计局 Subrata Dhar、中国国家统计局杨家亮、南非统计局 Arulsivanathan Naidoo。他们和他们的同事及其所在的政府统计机构，为本《手册》指标的增加和出版做出了重要贡献。也要感谢外交部国际经济司，他们为该手册的编辑和发送给予了指导和帮助。

需要说明的是，本书中一些指标及其含义和统计方法在各国之间不尽一致，敬请用户注意。该书编辑出版时间短，涉及面广，联络沟通即便在网络时代也还存在一些障碍需要克服，有不足之处，敬请指正。

中文版编者

2017.8.10

与本手册相关的金砖国家技术小组

巴西

巴西国家地理与统计局 (IBGE)

调查司代理司长 Claudio Dutra Crespo 先生

国际合作司司长 Roberto Neves Sant'Anna 先生

调查司助理 Jacqueline Manhães 女士

国际合作司 Wanda Rodrigues Coelho 女士

网络中心管理员 Ian Monteiro Nunes 先生

俄罗斯

俄罗斯联邦统计局 (Rosstat)

副局长 Georgy Oksenoyt 先生

国外统计和国际合作司司长 Igor Kharitonov 先生

国外统计和国际合作司副司长 Galina Lyubova 女士

国外统计和国际合作司副司长 Ilya Matyushev 先生

国外统计和国际合作司处长 Elena Kuznetsova 女士

“俄罗斯统计”信息与出版中心主任 Vadim Nesterov 先生

国外统计和国际合作司副处长 Mikhail Gundarev 先生

国外统计和国际合作司顾问 Elena Fatneva 女士

国外统计和国际合作司高级专家 Svetlana Shevchenko 女士

“俄罗斯统计”信息与出版中心主任助理 Veronika Vysotskaya 女士

印度

印度中央统计局 (CSO)

副局长 Subrata Dhar 先生

副局长 James Mathew 先生

处长 R. Rajesh 先生

联合处长 J.R. Meena 先生

高级统计师 Anup Prasad 先生

高级统计师 Sunil Kumar 先生

高级统计师 Hema Rani 女士

统计师 Pankaj Gera 先生

处长助理（图表） R P Srivastava 先生

高级美工 R K Rao 先生

中国

中国国家统计局 (NBS)

国际统计信息中心主任 王军博士

国际统计信息中心副主任 闾海琪先生

国际统计信息中心处长 刘冰先生

国际统计信息中心高级统计师 杨家亮女士

国际统计信息中心处长 杨红军女士

国际统计信息中心正处级干部 尹晓静女士

国际统计信息中心高级统计师 张国洪先生

国际统计信息中心统计师 吕璐女士

服务业调查中心（服务业统计司）主任科员 陶然女士

国际统计信息中心见习统计师 李颖雪女士

南非

南非统计局 (Stats SA)

公共关系和营销处执行主管 Arulsivanathan Naidoo 博士

公共关系和营销处副处长 Gaongalelwe Seo Phakedi 女士

公共关系和营销处信息官 Nthabiseng Molata 女士

桑巴舞

巴西最出名的舞蹈当属狂欢节桑巴舞，颇受非洲影响。该舞蹈不仅是狂欢节上的流行舞蹈，而且也一直被认为是巴西一种蕴含着音乐、舞蹈、诗歌和多种乐器的主要流行文化表现形式。

巴西

卡林卡舞蹈

“卡林卡”舞蹈可以同时以快和慢节拍进行表演，它结合了俄罗斯民间舞蹈的传统元素。科洛华兹，一种下蹲、踩脚、拍手的舞蹈，都可能在卡林卡舞中表现出来。

俄罗斯

卡塔卡利舞蹈

卡塔卡利舞蹈是印度古典舞蹈的一种主要表现形式，是另一种“故事舞蹈”表演艺术流派。但它可以通过精致的彩妆、服饰和戴在演员舞者脸上的面具来加以区分。像印度所有其他古典舞蹈艺术一样，卡塔卡利舞蹈表演包含音乐、声乐演员、表达寓意的手势和脸部表情，以及步法等。当然，卡塔卡利舞蹈在形式上也别具一格，融入了南印度的古代武术和体育传承。卡塔卡利舞蹈的传统主线是民间神话、宗教传说和史诗中的精神理念。

印度

安塞腰鼓

安塞腰鼓为中国陕西省的传统民俗舞蹈，具有2000多年的历史。它有机地糅合了秧歌和武术动作，表演可由几人或上千人一同进行，磅礴的气势，精湛的表现力令人陶醉，被称为天下第一鼓。2006年5月20日，安塞腰鼓经中华人民共和国国务院批准列入第一批国家级非物质文化遗产名录。

中国

祖鲁舞蹈

祖鲁舞蹈在祖鲁文化中占据了重要位置。它通常在传统祖鲁仪式进行表演，如婚礼、成年礼和芦苇节等，以高昂的歌声、拍掌及鼓点作为伴奏。在表演这种舞蹈时，舞者抬腿高达头部，然后猛然击地。表演该舞蹈的着装要求因年龄、地位和性别而不同，当男女盛装起舞时，令人难以忘怀。女舞者通常都裸胸，戴着珠子作为饰物，穿着毛裙。该舞蹈激励各村落团结一心。

南非